【 북한 실정법 연구 · 2 】

한글 맞춤법 통일을 위한

조선로동당 규약 문장 연구

이 책은 조선민주주의인민공화국 현실 정치에 초법적 실체로 작용하는 조선로동당 규약을 조항별로 분석해 정치사전·철학사전·경제사전·문학예술사전·조선말규범집 등 분야별 전문사전이 없으면 법조문의 내용을 정확히 이해할 수 없는 특이 문장과 특수 전문용어의 언어적 의미와 용례 그리고 정치 사회적 의미를 한국의 대학생과 대학원생들의 수준에 맞추어 풀이한, 북한의 정치·경제·외교·행정·사법·교육·보건 등 112개 전문 분야별 사회제도와 실상을 실정법을 통해 정밀 분석한 두번째(제2권) 책입니다.

서동익(徐東翼)

소설가 겸 북한전문가. 1948년 경북 안강에서 태어나 해군기관학교와 국가정보대학원을 수료했다. 1976년 중편소설 갱(坑)으로 제11회 세대신인문학상을 수상하고 문단에 등단해 창작활동을 하던 중 남북 분단으로 인한 한국현대소설문학의 〈반쪽의 문학 현상〉과 〈왜소성〉을 발견, 이를 극복하는 장편소설을 집필하다 북한 동포들의 일상적 라이프 스타일과 생활용어, 특히 함경도와 평안도 방언에 막혀 실패했다. 이 문제를 풀기 위해 직장을 대북전문기관인 자유의 소리 방송(전문집필위원)과 통일부(학술조사용역), 국방일보(객원논설위원), 인천남동신보(주간 겸 논설위원) 등으로 옮겨 근무하며 본격적으로 북한을 연구하기 시작했다. 북한연구저서로는 〈북에서 사는 모습(북한연구소 1987)〉, 〈인민이 사는 모습 1, 2권(자료원, 1995)〉, 〈남북한 한글 맞춤법 통일을 위한 북한 실정법 문장 연구 · 1~10권(북방문제연구소, 2007)〉외 다수 논문이 있다. 문학작품집으로는 서동익 소설집 〈갱(坑) 자료원, 1996)〉, 장편소설 〈불려 간 여자 1, 2권(남동신보, 1994)〉, 〈퇴함 1, 2권(자료원, 1995), 〈청해당의 아침(자료원, 2001), 〈전사의 고향 1, 2, 3, 4, 5권(메세나, 2007)〉 등이 있다. 그동안의 창작 활동으로 제8회 인천문학상(1996), 남동구문화상(1996), 인천광역시문화상(2004) 등을 수상했으며 남동구문화예술회 초대 회장, 한국문협 인천광역시회 제35대 회장, 한국예총 인천광역시연합회 부회장을 역임했다. 현재는 도서출판 메세나와 그래그래 대표로 재직하며 북한연구활동을 하고 있다.

* E-Mail : disur48@naver.com

【 북한 실정법 연구 · 2 】

한글 맞춤법 통일을 위한 조선로동당 규약 문장 연구

2006년 3월 10일 1판 1쇄 인쇄
2006년 3월 15일 1판 1쇄 발행

지은이 서 동 익
펴낸이 사단법인 북방문제연구소
펴낸곳 자 료 원

주소 / 815-203 인천광역시 남동구 간석3동 919-4호
전화 / (032) 463-8338 / (032) 462-9131
팩스 / (032) 463-8339
홈페이지 / www.jaryoweon.co.kr
이메일 / jaryoweon@jaryoweon.co.kr
출판등록 1992. 11. 18. 제42호
ⓒ 2007, 서동익

ISBN 978-89-85714-82-2   93340

※ 책값은 뒷표지에 기록되어 있습니다.

【 북한 실정법 연구·2 】

남북한 한글 맞춤법 통일을 위한

조선로동당 규약 문장 연구

서 동 익 지음

(사) 북방문제연구소

6·15 남북정상회담 이후 북한의 라선경제무역지대와 금강산관광지구 개발 그리고 이의 활성화를 위한 북한 당국의 現代를 비롯한 우리 企業들에 대한 관광 사업과 기타 교류 확대를 원하고 있어 남북 관계의 긴밀화와 협조의 폭은 더욱 넓어지고 있습니다.

지난 2005년 1월 15일에는 북한 당국이 라선경제무역지대와 금강산관광지구 그리고 개성공업지구 등에 외국 투자 기업과 외국인 투자가들이 들어와 합작기업과 합영기업을 설립해 활발한 경제활동과 함께 세계 각국과의 문화 교류의 폭을 넓힐 수 있도록 〈조선민주주의인민공화국 법전(대중용)〉을 발간해 〈조선중앙방송〉을 통해 널리 보도한 바 있습니다.

북한 당국이 널리 보도한 이 〈조선민주주의인민공화국 법전(대중용)〉 속에는 현행 사회주의헌법과 라선경제무역지대법 등 북한의 정치·경제·군사·외교·사회·문화 분야에 이르기까지 세계 어느 국가의 북한 전문가들보다 북한 현실 정보에 밝은 국내 전문가들마저도 미처 모르고 있었던 112개 부문 북한 실정법이 4×6 배판(A4용지 크기) 양장본 법전

1,096쪽 분량에 수록되어 있습니다.

한 주권 국가의 정부가 자국의 국내 실정을 구석구석 파악해 법령의 초안을 만들고, 각계 전문가들을 불러들여 법조문을 고치고 다듬은 뒤 그 나라 국민을 대표하는 국회나 최고인민회의를 통해 채택·공포한 다음, 현실 정치에 그대로 적용하는 부문별 실정법은 바로 그 국가 제도와 사회 실상을 한눈에 알아볼 수 있는 공식 정보 보고서이자 그 나라 국민들의 현실적인 삶의 방식과 이상을 집약해 놓은 사회제도 실상집입니다. 이런 깊은 의미가 북한 법전에 담겨 있기 때문에 통일부도 홈페이지를 통해 북한 당국이 법전을 통해 공포한 112개 부문의 제·개정 현행 실정법을 우리 국민들에게 널리 소개하고 있는 것입니다.

그러나 북한 당국이 외국인의 投資 資本을 북한 내부로 끌어들이기 위해 의욕적으로 자기의 안뜨락을 열어 보인 이 法典 속에는 북한에서 발간한 정치사전, 철학사전, 경제사전, 역사사전, 백과사전, 조선어사전, 문화어문법을 규정한 〈조선말규범집〉 외 분야별 전문 서적들이 없으면 법리나 법체계의 연구 이전에 그 법조문을 구성하는 문장 속에 스며 있는 말뜻조차 알 수 없는 특수 전문 용어와 특이 문구가 앞을 가로막고 있습니다. 그러므로 한글로 된 법전이지만 우리 사회의 신세대들은 물론 북한 사회에서 20~30년 이상씩 살다가 넘어온 젊은 세대들도 입으로만 몇몇 구절을 암기할 뿐 법조문의 내용이나 특수 전문 용어의 어의(語意)를 제대로 파악해 설명해 줄 수 있는 새터민들이 지극히 드뭅니다.

또 통일부 홈페이지를 비롯한 대한무역진흥공사 산하 북한 관련 전문 사이트 그리고 네이버(Naver)와 다음(Daum) 같은 국내의 인터넷포털사이트(internet portal site) 등에서 소개하는 북한의 각종 법령은 전달자가 임의로 법조문의 내용을 〈한글 맞춤법〉 규정에 따라 재편집한 것이라 남북한 어문 규범이나 언어 분야를 연구하는 학술 연구서 저본(底本)으로는 문제가 많았습니다.

 북한 연구 학계가 안고 있는 이러한 문제점을 해결하며 나아가 〈남북한 언어 異質化 실상〉을 극복하기 위해 오랜 기간 남북한 언어 규범과 북한 동포들의 일상 용어를 연구해 온 소설가 겸 본 연구소 徐東翼 부소장이 이번에 북한 법전에 수록된 112개 분야 실정법을 조문별로 분석해 〈남북한 한글 맞춤법 통일을 위한 북한 실정법 문장 연구〉라는 제목 아래 북한 법전을 우리의 북한 연구 학도와 대학생들이 정확히 이해할 수 있게끔 112개 部門法別로 분석해 법전 문장 속의 정치 용어, 철학 용어, 경제 용어, 군사 용어 등 특수 전문 용어별로 해석을 달고, 또 특이 문장과 문화어문법 규범의 특이성, 〈한글 맞춤법〉과 〈조선말규범〉과의 서로 다른 차이점이 빚어내는 남북한 간 바른 문장과 틀린 문장의 해석을 담은 연구서를 발간하게 되었습니다.

 본 연구소 서동익 부소장의 이번 연구는 북한 당국이 펴낸 법전을 연구 대상으로 했으나 북한 법전이 담고 있는 법리나 법체계의 연구보다 먼저 풀어야 할, 남북 분단이 빚어놓은 〈겨레말 이질화 실상〉을 극복하기 위해 북한 당국이 수십 년 동안 고치고 다듬어 온 공식 法領을 한 조항도 빠뜨리지 않고 부문법별로 완전 분석해 북한 언어와 실정법을 연구하는 학도들에게 그 연구 결과를 전달한다는 데 큰 의미가 있습니다.

 다 아시는 바와 같이 북한 내부의 학자들은 아무리 학식과 연구 활동의 年齒가 깊다 해도 북한의 현 政權과 體制 아래서는 자신의 양심과 자율적 思考에 따라 학술 연구 결과를 이데올로기나 최고 통치자의 교시나 말씀 등에 편향됨이 없이, 자유롭게 서술해 기록으로 남길 수 없습니다. 어차피 이 분야의 연구는 남쪽 학자들의 몫이었습니다.

 그렇지만 남쪽 학자들도 이 분야의 연구는 선뜻 달려들 수 없는 난관이 많습니다. 법학이나 정치학을 전공한 학자들은 전공 분야의 연구 이전에 남북한 간에 상존하는 〈言語의 異質化 障壁〉부터 넘어서야 하는 부담이 앞을 가로 막습니다. 또 국문학이나 문화·예술 분야를 전공한 학자들은 북한의 정치·경제·군사·사회 분야 등 북한 관련 현실 정보와 실정법 연구가 너무나 부담스럽고 한두 해 노력으로 해결될 문제도 아닙니다. 적어도 이 분야의 연구는 오랜 기간 북한 관련 실무 기관이나 연구 기관에서 현실 정보를 분석하면서 언어 분야를 연구해 온 학자나 전문가들이 분명한 목표 의식을 가지고 매진해야 소기의 연구 성과를 거둘 수 있는 포괄적인 분야입니다.

본 연구소 서동익 부소장은 지난 1976년 탄광촌의 노동 문제를 주제로 한 중편소설 〈갱(坑)〉으로 제11회 세대신인문학상을 수상하고 문단에 등단해 창작활동을 해오던 중 휴전 협정 이후 한국 현대소설문학이 안고 있는 〈반쪽의 문학 현상〉을 극복할 수 있는 작품, 즉 소설작품 공간 속에 남북한 동포들의 현실적인 삶의 터전과 생활 현장을 함께 수용하는 장편소설을 집필하기 위해 젊은 시절부터 북한 관련 국가기관에서 전문 집필위원 겸 논설위원으로 다년간 근무해 온 현역 소설가입니다.

또 한편으로는 북한연구소 연구위원, 통일부 학술용역 등으로 연구활동을 계속해 오다 지난 1987년에는 〈북에서 사는 모습(북한연구소 刊)〉이라는 북한연구 저서를 발간한 바 있고, 1995년에는 〈인민이 사는 모습 1, 2권(자료원 刊)〉을 집필해 국방부 산하 육·해·공군의 장병들과 일반 대학의 북한 연구 학도들에게 초미의 관심을 불러일으킨, 국내 최초로 微視的 方向의 북한 연구 方法論을 제시한 장본인이기도 합니다. 지난 2002년에는 〈북한 동포들의 식량 문제가 남북 분단과 우리 민족의 앞날에 미치는 영향〉을 주제로 한 장편소설 〈전사의 고향 1~5권〉을 인천일보에 2년간 연재하며 국내외 동포들에게 굶주림에 허덕이는 북한 동포들의 삶을 그의 산문적 소설 문장으로 생생하게 전달해 전국적 차원의 〈북한동포 돕기 운동〉의 물꼬를 틔운 숨은 공로자이기도 합니다.

이번에 펴낸 〈남북한 한글 맞춤법 통일을 위한 북한 실정법 문장 연구〉도 크게는 그의 한국현대소설문학이 안고 있는 반쪽의 문학 현상을 극복하기 위한 창작의 일환이고 적게는 남북한 언어 규범을 오랜 기간 연구해 온 소설가 겸 북한 전문가가 북한을 연구하고자 하는 후학들에게 보다 쉽게, 또 정확하게 북한 실정법을 연구할 수 있도록 〈한글 맞춤법〉과 〈조선말규범〉을 바탕으로 법전의 특수 전문 용어와 특이 문장을 조항별로 분석해 알기 쉽게 다리를 놓아주는 큰 일을 해냈습니다.

이 연구 성과는 앞으로 북한 실정법 연구에 크게 기여하리라 믿습니다. 그리고 통일부 홈페이지를 비롯한 대한무역진흥공사 산하 북한 관련 전문 사이트 그리고 네이버(Naver)와 다음(Daum) 같은 국내의 인터넷포털사이트(internet portal site) 등에서 소개하는 북한의 각종 법령은 전달자가 임의로 법조문의 내용을 〈한글 맞춤법〉 규정에 따라 재편집한 결과물이라 북한 문화어 규범이나 언어분야 학술연구서 저본으로는 문제가 많아 보이지 않는 원성을 쌓아왔는데 이번에 펴낸 본 연구소 서동익 부소장의 〈남북한 한글 맞춤법 통일을 위한 북한 실정법 문장 연구〉 시리즈는 그동안의 갈증을 완전히 해소해 주리라 믿습니다.

아무쪼록 이 책자가 남북한 사이에 상존해 온 어문 규범과 언어 이질화 현상을 극복하고 반세기 이상 남쪽은 남쪽대로, 북쪽은 북쪽대로 서로 다른 길로 가게끔 만드는 〈한글 맞춤법〉과 〈조선말규범〉의 차이점을 남북한 당국자들이 협의해 다가올 통일 조국의 한글 언어 규범을 새롭게 만드는 남북한 간 언어 이질화 실상 분석 자료집으로 널리 활용되기를 소망해 봅니다.

2007년   2월   15일

社團法人 北方問題研究所

所長   金 一 相

아마 내가 7년간의 군 복무를 마치고 해군에서 제대했던 1974년 9월인가 싶다. 모 신문사에 응모했던 장편소설이 낙선되고 문학평론을 하는 대선배님께 한번 읽어 달라고 보냈던 또 한 편의 장편소설이 혹평을 받으며 되돌아왔을 때 나는 군대생활 전부터 퍼부었던 습작의 긴긴 고행이 허사였음을 알았고, 왜 그렇게 바보 같은 짓을 대책 없이 했을까 하는 자괴감 때문에 혹평을 해 준 선배님의 이야기만 되씹고 있었다.

"남·북한의 이념적 갈등과 분단의 고통을 소재로 소설을 쓰려면 북한 언어부터 공부하라. 그걸 해결하기 전에는 네가 아무리 소설을 잘 쓴다고 해도 북한 사회에 대한 무지와 특이성 때문에 네 소설은 성공할 수 없다……."

소설가가 되고 싶어 들떠 있던 사람에게 북한 언어 공부부터 먼저 하라니 기가 막힐 노릇이었다. 그때는 팔팔한 성격과 오기 때문에 "북한을 소재로 해서 소설을 안 쓰면 그만이지 지금 어떻게 북한을 공부한단 말인가?" 하면서 그 선배님의 충고를 잊어버리려고 했다.

　그러나 그 두 편의 장편소설을 쓰기 위해 퍼부었던 긴긴 시간들이 떠오를 때마다 나는 거의 미칠 지경이었다. 내가 북한 언어에 대해 뭘 모르고 있었기에 내가 쓴 소설은 결코 성공할 수가 없단 말인가?

　이 무렵 나를 가장 괴롭힌 것이 북한 동포들의 일상적 라이프 스타일과 생활용어였다. 특히 생활용어 속에 섞여 있는 정치, 경제, 철학 용어와 은어(隱語)들에 막혀 끙끙대다 결국에는 좌절하고 말았다. 좌절의 아픔이 너무 힘겨워 오랜 기간 혼자 고뇌하다 이판사판의 심정으로 직장을 대북전문기관인 〈자유의 소리 방송〉으로 옮겨 전문집필위원으로 근무하면서 본격적으로 북한을 연구하기 시작했다.

　그동안 국가기관의 지원으로 북한에 관한 교육도 많이 받았고 수많은 탈북 동포들과 같이 근무하면서 북한 동포들에 대한 라이프 스타일과 사회 제도 부문에 관한 연구는 몇 권의 연구 저서를 낼 정도로 상당한 진전을 보았다. 그러나 북한 동포들이 일상적으로 사용하는 생활용어와 북한에서 발행되는 저작물에서 만날 수 있는 정치 용어와 철학 용어 그리고 분야별 전문 용어와 은어·비어·방언들은 아직도 더 연구하고 그동안 수집해 놓은 자료들은 찾아보기 편하게 정리해 놓아야 한다는 일념으로 지난 2001년도에는 한국문화예술진흥원(현재는 한국문화예술위원회)에 통일 관련 민족문화교류분야 학술진흥기금을 신청하였다. 그때 나는 사업기금 지원신청서에 이런 내용의 사업 목적을 적어냈다.

　《 조국 광복, 분단, 전쟁 발발, 휴전협정 이후 남북한은 서로 다른 이념과 체제를 견지하며 50여 년 간 분단되어 있었던 관계로 2,500만 북한 동포들이 각 분야에서 일상적으로 사용하는 생활용어마저 우리는 같은 민족이면서도 그 뜻을 알아듣고 해득할 수 없을 만큼 이질화되어 7천만 민족의 언어 생활과 정서의 동질성 회복은 물론, 21세기 통일의 시대를 여는데 장애 요인으로 작용하고 있음은 그 누구도 부인할 수 없는 현실로 굳어져 있다.

이같이 이질화되고 고착화된 2,500만 북한 동포들의 분야별 일상 생활 용어의 말뜻과 용도를 알기 위해 국내 굴지의 출판사들이 편찬한 국어사전이나 백과사전을 펼쳐 그 말뜻을 찾아보지만 북한 동포들이 각 분야에서 일상적으로 사용하는 생활용어를 풀이해 놓은 사전은 없다.

심지어 북한에서 발행되는 사전들도 정치 용어는 정치사전을, 철학 용어는 철학사전을, 경제 용어는 경제사전을, 역사 용어는 역사사전을, 문학 예술 용어는 문학예술사전을, 일반 용어는 조선말사전을 찾아보아야 그 말뜻을 알 수 있고, 그나마 북한 동포들 태반이 사용하는 은어·속어·비어·방언 등은 각 전문 사전에서도 그 말뜻을 찾아볼 길이 없어 대충 심정적으로만 그 뜻을 가늠해 보거나 아니면 말뜻 알기를 포기하고 만다.

이런 언어 생활이 반세기 넘게 지속되다 보니 이제 남·북한 각 분야의 지도자들이 남북 협상을 위해 마주 보고 앉아도 서로 다른 언어 생활로 인해 그 해석과 정서를 달리하면서 곡해 아닌 곡해로 협상을 그르친 실례도 많다. 특히 억압적 정치 상황 아래서 하루 하루를 고통스럽게 살아가는 과반수 이상의 북한 동포들은 그들의 억압된 정서와 카타르시스를 위해 표준어보다는 은어나 속어, 그 외 비어 등으로 자신들의 감정과 의사를 표현하며 독특한 언어 문화권을 형성해 온 지도 어느덧 수십 년이 지나 이제는 엄연한 현실로 고착되어 있는데도 북한 당국은 문화어가 아닌 반동적 언어라는 구실로 과반수 이상의 북한 동포들이 사용하는 은어·비어·속어들을 정리하지 않은 채 그냥 내버려두고 있다.

이런 언어적, 정서적, 문화적, 이질화 현상과 장애요인을 극복하기 위하여 저자가 30년 간 읽고 연구해 온 탈북 동포 신문조서, 노동신문, 북한 당국이 펴낸 각종 잡지, 단행본 책자, 북한 방송 청취록, 북한 작가

문학작품, 탈북 동포 수기, 자서전, 탈북기, 연구논문 등 총 600여 권의 북한 관련 도서를 한 권 한 권 조사하여 2,500만 북한 동포들이 남북 분단 이후 각 분야에서 사용해 온 각종 일상 생활용어 35,000여 낱말을 찾아내어 그 낱말의 뜻과 용도, 문화적 정서적 배경을 밝히고, 이를 체계적으로 정리하여 남쪽의 4,500만 국민 누구나 손쉽게 활용할 수 있는, 언어 소통적 차원의 〈북한동포생활용어사전〉을 발간해 민족 동질성 회복과 남북 교류 시대를 앞당기는데 기여하고자 함. 》

그 다음해 학술진흥기금이 지원되었다. 나는 그 지원금으로 내 연구실에서 자료를 정리해 주던 보조원들의 인건비도 지급하고 보고 싶었던 책도 구입하여 읽으면서 북한 동포 생활용어 연구에 박차를 가했다.

이 무렵 나는 서울 광화문우체국 6층에 있는 통일부 소관 북한자료센터를 자주 방문했다. 국가기관이 발행한 북한 관련 정보와 북한에서 발행된 도서 내용과의 차이점을 대조하기 위한 목적 때문이었다.

이때 나는 참으로 놀라운 사실을 발견했다. 1933년 조선어학회가 제정·공포한 〈한글 마춤법 통일안〉으로 한글의 언어 규범이 공고화되고 난 다음 1945년에 광복이 되고 이어 분단, 전쟁 발발, 휴전협정 이후 남·북한은 서로 다른 이념과 체제를 견지하며 남쪽은 남쪽대로, 북쪽은 북쪽대로 서로 갈라져 살았다. 그동안 남·북한은 1933년에 제정·공포한 〈한글 마춤법 통일안〉을 남북한 공히 1940년대까지 함께 사용해 오다 1950년대부터 이런 저런 명분으로 두서너 차례 고쳤고, 1987에 들어와서는 북한이 먼저 1966년판 〈조선말규범집〉을 개정해 1987년판 〈조선말규범집〉을 공포하자 남쪽도 1988년 88서울올림픽 준비의 일환으로 〈한글 맞춤법〉 1980년판을 개정해 문교부 고시 1호로 1988년판 〈한글 맞춤법〉을 공포했다.

남·북한은 이때부터 서로 다른 언어 규범으로 민족 언어의 동질성을 서로의 정치체제에 맞춰 노골적으로 이질화시키기 시작했다. 이러다 보니 한뿌리에서 시작된 남·북한 간 언어 규범은 자모의 배열, 두음법칙, 사이시옷, 외래어 표기, 띄어쓰기 부문에서 마치 남의 나라 글처럼 차이를 보였고, 우리 정부의 북한 관련 담당자들은 북한의 〈조선말규범〉에 따라 작성된 북한 관련 생자료를 그대로 내보낼 수가 없었기 때문에 〈한글 맞춤법〉 규정에 맞추어 고쳐서 내보내기 시작했다.

이런 정치·사회적 요인 때문에 북한 정치·사회 체제를 국가권력으로 보장하는 실정법 조항들이 북한 관련 정보 담당자들의 식견에 따라 가장 많이 고쳐졌다. 우리 국가기관에서 〈한글 맞춤법〉 규정에 맞추어 재편집한 북한 실정법은 전체 내용과 조항별 내용을 파악하는 자료로는 손색이 없지만 인문 사회 계열 학도들이 북한 문화어 규범이나 언어 분야를 연구하기 위해 학술 연구용 저본으로 사용하기에는 〈한글 맞춤법〉 규정에 따라 고쳐진 문장이 문제가 많았다.

이렇게 고쳐진 곳이 많은 자료를 가지고 〈북한동포생활용어사전〉을 만들 수는 없다는 판단에 따라 나의 십수 년 동안 계속된 북한 동포 생활 용어 연구는 마지막 고비에서 〈북한 실정법 분야〉는 문제점을 해결할 대안이 나올 때까지 유보되고 말았다. 이런 근심을 안은 채 마땅한 대안을 찾기 위해 고심하고 있었는데 지난 2005년 1월 통일부를 통해 북한 당국이 112개 부문의 법령을 제·개정해 〈조선민주주의인민공화국 법전(대중용)〉이라는 제목으로 새 법전을 발간했다는 소식을 들었다.

한 주권 국가의 정부가 자국의 국내 실정을 구석구석 파악해 부문별로 법령의 초안을 만들고, 각계 전문가들을 불러들여 법조문을 고치고 다듬은 뒤 그 나라 국민을 대표하는 국회나 최고인민회의를 통해 채택·공포한 실정법은 바로 그 국가 제도와 사회 실상을 한눈에 알아볼 수 있는 공식 정보 보고서이자 그 나라 국민들의 현실적인 삶의 방식과 이상을 집약해 놓은 대표적인 사회제도 실상집이다. 더구나 북한 당국이 외국인의 投資 資本을 북한 내부로 끌어들이기 위해 의욕적으로 자기의 안뜨락을 열어 보인 이 法典 속에는 북한에서 발간한 정치사전, 철학사전, 경제사전, 역사사전, 백과사전, 조선말사전, 문화어문법을 규정한 〈조선말규범집〉 외 분야별 전문 서적들이 없으면 법리나 법체계의 연구 이전에 그 법조문을 구성하는 문장 속에 스며 있는 말뜻조차 알 수 없는 특수 전문 용어와 특이 문장들이 앞을 가로막는다. 그러므로 한글로 된 법전이지만 우리 사회의 신세대들은 물론 북한에서 20~30년 이상씩 살다가 넘어온 젊은 세대들도 입으로만 몇 몇 구절을 암기할 뿐 법조문 속에 수없이 섞여 있는 정치 용어와 철학 용어 외 다른 특수 전문 용어의 어의(語意)를 제대로 파악해 설명해 줄 수 있는 동포들이 드물다.

이런 현실적인 문제점을 해결하기 위해 필자가 30여 년간 수집해 온 북한 동포들의 생활용어와 남북한 언어 규범에 관한 자료를 바탕으로 이번에 조선민주주의인민공화국 법전에 수록된 112개 법령과 북한 현실 정치에 초법적 실체로 작용하는 조선로동당 규약을 분석해 〈남북한 한글 맞춤법 통일을 위한 북한 실정법 문장 연구〉라는 연구서를 펴내게 되었다.

이 책에 나오는 정치 · 경제 · 행정 · 법률 · 군사 · 사회 분야 용어들 중 상당량의 용어들은 1980년대 필자가 국가기관에서 북한 관련 직무를 수행할 때 북한의 방송 · 신문 · 책자 등에 실려 있는 용어들의 순수한 어의(語意)와 "북한의 방송사, 신문사, 출판사 등 국가기관에 소속되어 있는 언론인들이나 전문 작가들이 왜 이 용어를 사용했을까? " 하고 북한의 언론인이나 출판인의 입장에서 정치 · 사회적 의미(意味)를 파악하기 위하여 날마다 정치사전 · 철학사전 · 역사사전 · 경제사전 · 문학예술사전 · 백과사전 등 분야별 전문 사전을 펴놓고 씨름을 하던 용어들이다. 그 당시 필자는 소설가로 문단에 등단한 지 5~6년 정도 되는 젊은 작가로 요사이 대학생들에 비해 몇 배의 독서량을 지녔고 하루에 200자 원고지 20~

30매는 무슨 일이 있어도 집필을 해야만 퇴근이 가능한 직장 생활을 하는 전문 집필위원이었는데도 북한의 헌법이나 노동당 규약 또는 경제 관련 책자나 실정법 속에 나오는 특수 전문 용어나 조선말규범에 따라 작성된 특이 문장들은 만나면 그 말뜻과 문법이 남쪽과 상반되고 생소해서 그렇게 고통스러울 수가 없었다. 저들이 하는 말뜻조차 제대로 파악하지 못한 상태에서는 우리 국민과 국가를 대리해서 다른 국가적 정책을 펴나갈 수가 없었기 때문이었다.

이런 고통은 그 당시에만 국한된 것이 아니고 최근까지도 계속되어 1989년에는 문익환 목사가 북한을 방문해 김일성 주석에게 남북한 동포들이 함께 사용할 수 있는 〈통일국어대사전〉을 남북이 공동으로 편찬하자고 제의까지 한 바 있다. 다행히 김일성 주석이 이를 수락해 이 사업은 반짝 빛을 보다 1994년 북한의 김일성 주석이 사망하자 한동안 침체기를 맞았다. 그러다 2004년 문익환 목사 10주기 추모 행사에 참가한 북한 대표단을 통해 박용길 장로가 김정일 국방위원장에게 친서를 보내〈통일국어대사전〉 편찬 사업을 재요청 했고 이 재요청 사업을 김정일 국방위원장이 승인함에 따라 〈겨레말큰사전남북공동편찬사업회〉가 결성되고 남북한 실무 당국자와 학자들이 2007년 2월 6일 현재 8차까지 편찬회의를 가진 끝에 대강의 큰 틀은 마련되고 2012년쯤 그 결과물을 보게 될 것으로 예상되고 있다.

그러나 이런 우여곡절을 겪으며 진척되고 있는 〈겨레말큰사전〉도 남북한 동포들의 염원을 고스란히 집약하지는 못하고 있다. 우선 남북한 관계 당국자들과 학자들은 서로의 정치 체제와 드러내놓고 말할 수 없는 복잡한 사정 때문에 7,000만 민족의 염원이 담긴 〈남북한 통일 언어 규범〉을 만들지 못한 채 〈겨레말큰사전〉에만 적용되는 한시적 성격의 언어 규범을 임시로 만들어 우선 금세기 100년간 우리 민족이 사용해 온 낱말 중 남북 양측이 올림말로 사용하자고 합의가 되는 낱말 30만~50만 개정도를 확정해 "남북한 언어 규범을 초월한 상태에서 뜻풀이를 한다."는 합의 아래 〈겨레말큰사전〉 발간 사업을 진척하고 있는 것으로 알고 있다.

결국 2012년에 발간 예정인 〈겨레말큰사전〉은 남북한 현실 정치 체제와 서로 다른 이상에 막혀 금세기 100년간 우리 민족이 조선반도와 세계 각 곳에서 사용해 온 말 중 남북이 합의한 올림말 30여만 개를 남북한 언어 규범을 초월한 한시적 언어 규범으로 말뜻을 풀이해 당대의 국민들과 후손들에게 물려준다는 취지로 발간 작업이 진행되고 있는 것이다. 봉을 그리려다 닭을 그린 꼴이 되어 2012년경에 겨레말큰사전이 나와도 남북한 언어 규범의 차이로 빚어진 지난 반세기의 남북한 언어이질화 현상은 완전히 해소될 수 없음은 물론 북한 동포들이 지난 반세기 동안 사용해 온 일상 생활용어마저 그대로 담지 못한다는 결론에 이른다. 이의 해결을 위해서는 북한 동포들이 지난 반세기 동안 사용해 온 말뜻 풀이 사전을 별도로 발간하거나 〈겨레말큰사전〉을 재차 증보 개정하지 않으면 지난 반세기 동안 북한 동포들이 사용해 온 말과 말뜻을 잃어버린다는 결론을 유추해 낼 수 있다.

이 책은 바로 이런 문제점과 아쉬운 점을 해결하기 위해 〈겨레말큰사전〉이 발간된다는 낭보를 듣고도 집필 방향이나 발간 방향의 수정 없이, 젊은 날 내 자신이 겪은 고통을 되짚어보며 다음과 같은 기준을 세워놓고 집필했다.

1. 이데올로기와 체제 경쟁 차원을 초월해 북한 실정법 속에 나오는 정치·경제·철학·군사 용어 등 특수 전문 용어에 대한 의미를 북한동포들이 학교 교육이나 사회 교육을 통해 교양 받는 대로 설명하며 남한 젊은이들이 북한 동포들의 정치·사회적 가치 체계와 언어 감각을 빨리 파악해 갈라진 민족이 하나로 합치는데 기여할 수 있도록 했다.

2. 내 아들 딸 또래의, 오늘을 살아가는 대한 민국의 대학생과 대학원생들의 학력 수준으로 북한 법전에 수록된 112개 법령 내용을 보다 깊이 있게 이해할 수 있게끔 부문법別로 정치 용어, 철학 용어, 경제 용어, 군사 용어 등 특수 전문 용어의 해설을 달고, 〈한글 맞춤법〉과 〈조선말규범집〉과의 문법적 차이점이 빚어내는 남·북한 간 바른 문장과 틀린 문장의 사례를 하나하나 제시했다.

3. 북한 동포들이 사용하는 문화어 문장의 객관성과 대표성 확보를 위해 북한 작가들의 주관적인 작품집보다 북한 당국이 여러 차례 고치고 다듬어 온, 가장 객관적이고 문법적으로 완성도가 높은 공식 法典을 연구 텍스트로 정해 그 법전 원문 속에서 특수 전문 용어와 특이 문장을 발췌하고 그 어원 출처를 분명하게 밝혀 학술적으로 인용이 가능하도록 했다.

이렇게 집필 방향과 목표를 세워놓고 내 나름대로 최선을 다해 왔지만 내 개인적인 역량의 한계와 개인적인 사재로 장기간 연구를 해 온 탓으로 부족한 부분이 많을 것으로 안다. 잘못된 부분은 고칠 수 있도록 지적해 주시고 깊이 파고들지 못해 독자 제현의 기대에 못 미치는 부분은 너그럽게 이해해주시기를 머리 숙여 부탁드린다.

20대 총각 시절, 한국현대소설문학이 안고 있는 〈반쪽의 문학 현상〉을 극복할 수 있는 작품, 즉 소설 작품 공간 속에 남북한 동포들의 현실적인 삶의 터전과 생활 현장을 함께 수용하는 장편소설 한 편을 쓰기 위해 북한 연구에 빠져들다 어언 예순을 맞이하게 되었다. 지난 30여 년 동안 북한 동포들의 삶의 현장과 언어에 관한 자료를 수집하면서 평소에 조금씩 집필해 놓은 연구 결과물 덕택에 이번에 나는 비교적 빨리 이 연구서를 펴낼 수 있게 되었다. 한번 작품을 실패했다고 영원히 실패하는 것도 아니고 인생에 공짜가 없다는 문단 선배님들의 말씀과 함께 "인간만사 새옹지마(人間萬事 塞翁之馬)"란 고사의 의미가 새롭게 되새겨진다.

아무쪼록 이 책자가 북한의 언어 규범과 실정법 내용을 제대로 알고자 하는 젊은 연구 학도들에게 좀더 쉽게 북한을 알 수 있는 입문서가 되었으면 하는 바램 간절하다. 아울러 지난 30년간 넉넉지 못한 사재를 털어 넣어 가며 북한 연구를 계속할 수 있도록 내조를 아끼지 않은 나의 가족과 자료 수집에 많은 도움을 주신 사단법인 북한연구소와 북방문제연구소 선배님들께 깊은 감사의 인사를 드린다.

덧붙여 나와 함께 땀을 흘리며 자료 정리를 해 준 인천 재능대학 문예창작과 팀과 인천대학교 정치외교학과 팀에게도 그동안 고생 많았다는 위로의 인사를 전하며 이 기쁨을 함께 나누고자 한다.

2007년 2월 15일

인천 간석동 집필실에서   兄山 徐 東 翼 드림

일러두기

1. 현행 북한 실정법 내의 특수 전문 용어와 특이 문장 인용과 발췌에 사용한 법전(이하 원전으로 표기)은 평양 법률출판사가 2004년 8월에 발간한 〈조선민주주의인민공화국 법전(대중용))을 연구의 저본으로 삼았다.

2. 원전에 수록된 112개 법령의 등재 순위 번호, 공식 명칭, 채택 시기, 개정 경위, 서체, 철자법, 띄어쓰기, 문장부호 사용법 등은 원전의 내용에 그대로 따랐다. 그러나 원전에 수록된 포괄법과 부문법의 전문(全文) 내용을 조항별로 〈보기글〉로 인용할 때는 모두 상자(박스) 속에 넣어 볼드체(굵은 글씨체)로 차별화하며 〈한글 맞춤법〉 규정에 따른 해설 내용의 문법 체계와 구분하였다.

3. 원전에 수록된 포괄법과 부문법의 전문(全文) 내용을 조항별로 〈보기글〉로 인용할 때는 철자법, 띄어쓰기, 문장부호 등 모든 내용을 원전의 내용과 동일하게 인용하며 〈조선말규범집〉 규정에 따라 표기했다. 그러나 보기글로 인용한 법령 조항별 문장 속의 특수 전문 용어와 특이 문구의 이해를 돕기 위해 한자를 덧붙이고 낱말의 말뜻을 서술할 때는 먼저 〈한글 맞춤법〉 규정에 따라 표기하며 바른 문장과 틀린 문장을 밝히고 난 다음 〈조선말규범집〉 규정에 따라 다시 바른 문장과 틀린 문장의 사례를 서술하며 남북한 간 언어 규범, 즉 〈한글 맞춤법〉과 〈조선말규범집〉 규정 간의 문법적 차이점을 밝혔다.

4. 원전의 법조문에 나오는 특수 전문 용어와 정치 용어 중 여러 개의 명사나 동사 등이 어울려 2음절 이상의 복합어로 된 말이나 문구를 〈한

글 맞춤법〉 규정에 따라 표기해야 할 경우 합성어나 복합어의 판단 기준
이나 다음절(多音節) 복합어의 띄어쓰기 기준은 국립국어원의 〈표준국어
대사전〉의 표기 용례에 따랐다.

  ⇒보기
  1)공고강화 → 공고∨ 강화
  2)장성발전속도 → 장성∨ 발전∨ 속도
  3)물고기잡이전투 → 물고기∨ 잡이∨ 전투
  4)사회주의농촌건설 → 사회주의∨ 농촌∨ 건설

5. 원전의 법조문에 나오는 특수 전문 용어와 정치 용어 중 한자어에 어
원을 두고 있는 낱말을 한글로 표기해야 할 경우, 북한에서의 표기법
은 〈조선말규범집〉의 규정에 따르고 남한에서의 표기법은 〈한글 맞춤법〉
두음 법칙 규정에 따랐다.

  ⇒보기
  1)女性 : 녀성(조선말규범에 따른 표기법)
          여성(한글 맞춤법에 따른 표기법)
  2)勞力 : 로력(조선말규범에 따른 표기법)
          노력(한글 맞춤법에 따른 표기법)
  3)貨幣 : 화폐(조선말규범에 따른 표기법)
          화폐(한글 맞춤법에 따른 표기법)

6. 원전에 나오는 법령 조항별 내용 중 순 우리말로 된 합성어 또는 순
우리말과 한자어, 또는 한자어와 순 우리말로 합성된 낱말 중 앞 말이
모음으로 끝나면서 이어지는 뒷말의 첫소리가 된소리로 나는 것 등 〈사
이시옷〉에 관한 문제가 맞물릴 경우, 북한에서의 표기법은 〈조선말규범
집〉 규정에 따르고 남한에서의 표기법은 〈한글 맞춤법〉 규정에 따랐다.

  ⇒보기
  1)배+길 : 배길(조선말규범에 따른 표기법)
          뱃길(한글 맞춤법에 따른 표기법)

   2)배+병(病) : 배병(조선말규범에 따른 표기법)

            뱃병(한글 맞춤법에 따른 표기법)

   3)기(旗)+발 : 기발(조선말규범에 따른 표기법)

            깃발(한글 맞춤법에 따른 표기법)

7. 원전의 법조문에 나오는 특수 전문 용어와 정치 용어 중 외래어에 어원을 두고 있는 낱말을 한글로 표기해야 할 경우, 북한에서의 표기법은 〈조선말규범집〉 규정에 따르고 남한에서의 표기법은 〈한글 맞춤법〉 외래어 표기 규정에 따르며 반드시 괄호 속에 외래어를 함께 적었다.

   ⇒**보기**

   1)terror : 테로(terror) → 조선말규범에 따른 표기법

         : 테러(terror) → 한글 맞춤법에 따른 표기법

   2)intelligentsia : 인테리(intelligentsia) → 조선말규범에 따른 표기법

           인텔리(intelligentsia) → 한글 맞춤법에 따른 표기법

   3)bourgeoisie : 부르죠아지(bourgeoisie) → 조선말규범에 따른 표기법

           부르주아지(bourgeoisie) → 한글 맞춤법에 따른 표기법

8. 원전의 법조문에 나오는 특수 전문 용어와 정치 용어를 해설하면서 우리나라의 다음절로 된 법령명을 인용하여야 할 경우는 가독성(可讀性)을 높이기 위해 법제처가 2005년 1월 1일부터 적용하기로 공고한 〈법령제명(제목 또는 이름) 띄어쓰기 기준〉에 따라 표기하였다.

   ⇒**보기**

   1)조사와 어미를 포함한 법령명

     (종전)실화책임에관한법률 → (현행) 「실화책임에∨관한∨법률」

   2)부사와 의존명사, 조사, 어미를 포함한 법령명

     (종전)가정폭력방지및피해자보호등에관한법률 →

     (현행) 「가정폭력방지∨및∨피해자보호∨등에 관한∨법률」

   3)8음절을 넘는 명사로 이루어진 법령명

     (종전)일제강점하친일반민족행위진상규명에관한특별법 →

     (현행) 「일제강점하∨친일반민족행위∨진상규명에∨관한∨특별법」

4)그러나 8음절이 넘는 명사로 이루어진 법령명일지라도 국가 또는 국가기관을 나타내는 고유명사는 그대로 붙여 쓰기로 하였다.

⇒**보기**

　남한의 경우 : 국민고충처리위원회 / 북한이탈주민정착지원사무소 등.

　북한의 경우 : 조선민주주의인민공화국 / 조선사회주의로동청년동맹 등.

9. 남한과 북한의 현행 실정법 조항별 내용 중 남북한 다같이 중국 한자어에 어원을 두고 있는 말과 일제 식민 통치의 잔재인 일본식 한자어 중 우리말로 다듬을 수 있는 말들은 말뜻의 변화가 없을 경우 자라나는 신세대의 언어 감각에 맞게 쉬운 우리말로 고쳐서 표기하였다.

⇒**보기**

1)명사와 명사구 뒤에 주로 붙는 〈및(及)〉은 〈과, 와〉로 한글화

　남한의 경우 : 박물관 및 미술관 진흥법 → 박물관과 미술관 진흥법

　북한의 경우 : 국가 및 사회협동단체의 소유 → 국가와 사회협동단체의 소유

2)명사 뒤에 붙는 〈시〉는 〈때〉, 〈경우〉, 〈동안〉 따위로 한글화

　남한의 경우 : 범행시에는 → 범행 때는

　북한의 경우 : 사건기각시 → 사건을 기각하였을 경우에는(형법 제34조) /

　　　　　　　　비서국은 필요시 → 비서국은 필요할 때(로동당규약 제26조)

3)명사 뒤에 붙는 〈하〉는 〈아래〉로 한글화

　남한의 경우 : 명령하에서는 → 명령 아래에서는

　북한의 경우 : 점령하에서는 → 점령 아래에서는

4)명사나 명사구 뒤에 붙는 〈의하면〉과 〈의해〉는 〈따르면〉과 〈으로〉로 한글화

　남한의 경우 : 공문서의 의하면 → 공문서에 따르면 / 법의 의해 → 법에 따라

　북한의 경우 : 로동에 의하여 → 로동으로(헌법 29조) /

　　　　　　　　절차에 의하여 → 절차에 따라(로동당규약 제10조)

5)피동의 의미를 지닌 〈-지다〉와 〈되어지다〉는 〈하다〉와 〈이다〉로 한글화

　남한의 경우 : 키워지는 → 키우는 / 극복되어져야 하는 → 극복하여야 하는

　북한의 경우 : 돌려진다 → 돌린다(헌법 25조)

10. 약물과 기호는 다음 용례에 따랐다.

⇒보기
1)국내외 책자와 북한 책자명 따위를 적을 경우 : 《   》
2)본문의 대화체 인용문과 대화체 속의 인용문 따위 : “   ” ,   ‘   ’
3)본문의 강조 구문이나 중요 제시어 따위 : 〈   〉
4)지명, 단체명, 법률명 따위 : 「   」
5)한자나 외래어를 덧붙여 표기할 때 : (   )

11. 원전에 나오는 정치 용어와 특수 전문 용어를 북한 동포들은 탁아소, 유치원, 인민학교 시절부터 어떻게 교육받고 의식 속에 정치 사회적 의미가 각인되어 있는가를 파악하기 위해 다음과 같은 북한 사전과 어학 전문 서적을 참고하였다.

【 사전류 】
대중정치용어사전, 조선로동당출판사, 평양 1957. 5.
정치사전, 사회과학출판사, 평양 1973. 12.
철학소사전, 조선로동당출판사, 평양 1956. 9.
철학사전, 사회과학출판사, 평양 1985. 9.
경제사전(1-2권), 사회과학출판사, 평양 1985. 5-1985. 12.
백과사전(1-2권), 백과사전출판사, 평양 1974. 4-1975. 3.
역사사전(1-2권), 사회과학출판사, 평양 1971. 8-1972. 12.
조선역사인명사전, 과학백과사전출판사, 평양 2002. 7.
화학소사전, 조선민주주의인민공화국 과학원, 평양 1958. 12.
조선료리전집(1-3권), 조선료리협회, 평양 1994. 3.
조선대백과사전(1-30권), 백과사전출판사, 평양 1995. 10-2001. 12.
조선어철자법사전, 조선민주주의인민공화국 과학권, 평양 1956 12.
조선문화어사전, 사회과학원 언어학연구소, 평양 1973. 4.
중세조선말사전, 과학백과사전종합출판사, 평양 1993. 1.
조선말사전(상, 중, 하), 과학원출판사(동광출판사 영인본), 서울 1990. 4.
조선말사전 (상, 하), 연변인민출판사, 연변 2002. 8.
현대조선말사전, 사회과학원 언어학연구소(조선일보사 축약본), 1990. 1.
조선동의어사전, 사회과학출판사(도서출판 글 영인본), 서울 1992. 2.

【 단행본 】

조선민주주의인민공화국 법전(대중용), 법률출판사, 2004. 8.

조선언어지리학시고, 과학, 백과사전출판사(탑출판사), 1990. 12.

조선어 방언학 개요(하), 과학, 백과사전출판사(탑출판사), 1990. 3.

우리말어휘 및 표현, 공업출판사(탑출판사), 1990. 2.

조선속담, 과학, 백과사전출판사(탑출판사), 1990. 10.

문화어문법규범, 김일성종합대학출판사(탑출판사), 1989. 12.

조선어학개론, 과학, 백과사전출판사(탑출판사), 1989. 12.

조선말례절법, 과학 · 백과사전출판사, 1983. 3.

정치경제학 교과서, 모스크바 외국문서적출판사, 1956. 1.

자본론(1-1, 1-2, 2, 3-1, 3-2), 조선로동당출판사, 1956. 11.

조선말규범집(1987판), 내각 직속 국어사정위원회, 1987. 6.

조선말규범집(1966판), 내각 직속 국어사정위원회, 1966. 6.

12. 본문 〈알고 읽어야 할 원전 특이 용어와 문장 해설〉에 나오는 정치 용어와 특수 전문 용어 그리고 특이 문장은 우측에 그 말을 발췌한 법 조항별 출전을 밝혔다.

⇒보기

◆조선민주주의인민공화국(사회주의헌법 서문 제1행)

출전

◆인민(사회주의헌법 제1조 제1행)

출전

◆제국주의(사회주의헌법 제2조 제1행)

출전

◆소환할수(사회주의헌법 제7조 제4행)

출전

◆주인으로 되고있으며(사회주의헌법 제8조 제2행)

출전

차례

추천의 글 / 5
저자의 말 / 11
일러두기 / 21

I. 규약 주요 내용 미리 보기

1. 규약 공식 명칭 / 32

1) 공식 명칭 / 32

2. 규약 채택 시기와 개정 경위 / 32

1) 채택 시기 / 32

2) 개정 경위 / 32

3. 내용 구성 체계와 전체 조문수 / 33

1) 구성 체계 / 33

2) 전체 조문수 / 33

4. 유심히 살펴봐야 할 주요 내용 / 33

5. 알고 읽어야 할 규약 특이 용어와 문장 / 33

Ⅱ. 규약 조항별 특이 용어와 특이 문장 깊이 알기

1. 전문 / 35

2. 제1장 당원(제1조~제10조) / 66

3. 제2장 당의 조직원리와 조직구조(제11조~제20조) / 105

4. 제3장 당의 중앙조직(제21조~제30조) / 117

5. 제4장 도(직할시)의 당조직(제31조~제35조) / 126

6. 제5장 시 (구역)·군의 당조직(제36조~제40조) / 145

7. 제6장 당의 기층조직(제41조-제45조) / 160

8. 제7장 조선인민군대내 당조직(제46조~제50조) / 184

9. 제8장 정치기관(제51조~제55조) / 194

10. 제9장 당과 로동대중의 조직(제56조~제58조) / 199

11. 10장 당의 재정(제59조~제60조) / 205

Ⅲ. 되돌아보며 정리하기

1. 앞 단원 되돌아보기 / 209

2. 되돌아본 주요 내용 정리하기 / 220

3. 조선어학회와 〈한글 마춤법 통일안〉 / 227

4. 남북한 언어 규범 변경 과정 / 231

5. 낱말 사이를 붙여 써야 하는 말들 / 236

6. 국립국어원 〈표준국어대사전〉 검색창에 뜨지 않는 말들 / 237

7. 국립국어원과 겨레말큰사전남북공동편찬사업회에 드리는 제언
/ 239

부 록

1. 한글 맞춤법(1988년판) / 245

2. 조선말규범집(1987년판) / 283

3. 참고 문헌 / 345

4. 찾아보기 / 353

5. 권별 구성 목차 / 358

Ⅰ. 규약 주요내용 미리 보기

Ⅰ. 규약 주요내용 미리 보기

Ⅰ. 규약 주요 내용 미리 보기

제1장
조선민주주의인민공화국
조선로동당 규약

1. 규약 공식 명칭
　　1) 규약 공식 명칭 : 조선민주주의인민공화국 조선로동당 규약

2. 규약 채택 시기와 개정 경위
　　1) 채택 시기 :
　　　1946년　8월 28일 북조선로동당 창립대회
　　2) 개정 경위 :
　　　1948년　3월 27일 북조선로동당 제2차대회에서 수정
　　　1949년　6월 30일 남북공산당 합당하여 조선로동당 창당
　　　1956년　4월 23일 조선로동당 제3차대회에서 수정 보충
　　　1961년　9월 11일 조선로동당 제4차대회
　　　1970년 11월　2일 조선로동당 제5차대회
　　　1980년 10월 10일 조선로동당 제6차대회에서 수정 보충

4. 규약 구성 체계 및 전체 조문수

1) 구성 체계 : 전문

     제1장 당원(제1조~제10조)

     제2장 당의 조직원리와 조직구조(제11조~제20조)

     제3장 당의 중앙조직(제21조~제30조)

     제4장 도(직할시)의 당조직(제31조~제35조)

     제5장 시 (구역)·군의 당조직(제36조~제40조)

     제6장 당의 기층조직(제41조~제45조)

     제7장 조선인민군대내 당조직(제46조~제50조)

     제8장 정치기관(제51조~제55조)

     제9장 당과 로동대중의 조직(제56조~제58조)

     제10장 당의 재정(제59조~제60조)

2) 전체 조문수 : 전문 10장 60개 조문으로 구성된 규약

5. 유심히 살펴봐야 할 주요 내용

1) 당의 지도 이념과 정치적 목표

2) 당원의 자격, 의무, 권리

3) 당의 조직 구성과 중앙 조직, 지방 조직, 기층 조직과의 운영 체계

4) 조선인민군대 내의 당 조직과 정치기관의 실태

5) 당과 근로대중 조직과의 관계와 외곽 단체의 실태

6. 알고 읽어야 할 규약 특이 용어와 특이 문장

1) 규약 조문별 특이 용어 풀이 참조.

〈규약 원문 1〉

조선민주주의인민공화국
조선로동당 규약

1945년 10월 10일 북조선공산당 중앙조직위원회 창립대회

1945년 10월 16일 북조선공산당 중앙조직위원회 제1차확대집행위원회

1945년 11월 15일 북조선공산당 중앙조직위원회 제2차확대집행위원회

1945년 12월 17일 북조선공산당 중앙조직위원회 제3차확대집행위원회

1946년 2월 15일 북조선공산당 중앙조직위원회 제4차확대집행위원회

1946년 3월 4일 북조선공산당 중앙조직위원회 제5차확대집행위원회

1946년 4월 10일 북조선공산당 중앙조직위원회 제6차확대집행위원회

1946년 6월 22일 북조선공산당 중앙조직위원회 제7차확대집행위원회

1946년 7월 27일 북조선공산당 중앙조직위원회 제8차확대집행위원회

1946년 8월 28일 북조선로동당 창립대회

1948년 3월 27일 북조선로동당 제2차대회에서 수정

1949년 6월 30일 남북공산당 합당하여 조선로동당 창당

1956년 4월 23일 조선로동당 제3차대회에서 수정보충

1961년 9월 11일 조선로동당 제4차대회

1970년 11월 2일 조선로동당 제5차대회

1980년 10월 10일 조선로동당 제6차대회에서 수정보충

〈규약 원문 2〉

조선로동당은 위대한 수령 김일성동지에 의해 창건된 주체형의 혁명적 맑스-레닌주의당이다.

위대한 수령 김일성동지는 1926년 우리 나라에서 처음으로 되는 공산주의적혁명조직으로서 타도제국주의동맹을 결성했으며 오랜 항일혁명투쟁을 통해 당창건을 위한 조직적, 사상적기반을 마련했으며 이에 기초하여 영광스러운 조선로동당을 창건하였다.

조선로동당은 우리 나라에서 로동계급과 전체 근로대중의 선봉적, 조직적부대이며 전체 근로대중 조직체중에서 최고형태의 혁명조직이다.

조선로동당은 조선민족과 조선인민의 리익을 대표한다.

조선로동당은 로동자, 농민, 근로《인테리》를 망라하는 근로인민들 가운데서 근로대중의 리익과 사회주의, 공산주의운동의 승리를 위하여 헌신적으로 복무하는 선봉적투사들로서 조직한다.

조선로동당은 오직 위대한 수령 김일성동지의 주체사상, 혁명사상에 의해 지도된다.

조선로동당은 항일혁명투쟁시기에 위대한 수령 김일성동지에 의해 이룩된 영광스러운 혁명전통을 계승발전시킨다.

조선로동당은 항일혁명투쟁시기에 위대한 수령 김일성동지에 의해 이룩된 영광스러운 혁명전통을 계승발전시킨다.

조선로동당은 자본주의사상과 마찬가지로 국제공산주의운동과 로동계급운동에서 나타난 수정주의, 교조주의를 비롯한 온갖 기회주의를 반대하고 맑스-레닌주의의 순결성을 고수하기 위하여 견결히 투쟁한다.

조선로동당의 당면목적은 공화국북반부에서 사회주의의 완전한 승리를 이룩하여 전국적범위에서 민족해방과 인민민주주의의 혁명과업을 완수하는데 있으며 최종목적은 온 사회의 주체사상화와 공산주의사회를 건설하는데 있다.

조선로동당은 당의 유일사상체계를 세우는 것을 당건설과 당활동의 기본원칙으로 삼는다.

조선로동당은 주체사상에 기초한 전당의 사상의지적통일단결을 계속 강화한다.

조선로동당은 프로레타리아독재를 실시하며 사회주의, 공산주의건설의 총로선으로서 천리마운동과 사상, 기술, 문화혁명을 추진한다.

조선로동당은 로동계급의 령도적역할을 높임으로써 로농동맹을 기초로 한 전조선의 각계각층 애국적민주력량들과의 통일전선을 강화하기 위하여 투쟁한다.

조선로동당은 인민들의 물질적 및 문화적수준을 끊임없이 높이는 것을 최고의 활동원칙으로 삼는다.

조선로동당은 사람과의 사업을 당사업의 기본으로 삼는다.

조선로동당은 모든 당사업의 기본원칙으로서 계급로선과 군중로선을 관철한다.

조선로동당은 항일유격대식 사업방법, 청산리정신 및 청산리방법을 철저히 관철한다.

조선로동당은 온 사회의 혁명화, 로동계급화, 인테리화를 촉진하고 사회주의의 물질기술적토대를 공고히 하며 나아가서 사회주의제도를 강화하고 사회주의의 완전한 승리를 촉진시키기 위한 투쟁에서 사상, 기술, 문화혁명을 활발히 수행한다.

조선로동당은 남조선에서 미제국주의 침략군대를 몰아내고 식민지통치를 청산하며 그리고 일본군국주의의 재침기도를 좌절시키기 위한 투쟁을 전개하고 남조선인민들의 사회민주화와 생존권투쟁을 적극지원하고 조국을 자주적 평화적으로 민족대단결의 원칙에 기초하여 통일을 이룩하고 나라와 민족의 통일적발전을 이룩하기 위해 투쟁한다.

조선로동당은 자주성과 프로레타리아 국제주의원칙에 기초하여 사회주의 나라들과의 단결과 국제공산주의운동과의 련대성을 강화하고 세계의 모든 신흥세력나라 인민들과의 친선, 협조관계를 발전시키며 아시아, 아프리카, 라틴아메리카 인민들의 반제민족해방운동과 자본주의 나라들의 로동계급과 그밖의 인민들의 혁명투쟁을 지지하고 광범한 련합전선을 실현하여 미국을 우두머리로 하는 제국주의와 지배주의를 반대하며 평화와 민주주의, 민족적독립과 사회주의 공동위업의 승리를 쟁취하기 위하여 투쟁한다.

(규약 원문 66쪽에서 다시 이어집니다)

◆조선로동당(조선로동당 규약 전문 제1행)

〈조선로동당(朝鮮勞動黨)〉, 〈노동당(勞動黨)〉, 〈로동당(勞動黨)〉과 같은 뜻으로 쓰이는 정치 용어로 "주체사상을 지도적 지침으로 하여 건설되고 활동하는 조선민주주의인민공화국의 집권당"을 이르는 말.

1945년 10월 10일부터 13일까지 평양에서 개최된 〈조선공산당 서북 5도 당 책임자 및 열성자대회〉의 마지막 날인 10월 31일에 창설된 〈조선공산당 북조선분국〉이 모체가 되었으며 이 분국이 〈북조선공산당〉으로 발전했고, 〈조선신민당〉과 통합해 〈북조선로동당〉이 되었으며, 〈남조선로동당(일명 남로당)〉을 흡수하여 〈조선로동당〉으로 당명이 바뀌어 오늘에 이르렀다.

다른 사회주의 체제와 마찬가지로 〈조선민주주의인민공화국 조선로동당〉은 국가권력 기구의 지도적 핵심을 이루고 있으며 최고 지도자 밑에 조선로동당을 국가권력의 최고 상위 체계에 놓고, 그 밑에 국가 통치 기구 내지 국가권력 기구들을 하위 체계로 두고 있다.

모든 국가 권력의 중심 핵으로서 조선로동당의 지위는 당 규약 전문에서 "조선로동당은 우리나라에서 노동계급과 전체 근로대중의 선봉적, 조직적 부대이며 전체 근로대중 조직체 중에서 최고 형태의 혁명 조직이다."라고 분명하게 위계질서를 밝히고 있다.

그러므로 〈조선민주주의인민공화국 조선로동당〉은 국가 권력의 원천이 되고 있으며, 현실적으로 다른 국가 권력 기관들은 조선로동당의 권력에 의하여 영향을 받고, 조선로동당에서 결정된 정책들을 수행하는 보조적 권력 기구에 불과하므로 〈조선민주주의인민공화국 사회주의 헌법〉을 분석할 때는 늘 〈조선로동당 규약〉과 대비해 조선로동당의 현실적 위상과 다른 국가 권력 기구와의 형식적 위계질서와 실질적 위계질서를 분석해 들어가는 통찰력이 필요하다.

◆주체형의 혁명적 맑스—레닌주의당(조선로동당 규약 전문 제1행)

〈주체형의∨ 혁명적∨ 맑스—레닌주의∨ 당〉과 같은 뜻으로 쓰이는 문구로 "맑스—레닌주의를 조선민주주의인민공화국의 현실에 창조적으로 적용한 주체사상을 자기 활동의 지도적 지침으로 삼는 당, 즉 그러한 혁명적인 당이 조선로동당"이라는 뜻이다.

◆우리 나라(조선로동당 규약 전문 제2행)

〈우리나라〉와 같은 뜻으로 쓰이는 말로 여기서 눈여겨보아야 할 동강은 합성어의 띄어쓰기에 관한 남북한 간 어문 규정의 차이점을 이해하는 것.

국립국어원이 발간한 표준국어대사전은 〈우리나라〉를 붙여 써야 바른 표기법이 되고 교육부(구, 문교부)가 발간한 초등학교 국어 교과서는 〈우리∨ 나라〉라고 띄어 써야 바른 표기법이 되므로 남한에서는 이 문제로 국어사전마다 표기법이 제각각이고 정부 기관끼리도 주장이 엇갈리며 한때는 혼란이 많았다.

결론적으로 남한에서는 〈우리나라〉라고 붙여 써야 바른 표기법이 된다. 왜냐하면 1988년 한글 맞춤법이 발표되기 전까지 사용해 오던 종래의 우리 한글 맞춤법 규정에는 "여러 낱말로 하나의 뜻을 나타내는 복합어는 붙여 쓰기로 한다."는 규정에 따라 〈꽃+가루, 꽃+나무, 값+나가다, 꽃+놀이, 값+싸다, 개+고기, 개+눈, 개+소리, 겨우+살이, 눈+웃음, 눈+싸움, 고수+머리, 기와+집, 길+바닥, 땀+방울, 어깨+동무, 어린이+날, 위+아래, 어미+소, 저녁+때, 저녁+별, 찬+물, 흙+장난〉 등과 같이 두 개의 명사를 합쳐서 만든 합성어나 둘 이상의 여러 낱말로 하나의 뜻을 나타내는 복합어는 붙여 쓰게끔 되어 있다. 그러므로 〈우리〉라는 낱말과 〈나라〉라는 낱말로 만든 합성명사 〈우리나라〉는 〈우리글〉 〈우리말〉과 함께 붙여 써야 바른 표기법이 된다. 그래서 2006년 6월에는 교육부와 국립국어원이 업무 협정을 맺어 앞으로 발간되는 초등 학교 국어 교과서에 나오는 합성명사 〈우리나라〉라는 낱말은 어떤 경우에도 띄어 쓰지 않고 붙여 쓰기로 합의를 보았다는 답변을 들은 바 있다.

그러나 북한에서는 조선말규범집 띄여쓰기 제2장 수사, 대명사와 관련한 띄여쓰기 제8항 "대명사는 원칙적으로 다른 품사와 띄어 쓰며 불완전 명사(또는 이에 준하는 일부 명사)와 직접 어울린 것만 붙여 쓴다."는 규정에 따라 〈우리〉라는 인칭대명사와 〈나라〉라는 명사를 합쳐서 만든 〈우리∨ 나라〉는 〈내∨ 조국, 우리∨ 식, 우리∨ 말, 이∨ 나라, 제∨ 땅위에서, 제∨ 힘으로〉 등과 같이 띄어 써야 바른 표기법이 된다.

◆타도제국주의동맹(조선로동당 규약 전문 제4행)

〈타도∨ 제국주의∨ 동맹(打倒帝國主義同盟)〉 또는 〈ㅌ·ㄷ∨ 제국주의∨ 동맹〉과 같은 뜻으로 쓰이는 정치 용어로 "1994년 7월 사망한 북한의 김일성이 1926년 10월 17일 만주 화전현에서 세웠다는 최초의 혁명적 청년 조직"을 이르는 말.

북한은 "김일성이 1926년 6월 부친 김형직이 죽은 후 만주 화전현에 있는 〈화성의숙〉에 입학했으나 민족주의적 성향의 교육 내용에 만족치 못하고 독학으로 맑스—레닌주의 서적들을 읽고 사회주의 공산주의의 길을 나갈 결심을 하게 되었다면서 이에 기초하여 그 해 10월 일제를 타도하고 조선에 사회주의 공산주의 사회를 세울 결의를 다진 청년들과 학생들을 망라한 〈타도 제국주의 동맹〉을 결성한 후 본격적인 혁명 활동을 시작했다"고 선전하고 있다.

타도 제국주의 동맹은 결성 이듬해인 1927년 여름 〈반제청년동맹〉으로 개칭되었다.[1]

---

1)정치사전 1145면.

◆로동계급(조선로동당 규약 전문 제7행)

〈노동계급(勞動階級)〉과 같은 뜻으로 쓰이는 말.

자본주의 시장경제 체제를 유지하는 사회에서는 "생산 수단을 소유하지 않고 자본가에게 고용되어 노동력을 제공하여 임금을 받아 생활하는 사람들로 이루어진 계급"을 노동계급이라 한다.

그러나 사회주의 계획경제 체제를 유지하는 사회에서는 "자연과 사회를 개조하는 기본 역량으로서 근로 인민대중의 자주성을 완전히 실현해야 할 역사적 사명을 지니고 있는 가장 조직적이고 혁명적이며 선진적인 혁명의 영도 계급2)"이라고 정의하고 있고, 또 한편에서는 "자기의 창조적 노동과 투쟁으로 사회적 재부를 창조하고 사회를 발전시켜 나가는 역사상 가장 진보적이며 자주적인 계급3)"을 노동계급이라고 정의하므로 북한의 개성공단이나 경제자유구역에 들어가 북한의 정부 관계자들과 근로계약이나 노동계약을 체결할 때 이 경제 용어가 갖고 있는 남북한 간의 이질화된 개념을 꼭 염두에 두어야 한다.

◆조직체중에서(조선로동당 규약 전문 제8행)

〈조직체∨ 중에서〉와 같은 뜻으로 쓰이는 문구로 여기서 눈여겨보아야 할 동강은 〈상, 중, 간, 판〉 따위의 한자어나 불완전 명사(의존 명사)의 띄어쓰기에 관한 남북한 간 어문 규정의 차이점을 이해하는 것이다.

남한은 한글 맞춤법 제5장 띄어쓰기 제2절 제42항 "의존 명사(불완전 명사)는 띄어 쓴다."는 규정에 따라 〈상, 중, 간, 판, 경, 항, 측, 장, 조, 전, 편, 산, 호, 성, 하, 전, 후, 내, 외, 차, 초, 말, 발, 착, 행, 년, 부, 별, 용, 분, 과, 급, 당, 기, 계, 래, 형, 제, 식, 상(모양), 적〉 등과 같은 한자어 낱말 중 접사로 쓰이는 말을 제외한 한자어 낱말이나 의존 명사

---

2)경제사전 1권 481면.
3)조선대백과산전 7권 472면.

(불완전 명사)는 〈조직체∨ 중〉처럼 앞말과 띄어 써야 되고 그 다음에 오는 조사 〈에서〉는 앞 말에 붙여 전체적으로는 〈조직체∨ 중에서〉처럼 낱말과 낱말 사이를 띄어 써야 바른 문장이 된다.

그러나 북한은 조선말규범집 띄여쓰기 제1장 명사와 관련한 띄여쓰기 제3항 2)번 규정 〈상, 중, 간, 판, 경, 항, 측, 장, 조, 전, 편, 산, 호, 성, 하, 전, 후, 내, 외, 차, 초, 말, 발, 착, 행, 년, 부, 별, 용, 분, 과, 급, 당, 기, 계, 래, 형, 제, 식, 상(모양), 적〉 등과 같은 한자어 낱말이나 불완전 명사(의존 명사)와 〈뒤붙이적 단어〉는 그 앞 단위에 붙여 쓰게끔 규정되어 있기 때문에 〈조직체〉 다음에 오는 한자어 명사 〈중(中)〉은 어떤 경우에도 〈조직체중〉처럼 앞말에 붙여 쓰고 그 뒤에 오는 토(조사) 〈에서〉는 앞 말에 붙여 〈조직체중에서〉처럼 문구 전체를 모두 붙여 써야 바른 문장이 된다.

◆**리익**(조선로동당 규약 전문 제9행)

〈이익(利益)〉과 같은 뜻으로 쓰이는 말로 여기서 눈여겨봐야 할 점은 한자어를 한글로 적을 때 적용하는 두음 법칙에 관한 남북한 간 어문 규정의 차이점을 이해하는 것이다.

남한은 한글 맞춤법 제3장 제5절 두음 법칙 제11항 "한자음 〈라, 려, 례, 료, 리〉가 단어의 첫머리에 올 적에는 두음 법칙에 따라 〈야, 여, 예, 요, 유, 이〉로 적는다."는 규정에 따라 〈利益〉을 〈이익〉으로 적어야 바른 문장이 된다.

그러나 북한은 조선말규범집 제7장 한자말 적기 제25항 "한자말은 소리마디마다 해당 한자음대로 적는 것을 원칙으로 한다."는 규정에 따라 한자어 〈利益〉은 〈락원, 로동, 례외, 례절, 례의〉 등과 같이 〈리익〉으로 적어야 바른 문장이 된다.

◆**로동자**(조선로동당 규약 전문 제10행)

〈노동자〉와 같은 뜻으로 쓰이는 경제 용어로 "국가의 지도적 역량으로서 전체 인민과 더불어 생산수단을 소유하고 직업적으로 생산 노동에 종사하는 노동계급에 속하는 사람"을 아울러 부르는 말.

그다음 눈여겨보아야 할 동강은 한자어 낱말을 한글로 표기할 때 두음 법칙과 관련된 남북한 간 어문 규정의 차이점을 이해하는 것이다.

남한에서는 한자어 낱말을 한글로 적을 때는 한글 맞춤법 제3장 제5절 두음 법칙 제12항 "한자음 〈라, 래, 로, 뢰, 루, 르〉가 단어의 첫머리에 올 적에는 〈나, 내, 노, 뇌, 누, 느〉로 적는다."는 규정에 따라 〈勞動者〉는 〈노동자〉로, 〈路線〉은 〈노선〉으로, 〈勞苦〉는 〈노고〉로, 〈年齡〉은 〈연령〉으로 적어야 바른 문장이 된다.

　그러나 북한은 조선말규범집 제7장 한자말 적기 제25항 "한자말은 해당 한자음대로 적는 것을 원칙으로 한다."는 규정에 따라 한자어 〈勞動者〉는 〈로동자〉로, 〈路線〉은 〈로선〉으로, 〈勞苦〉는 〈로고〉로, 〈年齡〉은 〈년령〉으로 적어야 바른 문장이 된다.

◆**근로인테리**(조선로동당 규약 전문 제10행)

〈근로(勤勞)∨ 인텔리(intelligentsia)〉와 같은 뜻으로 쓰이는 말로 "자기의 정신노동으로써 노동계급과 인민대중을 위하여 복무하는 사회 계층"을 이르는 말. 정신노동자, 사무직 근로자, 지식층을 지칭하기도 한다.

◆**주체사상**(조선로동당 규약 전문 제13행)

〈주체사상(主體思想)〉과 같은 뜻으로 쓰이는 정치 용어로 "모든 것을 사람 중심으로 생각하고 사람을 위하여 복무하게 하는, 사람 중심의 세계관으로 근로 인민 대중의 자주성을 실현하기 위한 지도 사상"을 이르는 말.

북한은 "주체사상은 공산주의적 인간이 가져야 할 과학적이며 혁명적인 세계관으로서 사람이 모든 것의 주인이며 모든 것을 결정한다는 철학적 원리에 기초하고 있으며 모든 것을 사람을 중심으로 생각하고 사람을 위하여 복무하게 할 것을 요구할 뿐만 아니라 근로 인민대중으로 하여금 혁명과 건설에서 주인다운 태도를 가지고 자주적 입장과 창조적 입장을 견지할 것을 요구한다. 주체사상을 구현하여 자주적 입장과 창조적 입장에서 혁명과 건설을 힘있게 밀고 나가는 데서 중요한 문제는 사상에서 주체, 정치에서 자주, 경제에서 자립, 국방에서 자위의 원칙을 관철하는 것이며 조선로동당의 유일한 지도 사상으로 당의 모든 대내외 정책의 기초가 되고 있다4)"고 교양하고 있다.

이처럼 북한에서 주체라는 말이 쓰이기 시작한 것은 1955년 12월 28일 조선로동당 선전선동원대회에서 김일성이 〈사상사업에서 교조주의와 형식주의를 퇴치하고 주체를 확립할데 대하여〉라는 연설을 한 후부터이다. 북한은 이때부터 사상에서의 주체, 1956년에 경제에서의 자립, 1962년에 정치(내정)에서의 자주, 국방에서의 자위, 1966년에 정치(외교)에서의 자주를 주장하며 〈주체사상의 이론적 기초〉를 제시해 왔다.

그러다 지배이데올로기의 의미로 〈주체사상〉이라는 용어를 사용한 것은 1967년 12월 16일 개최된 최고인민회의 제4기 1차 회의에서 김일성이 〈국가의 모든 활동 분야에서 자주·독립·자위의 노선을 철저히 구현하자〉는 제하의 연설을 통해 "우리당의 〈주체사상〉은 우리의 혁명과 건설을 성과적으로 수행하기 위한 가장 정확한 맑스―레닌주의적 지도 사상이며 공화국 정부의 모든 정책과 활동의 확고부동한 지침"이라고 말한 것이 시초이다.

그 후 1970년 조선로동당 제5차 대회에서 주체사상을 체계화하고 1972년 사회주의헌법에서 "조선민주주의인민공화국은 맑스―레닌주의를 우리나라의 현실에 창조적으로 적용한 조선로동당의 주체사상을 자기 활동의 지

---

4)현대 북한말 소사전 178.

도적 지침으로 삼는다."고 규정하며 맑스—레닌주의 대신 주체사상을 북한의 공고화된 통치이데올로기로 제시했으며 1980년 10월에 열린 조선로동당 제6차 대회에서 당 규약 전문에 있는 맑스—레닌주의를 아예 삭제한 후 "조선로동당은 오직 위대한 수령 김일성 동지의 주체사상, 혁명사상에 의해 지도된다."고 수정 보충한 후 주체사상을 북한의 유일한 지도 이념임을 조선로동당 규약을 통해 분명히 밝히며 오늘에 이르고 있다.

◆**혁명사상**(조선로동당 규약 전문 제13행)

〈혁명(革命)∨ 사상(思想)〉과 같은 뜻으로 쓰이는 정치 용어로 "노동계급의 혁명 위업을 실현하기 위한 사상 또는 모든 것을 혁명의 이익에 복종하며 혁명의 승리를 위하여 끝까지 견결히 투쟁하는 혁명성으로 일관된 사상"을 이르는 말.5)

◆**항일혁명투쟁시기**(조선로동당 규약 전문 제15행)

〈항일(抗日)∨ 혁명(革命)∨ 투쟁(鬪爭)∨ 시기(時期)〉와 같은 뜻으로 쓰이는 정치 용어로 이 조문에서는 "일제 식민 통치 시기인 서기 1926년부터 1945년까지 조선의 공산주의자들이 조국의 광복과 인민의 자유와 해방을 위하여 일본 군국주의 정부와 그 정부 산하의 무장력을 상대로 20년에 걸쳐 진행한 식민지 민족 해방 투쟁 시기"를 이르는 말.6)

여기서 눈여겨보아야 할 동강은 일제 식민 통치로부터의 조선의 해방이 당시의 공산주의자들과 그들을 따르는 사람들의 단결된 힘에 의해 주도되고 진실로 주도적 역할을 한 전체 조선 백성의 심적 물적 지원과 조국을 오가며 주로 만주지역에서 유격대식 항일 독립 운동을 전개한 다른 독립 운동 단체와 그 단체에 소속된 독립 운동가들의 역할을 한 마디도

---

5)현대 북한말 소사전 215.
6)조선대백과사전 24권 129면.

말하지 않고 오직 1994년 7월 사망한 "조선민주주의인민공화국 최고 지도자의 영도와 주체사상"으로 진행되었다고 기록한 북한의 저작물과 기록물은 그들의 정치적 의도에 따라 "왜곡되고 날조되었음이 분명하다." 그럼에도 불구하고 당시의 공산주의자들이 만주지역에서 전체 조선 백성들과 함께 일제 식민 통치로부터의 조국의 해방을 위하여 무장투쟁을 전개한 사실도 상당 부분은 사실로 드러나고 있으므로 19세기와 20세기로 이어지는 조선 역사의 큰 축에서 조국과 민족을 위한 공산주의자들의 역할과 업적은 추후 진위가 가려져야 할 사안이며 이 지면에서는 논의를 않는다는 점을 밝혀 둔다.

◆**영광스러운 혁명전통**(조선로동당 규약 전문 제16행)
〈영광스러운∨ 혁명∨ 전통〉과 같은 뜻으로 쓰이는 문구.

◆**자본주의사상**(조선로동당 규약 전문 제17행)
〈자본주의(資本主義)∨ 사상(思想)〉과 같은 뜻으로 쓰이는 문구로 이 규약에서는 "썩고 병든 자본주의 제도를 옹호하고 자본가 계급의 이익을 대변하는 극도의 개인 이기주의에 기초한 착취 계급의 반동적인 사상"을 이르는 말.

◆**국제공산주의운동**(조선로동당 규약 전문 제17행)
〈국제∨ 공산주의∨ 운동(國際共産主義運動)〉과 같은 뜻으로 쓰이는 정치 용어로 "전 세계에서 공산주의 사회를 건설하여 모든 인민들이 자주성을 완전히 실현할 것을 최종 목적으로 투쟁하는 노동계급의 혁명운동"을 이르는 말.
북한은 북한의 전체 조선로동당원을 대상으로 "국제 공산주의 운동은 서로 평등하고 독자적인 공산당과 노동당들이 맑스—레닌주의와 프롤레타리아 국제주의 원칙에 입각하여 자각적으로 서로 협력하며 군게 단결하여 사회주의와 공산주의를 위하여 투쟁하는 세계 프롤레타리아트의 위대한 혁명운동[7]"이라고 교양하고 있다.

북한은 또 국제 공산주의 운동은 "자본주의를 반대하는 노동계급의 혁명투쟁이 과학적 공산주의 이론과 결합되고 그에 의하여 지도됨으로써 발생하였다. 국제 공산주의 운동의 발생은 국제 노동계급의 혁명운동 발전에서 새로운 전환으로 된다. 이때로부터 100여 년의 역사를 가진 국제 공산주의 운동은 제국주의 반동 연합 세력과 온갖 기회주의 특히 수정주의를 반대하는 투쟁을 통하여 승리하여 왔다. 국제 공산주의 운동의 최초의 위대한 승리는 러시아 10월혁명이다. 사회주의 10월혁명이 승리함으로써 사회주의는 과학적 사상으로부터 산 현실로 전환되었으며 국제 공산주의 운동은 자기의 보루를 가지게 되었다.[8]"고 조선로동당원들을 대상으로 교양하고 있으므로 남쪽 사람들은 북한 노동단원들과 만나 이 분야의 대화를 가질 때는 그들이 이런 정치적 교양을 통해 국제 공산주의운동에 대한 왜곡된 선입견을 가지고 있다는 점을 염두에 두고 그들과 대화의 실마리를 풀어나가야 한다.

◆**로동계급운동**(조선로동당 규약 전문 제17행)

〈노동계급∨ 운동(勞動階級運動)〉과 같은 뜻으로 쓰이는 정치 용어로 이 규약에서는 "노동계급의 자주적 지향과 요구를 실현하기 위해 끝까지 싸우려는 강한 투쟁 정신과 노동계급성(노동계급의 혁명정신)을 개개 근로인민에게 주입시키기 위해 사회적으로 전개하는 노동계급의 계급 의식 운동"을 이르는 말.

---

7)김일성저작집 6권, 1960년판, 227면.
8)정치사전 100.

◆수정주의(조선로동당 규약 전문 제18행)

〈수정주의(修正主義)〉와 같은 뜻으로 쓰이는 정치 용어로 이 규약에서는 "교조적인 사회주의, 공산주의자들이 맑스—레닌주의의 핵심 이론을 수정하려는 사상"을 이르는 말.

북한은 수정주의를 "맑스—레닌주의의 탈을 쓰고 노동 운동과 혁명 대열 안으로 잠입해 맑스—레닌주의의 혁명적 진수를 거세하고 왜곡하여 나섬으로써 부르주아지(bourgeoisie)의 이익을 옹호하는 반혁명적인 기회주의적 사상 조류"라고 규정하며 "수정주의의 가장 큰 해독성은 혁명의 뇌수인 수령의 권위와 위신을 헐뜯고 비방 중상하며 노동계급의 혁명 투쟁에서 위대한 수령이 하는 결정적 역할을 거부하는 데 있다."며 타도의 대상으로 규정하고 있다.[9]

◆교조주의(조선로동당 규약 전문 제18행)

〈교조주의(敎條主義)〉와 같은 뜻으로 쓰이는 정치 용어로 "구체적인 현실이나 역사적인 조건을 타산하지 않고 일반 명제를 그대로 적용하거나 남의 경험을 통째로 삼키고 기계적으로 옮겨다놓는 그릇된 태도 또는 그러한 사고 방식"을 이르는 말.

북한은 "교조주의는 자기 나라의 구체적 조건과 민족적 특성을 고려하지 않고 맑스—레닌주의와 다른 나라의 경험을 맹목적으로 받아들인다. 교조주의는 우선 맑스—레닌주의의 혁명적 본질과 배치된다. 맑스—레닌주의는 교조가 아니라 행동의 지침이며 창조적 학설이다. 그렇기 때문에 맑스—레닌주의는 매개 나라의 구체적 조건에 맞게 창조적으로 적용될 때 그 불패의 위력을 발휘할 수 있다[10]"고 정의하며 이를 정치적으로 배척하고 있다.

---

9)현대 북한말 소사전 132면.
10)정치사전 72면.

◆기회주의(조선로동당 규약 전문 제18행)

〈기회주의(機會主義)〉와 같은 뜻으로 쓰이는 정치 용어로 "노동운동 내에서 또는 프롤레타리아 당 내에서 프롤레타리아트(Proletariat)의 이익을 부르주아지(bourgeoisie)의 이익에 복종시키고 타협시키며 프롤레타리아트의 이익을 배반하는 부르주아지 앞잡이들의 태도나 사상"을 일컫는 말.

북한은 기회주의를 "노동운동 내에 나타난 부르주아지 및 소부르주아지 사상으로서의 기회주의는 주로 두 개 극단에서 나타났다. 하나는 우경기회주의이고 다른 하나는 좌경기회주의이다. 이들은 두 극단에서 자본가 계급의 비위에 맞게 맑스―레닌주의의 혁명적 진수를 왜곡하고 혁명에 막대한 해독을 끼친다.[11]"고 극렬하게 적대시하고 있다.

◆맑스―레닌주의(조선로동당 규약 전문 제19행)

맑스(K. Marx)와 엥겔스(F. Engels)가 지향했던 공산주의 사상 체계를 일컫는 정치 용어로 "맑스주의 철학(변증법적 유물론과 역사적 유물론), 정치경제학, 과학적 공산주의 이론으로 구성되어 있는 맑스와 엥겔스 그리고 이를 계승한 사상·이론·학설과 그에 따른 실천 활동 전체"를 아울러서 부르는 말.

북한에서는 "맑스―레닌주의는 노동계급의 혁명적 실천의 요구에 의하여 발생하였으며 그들의 혁명 투쟁에서 검증된 가장 과학적이며 혁명적인 학설이며 모든 진보적 사상의 최고봉[12]"이며 "노동계급의 이익을 철저히 옹호하는 세계관"이라고 교양하고 있다.

그러면서 "우리 시대의 지도 사상인 주체사상은 자연과 사회를 개조하는 데서 견지하여야 할 근본 입장과 근본 방법을 가르쳐주는 가장 혁명적인 맑스―레닌주의 세계관"이라고 연계하면서 "맑스―레닌주의 세계관은 물

---

11)정치사전 128.
12)정치사전 375면.

질과 의식 사이의 호상관계를 유물변증법으로 옳게 해결한데 기초하여 자연과 사회 그리고 인간 사유의 운동 발전의 합법칙성에 관한 과학적이며 통일적인 견해를 준다. 또 맑스—레닌주의 세계관은 착취 제도를 뒤집어엎고 인류의 최고 이상인 사회주의, 공산주의를 건설할 역사적 사명을 지닌 가장 혁명적이며 선진적인 노동계급의 이해 관계를 표현하고 있다."고 강조하며 "맑스—레닌주의는 고정 불변한 것이 아니라 혁명 실천의 풍부한 경험과 과학 발전의 성과에 기초하여 그리고 구체적 역사적 조건에 맞게 그 원리를 창조적으로 적용하는 과정을 통하여 내용이 부단히 발전 풍부화되는 특성"을 지니고 있다며 발전하는 현실과 구체적 조건에 맞게 맑스—레닌주의를 창조적으로 적용할 것을 요구한다.

◆**견결히**(조선로동당 규약 전문 제19행)
〈견결(堅決)하다〉의 어근(語根)으로 "의지나 태도가 굳세다"는 말.

◆**공화국북반부**(조선로동당 규약 전문 제20행)
〈공화국(共和國)∨ 북반부(北半部)〉와 같은 뜻으로 쓰이는 말로 1953년 7월 27일 휴전협정(休戰協定)이 조인된 이후부터는 일반적으로 "군사 분계선 이북 지역"을 지칭하는 용어로 사용되고 있다.

◆**전국적범위에서**(조선로동당 규약 전문 제21행)
〈전국적∨ 범위에서〉와 같은 뜻으로 쓰이는 문구.

◆**인민민주주의의 혁명과업**(조선로동당 규약 전문 제21행)
〈반제∨ 반봉건주의∨ 혁명∨ 과업〉과 같은 뜻으로 쓰이는 문구로 "식민지 또는 반식민지 국가 인민들이 제국주의 침략 세력과 봉건 세력을 반대하고 민족적 독립과 나라의 민주주의적 발전을 실현하기 위하여 벌리는 혁명의 수행 과업"을 일컫는 말.

북한에서는 "외래 제국주의 침략 세력과 그와 결탁한 국내 반동 세력을 때려부수고 식민지 통치와 봉건적 착취 관계를 없애며 나라의 자주적이며 민주주의적인 발전을 보장하는 것[13]"을 〈인민민주주의의 혁명 과업〉이라고 교양하고 있다.

◆**온 사회의 주체사상화**(조선로동당 규약 전문 제22행)

〈온∨ 사회의∨ 주체사상화(主體思想化)〉와 같은 뜻으로 쓰이는 문구로 "혁명과 건설에서 주체사상을 확고한 지도적 지침으로 삼고 주체사상을 철저히 구현하여 공사주의를 건설하는 것[14]"을 이르는 말.

◆**공산주의사회**(조선로동당 규약 전문 제22행)

〈공산주의∨ 사회(共産主義社會)〉와 같은 뜻으로 쓰이는 정치 용어로 이 규약에서는 "공산주의 원칙이 실현되는 사회, 즉 사회주의 사회 다음에 오는 사회로서 인류 사회 발전에서 가장 높은 단계[15]"를 이르는 말.

북한에서는 "우리의 이상은 모든 사람들이 다 잘 먹고 잘 입고 오래 살 수 있는 사회, 한 사람도 뒤떨어진 사람, 열성이 적은 사람이 없고 모두가 진보적이며 다같이 몸바쳐 일하는 사회, 한 개의 큰 가정과 같이 모든 사람들이 다 화목하게 사는 단합된 사회를 건설하는 것입니다. 이와 같은 사회가 곧 공산주의 사회라고 말할 수 있습니다. 그리고 공산주의 사회에 가서는 사람들의 호상 관계가 더욱 친밀하게 될 것이며 〈하나는 전체를 위하여, 전체는 하나를 위하여〉라는 원칙이 완전히 실현될 것입니다.[16]"라고 교양하고 있다.

---

13) 조선대백과사전 10권 420면.
14) 김일성저작집 35권 313면.
15) 조선말사전 상권, 334면.
16) 김일성저작선집 3권, 206~207면.

◆유일사상체계(조선로동당 규약 전문 제24행)

〈당의∨ 유일사상(唯一思想)∨ 체계(體系)〉 또는 〈수령의∨ 혁명∨ 사상∨ 체계〉와 같은 뜻으로 쓰이는 정치 용어로 이 규약에서는 "전당에 수령의 혁명 사상만이 유일적으로 지배하게 하고 수령의 유일적 영도 아래 전당이 하나와 같이 움직일 것을 요구하는 수령의 사상 체계와 영도 체계"를 이르는 말.

이 용어는 1967년 5월 17일 조선로동당 기관지 노동신문에 게재한 〈당원들과 근로자들 속에서 당의 유일사상체계를 철저히 확립하자〉는 제하의 사설에서 처음 사용했으며 한 달 뒤에 열린 조선로동당 제4기 6차 전원회의에서 〈당의 유일사상 체계를 확립할 데 대하여〉를 의제로 채택해 당의 유일사상 체계를 확립하는 문제를 북한 정권의 핵심적 사업으로 내세웠다.

그 후 1970년 11월 조선로동당 제5차 대회에서 보고를 통해 김일성이 직접 "당을 강화하는 데서 무엇보다 중요한 것은 전당에 유일사상 체계를 세우며 그에 기초하여 당 대열의 통일과 단결을 계속 확고히 보장하는 것"이라고 말하면서 당의 유일사상 체계 확립 문제를 거듭 강조했다.

북한은 정권 초기에는 당의 유일사상 체계라는 말 대신 〈당 중앙위 주위에 굳게 단결하여 당의 노선과 정책을 끝까지 관철시키며 당 중앙위와 한마음, 한뜻으로 사고하고 행동하는 당원들의 입장과 사상관점〉이라는 의미로 〈당적 사상 체계〉라는 말을 사용했었다. 그러다가 김일성 1인 지배체제가 확립되자 이를 변형시켜 당 중앙위가 아닌 김일성을 수범의 전형으로 내세운 것이다.

당의 유일사상체계는 권력 전면에 등장한 김정일이 〈유일사상체계 확립의 10대 원칙〉이라는 구체적 방법론을 제시(1974. 2)함으로써 구호적 차원에서 하나의 행동 강령으로 발전했다.

그 내용은 1)김일성의 혁명 사상으로 온 사회를 일색화하기 위하여 몸바쳐 투쟁할 것. 2)김일성을 충성으로 높이 우러러 받들 것. 3)김일성의 권위를 절대화할 것. 4)김일성의 교시를 신조화할 것. 5)김일성의 교시 집행에서 무조건성의 원칙을 철저히 지킬 것. 6)김일성을 중심으로 하는 전당의 사상 의지적 통일과 혁명적 단결을 강화할 것. 7)김일성을 따라 배워 공산주의 풍모와 혁명적 사업 방법, 인민적 사업작풍을 소유할 것. 8)김일성이 안겨준 정치적 생명을 귀중히 간직하며 김일성에게 충성으로 보답할 것. 9)김일성의 유일 영도 밑에 한결같이 움직이는 강철 같은 규율을 세울 것. 10)김일성이 개척한 혁명 위업을 대를 이어 끝까지 계승하며 완성해 나갈 것을 제시한 열 가지 원칙이다.

이와 같은 유일사상 체계 확립 10대 원칙은 제9원칙과 제10원칙에서 김정일의 역할을 특히 강조함으로써 이 원칙이 궁극적으로 김일성 개인 우상화뿐 아니라 김정일에 의한 권력 후계 체제의 구축을 겨냥한 것임을 분명히 했다.

그리고 1980년대 들어와 북한은 김정일이 조선로동당을 실질적으로 지배함에 따라 당의 유일사상 체계를 김정일의 영도 체계로 내세우는 가운데 이를 김정일 후계 체제 구축에 정치적으로 적극 이용함으로써 주변국의 따가운 눈총과 비아냥에도 불구하고 내부적으로는 주민들의 별 저항 없이 부자간의 대를 이은 권력 세습에도 안착했다는 평가를 받았다.

◆**전당의 사상의지적통일단결**(조선로동당 규약 전문 제26행)

〈전당(全黨)의∨ 사상∨ 의지적∨ 통일∨ 단결(思想 意志的 統一 團結)〉과 같은 뜻으로 쓰이는 문구.

◆**프로레타리아 독재**(조선로동당 규약 전문 제28행)

〈프롤레타리아(proletariat)∨ 독재(獨裁)〉와 같은 뜻으로 쓰이는 정치 용어로 "노동력 이외에는 다른 생산 수단을 가지지 못한 노동자 또는 노동계급의 독재적 정치 지배"를 이르는 말.

그러나 북한은 주민들을 대상으로 하는 사상교양을 통해 "프롤레타리아 독재는 사회주의, 공산주의를 건설하기 위하여 실시하는 사회에 대한 노동계급의 독재적 정치 지배 또는 사회주의, 공산주의를 건설하기 위한 혁명에 적대되는 온갖 반혁명적 요소를 철저히 진압하며 근로인민의 이익과 혁명의 이익을 옹호하는 노동계급의 강력한 무기"라고 교양하고 있다.

여기서 눈여겨보아야 할 동강은 "다수 대중을 향한 소수 공산 집단의 탄압적 독재정치가 과연 프롤레타리아, 즉 노동계급과 무산자들의 이익을 옹호하거나 이익을 위해서 행하여지는 독재인가, 아니면 맑스―레닌주의와 러시아 혁명을 통해 새로 형성된 공산 특권층이 자신들이 거머쥔 권력과 지위를 보위하기 위해 감행하는 탄압 수단인가? "라는 점을 러시아 혁명사(革命史)나 구 소련 정치체제 또는 이미 지구상에서 사라진 동구 공산주의 국가들의 정치체제나 남북 분단 이후의 북한의 독재정치 변천 과정을 비판적 시각으로 따져 보아야 할 점이다.

한마디로 사회주의, 공산주의자들이 말하는 프롤레타리아 독재란 것은 "무산자 대중에게 권리와 권력을 부여하지 않고 어느 한 특정 인물인 개인 또는 소수 집단에게 권력을 집중시키게 만드는 정치적 기만이며 노동계급의 이름을 도용하여 1인 혹은 특정 독재자를 위한 일당 독재 체제를 합리화하려는 위장 전술 용어에 불과하다."는 것이 구 소비에트 정치체제와 동구 공산주의 국가들 그리고 중국과 북한의 현실적 정치 사례를 통해 전 세계인들은 이미 지난 20세기를 통해 충분히 경험했다는 점을 이 용어를 접할 때마다 다시 한번 생각해 보아야 할 것이다.

◆**사회주의, 공산주의건설의 총로선**(조선로동당 규약 전문 제28행)

〈사회주의,∨ 공산주의∨ 건설의∨ 총노선〉과 같은 뜻으로 쓰이는 문구로 결국 "사회주의 제도가 수립된 다음에 계속되는 인민대중의 자주성을 실현하기 위한 투쟁의 가장 높은 단계를 향해 대중운동인 천리마운동과 사상, 기술, 문화의 3대 혁명을 전 인민이 일사불란하게 추진하자."는 정치적 과제를 제시하고 있다.

◆ **천리마운동**(조선로동당 규약 전문 제29행)

〈천리마(千里馬)∨ 운동(運動)〉과 같은 뜻으로 쓰이는 대중운동 용어로 "경제·문화·사상·도덕의 모든 분야에서 뒤떨어진 것을 청산하고 사회주의 건설을 최대한 다그치기 위하여 1950년대 중반 북한 동포들을 대상으로 국가 최고 통치자의 발기와 영도 아래 강요된 공산주의적 전진운동"을 이르는 말.

북한은 사상 학습을 통해 "천리마운동은 많은 사람들을 계속 전진하고 계속 혁신하는 사회주의 건설의 적극 분자로 만드는 하나의 공산주의 교양 운동이며 많은 사람들이 대중적 영웅주의를 발양하여 사회주의 건설을 힘있게 밀고 나가게 하는 공산주의적 전진운동[17]"이라고 교양하고 있다.

당초 이 운동은 1956년 12월 조선로동당 전원회의에서 최고 지도자가 "천리마를 탄 기세로 달리자"는 구호를 제시함으로써 사회주의 건설의 총노선으로 발진되었다. 그 후 공업·농업·건설·보건·과학·교육 등 모든 영역을 포괄하여 추진되면서 집단적 혁신 운동과 근로자들을 교양 개조하는 사업까지 유기적으로 결합시켜 〈천리마작업반운동〉, 〈천리마학교운동〉, 〈천리마속도〉 등 다양한 형태로 확대 발전되었다.

이 중 〈천리마작업반운동〉은 공장, 기업소, 협동농장, 수산협동조합 등의 작업반을 단위로 하여 근로자들을 교양·개조하는 사업과 생산에서의 집단적 혁신 운동을 유기적으로 결합시킨 대중적 진군 운동으로 1959년 3월 남포시 강선구역(현재의 천리마구역)에 있는 강선제강소 진응원작업반

---

17)김일성저작집 제22권, 261면.

에서 시작해 천리마운동의 핵심적 운동으로 급속히 확산되었다. 이 운동은 1961년 8월까지 불과 2년 5개월 만에 2백만 명 이상의 근로자가 참여했으며 4,958개의 작업반과 직장이 〈천리마〉 칭호를 받았던 것으로 집계되었다.

그다음 〈천리마속도〉는 천리마운동을 전개하던 과정에서 이룩한 경제 건설 속도를 이르는 말로 최고 지도자가 조선로동당 전원회의에서 천리마운동을 제기하면서 언급했다는 "천리마를 탄 기세로 달리자"는 구호에서 그 연원을 찾을 수 있다. 북한은 천리마운동이 제기된 다음해인 1957년부터 1960년까지의 기간에 공업 총생산액을 매년 평균 36%씩 성장시키는 속도를 창조했다면서 이를 〈천리마속도〉의 구체적 사례로 내세웠다.

이후 북한은 천리마운동이 1)사람과의 사업(사상혁명), 2)설비 자재와의 사업(기술혁명), 3)책(당 학습 교재와 김일성 저서 등)과의 사업(문화혁명)을 중심 과업으로 하고 있다면서 이를 3대 혁명과 연계시켜 나갔다.

◆**사상, 기술, 문화혁명**(조선로동당 규약 전문 제29행)

〈사상,∨ 기술,∨ 문화의∨ 3대∨ 혁명(思想技術文化의 三大革命)〉과 같은 뜻으로 쓰이는 정치 용어로 "낡은 사회의 유물을 없애고 새로운 공산주의 사상과 기술, 문화를 창조하기 위한 투쟁"을 일컫는 말.

북한은 사상 · 기술 · 문화의 3대 혁명에 관한 사상과 이론을 통해 근로인민대중의 자주성을 완전히 실현할 수 있다고 교양하고 있다.

3대 혁명에서 가장 중요한 것은 사상혁명. 이것은 사람들의 머리 속에 남아 있는 낡은 사상 잔재를 뿌리뽑고 그들을 혁명화, 노동계급화 하여 참다운 공산주의 혁명가로 만들기 위한 인간 개조 사업이자 근로자들의 혁명적 열의와 창발성을 높이기 위한 정치 사업이라고 선전하고 있다.

사상혁명 수행의 기본 과업은 온 사회의 주체사상화 요구에 맞게 모든 사회 성원들을 주체형의 공산주의 혁명가로 철저히 교양 · 개조하며 근로자들의 혁명적 열의를 높여 그들을 혁명 투쟁과 건설 사업에 힘있게 불러일으키는 것이라고 설명하고 있다.

기술혁명은 3대 혁명의 중요한 구성부문으로 생산력을 발전시켜 주민들의 물질적 복리를 증진시키며 노동의 본질적 차이를 없애고 근로자들을 힘든 노동에서 해방하는데 그 목적이 있다고 선전하고 있다. 그리고 이와 같은 기술혁명 수행의 중요한 과업은 인민경제의 주체화, 현대화, 과학화를 추진하는 것이라고 설명하고 있다.

문화혁명은 노동계급의 국가가 수행하여야 할 3대 혁명 과업의 하나로 낡은 사회가 남겨놓은 문화적 낙후성을 없애고 사회주의, 공산주의의 문화를 창조하며 사회의 모든 성원들을 전면적으로 발전된 공산주의적 인간으로 만들기 위한 혁명이라고 말하고 있다. 문화혁명의 가장 중요한 과업은 "온 사회의 인텔리화를 만드는 것"이라고 말하고 있다.[18]

◆**로동계급**(조선로동당 규약 전문 제30행)

〈노동계급(勞動階級)〉과 같은 뜻으로 쓰이는 말로 여기서 눈여겨보아야 할 동강은 한자어 낱말을 한글로 표기할 때 두음 법칙과 관련된 남북한 간의 어문 규정의 차이점을 이해하는 것이다.

남한에서는 한자어 낱말을 한글로 적을 때는 한글 맞춤법 제3장 제5절 두음 법칙 제12항 "한자음 〈라, 래, 로, 뢰, 루, 르〉가 단어의 첫머리에 올 적에는 〈나, 내, 노, 뇌, 누, 느〉로 적는다."는 규정에 따라 한자어 〈勞動階級〉은 〈노동계급〉으로, 〈路線〉은 〈노선〉으로, 〈年齡〉은 〈연령〉으로 적어야 바른 문장이 된다.

그러나 북한은 조선말규범집 제7장 한자말 적기 제25항 "한자말은 해당 한자음대로 적는 것을 원칙으로 한다."는 규정에 따라 한자어 〈勞動階級〉은 〈로동계급〉으로 적어야 바른 문장이 된다.

---

18)북한대사전 578.

그다음은 이 한자어 명사로 이어진 문구의 말뜻을 한번 살펴보자.

자본주의 시장경제 체제를 유지하는 사회에서는 "생산수단을 소유하지 않고 자본가에게 고용되어 노동력을 제공하여 임금을 받아 생활하는 사람들로 이루어진 계급"을 노동계급이라 한다.

그러나 사회주의 계획경제 체제를 유지하는 사회에서는 "자연과 사회를 개조하는 기본 역량으로서 근로 인민대중의 자주성을 완전히 실현해야 할 역사적 사명을 지니고 있는 가장 조직적이고 혁명적이며 선진적인 혁명의 영도 계급[19]"이라고 정의하고 있고, 또 한편에서는 "자기의 창조적 노동과 투쟁으로 사회적 재부를 창조하고 사회를 발전시켜 나가는 역사상 가장 진보적이며 자주적인 계급[20]"을 노동계급이라고 정의하므로 북한의 개성공단이나 경제자유구역에 들어가 북한의 정부 관계자들과 근로계약이나 노동계약을 체결할 때 이 경제용어가 갖고 있는 남북한 간 이질화된 개념을 꼭 염두에 두어야 한다.

◆ **령도적역할**(조선로동당 규약 전문 제30행)

〈영도적(領導的)∨ 역할(役割)〉과 같은 뜻으로 쓰이는 문구.

◆ **로농동맹**(조선로동당 규약 전문 제30행)

〈노동동맹(勞動同盟)〉과 같은 뜻으로 쓰이는 말로 "목적과 이해 관계의 공통성에 기초하여 노동계급이 맺는 계급적 동맹"을 이르는 말.

◆ **애국적민주력량**(조선로동당 규약 전문 제31행)

〈애국적∨ 민주∨ 역량(愛國的民主力量)〉과 같은 뜻으로 쓰이는 문구로 "애국적 민주주의 세력이나 그 합친 힘"을 이르는 말.

---

19) 경제사전 1권 481면.
20) 조선대백과산전 7권 472면.

여기서 눈여겨봐야 할 동강은 명사 앞뒤에 접사(접두사와 접미사)가 올 경우 띄어쓰기에 관한 남북한 간 어문 규정의 차이점을 이해하는 것이다.

남한은 한글 맞춤법 제1장 총칙 제2항 "문장의 각 단어는 띄어 씀을 원칙으로 한다."는 규정과 접사(접두사와 접미사) 중 "접두사는 다음에 오는 말에 붙여 쓰고, 접미사는 앞에 오는 말에 붙여 쓴다."는 규정에 따라 접미사 〈-적(的)〉은 앞 말인 〈애국〉에 붙여 〈애국적〉이라고 붙여 써야 바른 표기법이 되고 그 말 뒤에 오는 〈민주∨ 역량〉은 한글 맞춤법 제1장 총칙 제2항 "문장의 각 단어는 띄어 씀을 원칙으로 한다."는 규정에 따라 〈애국적∨ 민주∨ 역량〉으로 띄어 써야 바른 문장이 된다.

그러나 북한은 조선말규범집 띄어쓰기 제1장 명사와 관련한 띄어쓰기 제3항 2)번 규정에 따라 〈상, 중, 간, 판, 경, 항, 측, 장, 조, 전, 편, 산, 호, 성, 하, 전, 후, 내, 외, 차, 초, 말, 발, 착, 행, 년, 부, 별, 용, 분, 과, 급, 당, 기, 계, 래, 형, 제, 식, 상(모양), 적〉 등과 같은 한자말이나 불완전 명사(의존 명사라고도 함)와 〈뒤붙이적 단어〉는 그 앞 단위에 붙여 쓰게끔 규정되어 있다. 그러므로 북한에서는 〈분, 탓, 것, 나위, 녁, 지, 때문, 리, 번, 양〉 등과 같은 순수한 불완전 명사나 〈상, 중, 간, 판, 경, 항, 측, 장, 조, 전, 편, 산, 호, 성, 하, 전, 후, 내, 외, 차, 초, 말, 발, 착, 행, 년, 부, 별, 용, 분, 과, 급, 당, 기, 계, 래, 형, 제, 식, 상(모양), 적〉 등과 같은 한자어에서 온 〈앞붙이적 단어〉와 〈뒤붙이적 단어〉들은 모두 앞말에 붙여 쓴다는 규정에 따라 〈애국〉 다음에 온 뒤붙이적 단어 〈-적(的)〉은 앞 말에 붙여 〈애국적〉이 되며 그 뒤에 온 〈민주력량〉은 조선말규범집 띄어쓰기 제5장 특수한 말, 특수한 어울림에서의 띄어쓰기 제21항 1)번 "하나의 대상, 하나의 개념을 나타내는 학술 용어와 전문 용어는 품사 소속과 형태에는 관계없이 붙여 쓰는 것을 원칙으로 한다."는 규정에 따라 〈국제적민주력량〉으로 모두 붙여 써야 바른 문장이 된다.

◆사람과의 사업(조선로동당 규약 전문 제35행)

사람들을 교양 개조하여 당의 두리에 묶어 세우며 그들이 주인다운 태도를 가지고 혁명 과업 수행에 자각적으로 동원되도록 하는 조직 정치 사업을 이르는 말.

북한은 사람과의 사업은 "조선로동당 사업의 기본이며 간부들과 당원들 그리고 군중을 하나의 사상 의지로 무장시켜 당의 두리에 튼튼히 묶어 세우며 그들을 당 정책을 관철하는 사업 현장으로 조직 동원하는 사람들과의 조직 정치 사업이며 바로 조선로동당 사업의 기본[21]"이라고 규정하고 있다.

◆계급로선(조선로동당 규약 전문 제36행)

〈계급로선(階級路線)〉과 같은 뜻으로 쓰이는 정치 용어로 "혁명의 영도 계급인 노동계급의 계급적 요구와 이익을 철저히 옹호하며 그의 계급적 입장을 지켜 투쟁하는 노동계급의 당 활동의 근본 원칙"을 이르는 말.

◆군중로선(조선로동당 규약 전문 제36행)

〈군중(群衆)∨ 노선(路線)〉과 같은 뜻으로 쓰이는 말로 여기서 눈여겨보아야 할 동강은 〈로선〉이라는 한자어 낱말의 표기법에 관한 남북한 간 어문 규정의 차이점을 이해하는 것이다.

남한에서는 한자어 낱말을 한글로 적을 때는 한글 맞춤법 제3장 제5절 두음 법칙 제12항 "한자음 〈랴, 래, 로, 뢰, 루, 르〉가 단어의 첫머리에 올 적에는 〈나, 내, 노, 뇌, 누, 느〉로 적는다."는 규정에 따라 한자어 〈路線〉은 〈노선〉으로, 〈年齡〉은 〈연령〉으로 적어야 바른 문장이 된다.

---

21)정치사전 519면.

그러나 북한은 조선말규범집 제7장 한자말 적기 제25항 "한자말은 해당 한자음대로 적는 것을 원칙으로 한다."는 규정에 따라 한자어 〈路線〉은 〈로선〉으로, 〈年齡〉은 〈년령〉으로 적어야 바른 문장이 된다.

◆ **항일유격대식 사업방법**(조선로동당 규약 전문 제38행)
〈항일∨ 유격대식(抗日遊擊隊式)∨ 사업(事業)∨ 방법(方法)〉과 같은 뜻으로 쓰이는 정치 용어로 이 조문에서는 "일제 식민 통치 시기 조선의 공산주의 유격대원들이 조국의 광복과 인민의 자유와 해방을 위하여 일본 군국주의 정부와 그 정부 산하의 무장력을 상대로 한 손에는 무장을 들고 전쟁을 벌이면서 다른 한편으로는 일본 군국주의 정부와 그 정부 산하의 무장력들로부터 억압을 받는 전체 인민들을 상대로 정치 사업을 벌이면서, 궁극적으로는 본국으로부터의 정규적인 군수품 보급과 병력의 지원 없이도 창조적인 자기 조달 방식으로 항일 무장 투쟁을 계속해 승리를 담보하는 사업 방법"을 이르는 말.
북한이 주민들의 사상 학습을 통해 강조하는 〈항일 유격대식 사업 방법〉의 기본 요구 사항은 "일꾼들이 아래에 내려가 도와주고 가르쳐 주며 정치 사업을 앞세워 대중을 교양하고 개조하면서 그들의 사상 의식을 발동하여 제기된 혁명 과업을 수행해 나가며 사업을 격식과 틀이 없이 실속 있게 해 나가며 사업을 통이 크게 벌리고 대담하게 밀고 나가는 것"을 골자로 하고 있다. 또 "중심고리를 찾아내고 그 해결에 힘을 집중하며 일반적 지도와 개별적 지도를 결합시키며 이신작칙((以身作則 : 자기가 남보다 먼저 실천하여 모범을 보임으로써, 일반 공중이 지켜야 할 법칙이나 전형을 만듦)의 모범으로 대중을 이끌어 나가는 것"을 승리를 담보하는 무기로 삼고 있다.[22]

---

22)조선대백과사전 24권 129면.

◆ **청산리정신**(조선로동당 규약 전문 제38행)

〈청산리방법(靑山里方法)〉, 〈청산리교시(靑山里敎示)〉라고도 부른다.

1960년 2월 김일성이 평안남도 강서군 청산리협동농장을 15일간 현지 지도하는 과정에서 나온 경제 용어로 "주체사상과 조선로동당의 전통적인 혁명적 군중로선을 사회주의 건설의 새로운 현실에 맞게 구체화하고 발전시킨 대중 통솔과 지도에 관한 공산주의적 지도 사상 또는 지도 방법"을 뜻하는 말이다.

기본 내용은 1)나라의 모든 살림살이와 인민의 생활에 대해 완전히 책임지는 원칙에서 당적 국가적 지도를 실현하는 것. 2)사회의 모든 성원들을 교양·개조하여 당의 두리에 묶어 세워 공산주의사회까지 이끌어나가는 원칙에서 당적·국가적 지도를 실현하는 것. 3)혁명과 건설에 대한 지도에서 모든 사업을 인민대중 자신의 사업으로 확고히 전환시키는 원칙을 견지하는 것을 골자로 하고 있다.

◆ **청산리방법**(조선로동당 규약 전문 제38행)

〈청산리정신(靑山里精神)〉, 〈청산리교시(靑山里敎示)〉와 같은 뜻으로 쓰이는 말.

◆ **온 사회의 혁명화, 로동계급화, 인테리화**(조선로동당 규약 전문 제40행)

사회의 모든 성원들을 혁명적인 사상의식과 높은 문화 수준을 가진 자주적이며 창조적인 사회적 존재로 만드는 인간 개조 사업과 모든 사회 관계를 노동계급의 모양대로 개조하는 사회 개조 사업을 아울러서 부르는 말.

◆ **사회주의의 물질기술적토대**(조선로동당 규약 전문 제41행)

〈사회주의의∨ 물질∨ 기술적∨ 토대〉와 같은 뜻으로 쓰이는 문구로 "사회주의 경제제도 밑에서 근로자들의 경제활동과 경제생활을 보장하는데 필요한 물질 기술적 수단의 총체"를 이르는 말.

◆사상, 기술, 문화혁명(조선로동당 규약 전문 제42행)

〈사상,∨ 기술,∨ 문화의∨ 3대∨ 혁명(思想技術文化의 三大革命)〉과 같은 뜻으로 쓰이는 정치 용어로 "낡은 사회의 유물을 없애고 새로운 공산주의 사상과 기술, 문화를 창조하기 위한 투쟁"을 일컫는 말.

북한은 사상·기술·문화의 3대 혁명에 관한 사상과 이론을 통해 근로인민대중의 자주성을 완전히 실현할 수 있다고 교양하고 있다.

3대 혁명에서 가장 중요한 것은 사상혁명. 이것은 사람들의 머리 속에 남아 있는 낡은 사상 잔재를 뿌리뽑고 그들을 혁명화, 노동계급화 하여 참다운 공산주의 혁명가로 만들기 위한 인간 개조 사업이자 근로자들의 혁명적 열의와 창발성을 높이기 위한 정치 사업이라고 선전하고 있다. 사상혁명 수행의 기본과업은 온 사회의 주체사상화 요구에 맞게 모든 사회 성원들을 주체형의 공산주의 혁명가로 철저히 교양·개조하며 근로자들의 혁명적 열의를 높여 그들을 혁명투쟁과 건설사업에 힘있게 불러일으키는 것이라고 설명하고 있다.

기술혁명은 3대 혁명의 중요한 구성 부문으로 생산력을 발전시켜 주민들의 물질적 복리를 증진시키며 노동의 본질적 차이를 없애고 근로자들을 힘든 노동에서 해방하는데 그 목적이 있다고 선전하고 있다. 그리고 이와 같은 기술혁명 수행의 중요한 과업은 인민경제의 주체화, 현대화, 과학화를 추진하는 것이라고 설명하고 있다.

문화혁명은 노동계급의 국가가 수행하여야 할 3대 혁명 과업의 하나로 낡은 사회가 남겨놓은 문화적 낙후성을 없애고 사회주의, 공산주의의 문화를 창조하며 사회의 모든 성원들을 전면적으로 발전된 공산주의적 인간으로 만들기 위한 혁명이라고 말하고 있다. 문화혁명의 가장 중요한

과업은 "온 사회의 인텔리화를 만드는 것"이라고 말하고 있다.[23]

◆ **프로레타리아 국제주의원칙**(조선로동당 규약 전문 제49행)

〈프롤레타리아∨ 국제주의∨ 원칙(國際主義 原則)〉과 같은 뜻으로 쓰이는 정치 용어.

북한은 주민들을 대상으로 하는 사상교양을 통해 "프롤레타리아 국제주의 원칙은 노동계급이 그의 혁명적 당의 영도 밑에 자본주의 제도를 뒤집어 엎고 사회주의, 공산주의 사회를 건설하기 위한 투쟁에서 국제적으로 서로 지지하고 도우며 단결하는 사상 또는 정신"이라며 프롤레타리아 국제주의 원칙은 "사회주의 국가들과 공산당 그리고 노동당들과의 서로 지지하고 도우며 단결하는 상대적 관계에서 호상 관계의 기초가 된다"고 교양하고 있다.

◆ **련대성**(조선로동당 규약 전문 제50행)

〈연대성(連帶性)〉과 같은 뜻으로 쓰이는 말로 "잇따라 관계를 맺거나 아니면 어떤 일이나 사람과 관련하여 관계를 맺는 것"을 아울러 부르는 말.

그다음 눈여겨봐야 할 동강은 한자어를 한글로 적을 때 적용하는 두음 법칙에 관한 남북한 간 어문 규정의 차이점을 이해하는 것이다.

남한은 한글 맞춤법 제3장 제5절 두음 법칙 제11항 "한자음 〈랴, 려, 례, 료, 리〉가 단어의 첫머리에 올 적에는 두음 법칙에 따라 〈야, 여, 예, 요, 유, 이〉로 적는다."는 규정에 따라 〈連帶性〉은 〈연대성〉으로 적어야 바른 문장이 된다.

그러나 북한은 조선말규범집 제7장 한자말 적기 제25항 "한자말은 소리마디마다 해당 한자음대로 적는 것을 원칙으로 한다."는 규정에 따라 한자어 〈連帶性〉은 〈리익, 락원, 로동, 례외, 례절, 례의〉 등과 같이 〈련대

---

23)북한대사전 578.

성)으로 적어야 바른 문장이 된다.

◆**반제민족해방운동**(조선로동당 규약 전문 제52행)
〈반제∨ 민족 ∨해방∨ 운동(反帝 民族 解放運動)〉 또는 〈반제국주의∨ 민족∨ 해방∨ 운동〉과 같은 뜻으로 쓰이는 정치 용어로 "우월한 군사력과 경제력으로 다른 나라나 민족을 정벌하여 자기 민족의 이익을 추구하거나 대국가를 건설하려는 침략주의적 경향을 전적으로 반대하는 민족 해방 운동 전체"를 아울러서 부르는 말.

◆**련합전선**(조선로동당 규약 전문 제53행)
〈연합∨ 전선(聯合戰線)〉과 같은 뜻으로 쓰이는 문구로 여기서 눈여겨보아야 할 동강은 한자어 낱말을 한글로 적을 때 그 표기법에 관한 남북한 간 어문 규정의 차이점을 이해하는 것이다.
남한은 한글 맞춤법 제3장 제5절 두음 법칙 제11항 "한자음 〈라, 려, 레, 료, 리〉가 단어의 첫머리에 올 적에는 두음 법칙에 따라 〈야, 여, 예, 요, 유, 이〉로 적는다."는 규정에 따라 한자어 〈聯合戰線〉은 〈연합∨ 전선〉으로 적어야 바른 표기법이 된다.
그러나 북한은 조선말규범집 제7장 한자말 적기 제25항 "한자말은 소리마다마다 해당 한자음대로 적는 것을 원칙으로 한다."는 규정에 따라 한자어 〈聯合戰線〉은 〈련합전선〉으로 적어야 바른 표기법이 된다.

〈규약 원문 3〉

제1장   당원

1. 조선로동당 당원은 당과 수령, 조국과 인민을 위하여 사회주의와 공산주의를 위하여 헌신하는 주체형의 공산주의혁명투사이다.

2. 조선로동당 당원은 당의 유일사상체계로 확고히 무장된 조선공민으로서 당의 로선과 정책을 옹호, 관철하기 위하여 견결히 투쟁하며 당규약을 준수하는 근로자들이 될수 있다.

3. 조선로동당 당원은 규정된 후보기간을 마친 후보당원 가운데서 받아들인다. 그러나 특별한 경우에는 입당청원자를 후보기간을 거치지 않고 직접 당원으로 받아들일수 있다.

   만18세부터 입당할수 있다.

   입당절차는 다음과 같다.

   1)후보당원으로 입당하려는 사람은 입당청원서와 당원 2명의 입당보증서를 당세포에 제출하여야 한다.

   사회주의로동청년동맹원이 입당할 때에 시(구역), 군사회주의로동청년동맹위원회의 입당보증서는 당원 1명의 보증서를 대신할수 있다.

   후보당원이 입당할 때에는 입당청원서와 입당보증서를 당세포에 제출하지 않아도 된다.

   그러나 당세포가 필요하다고 인정하는 경우에는 다른 입당보증서를 제출하여야 한다.

2)입당보증인은 최소한 2년이상의 당년한을 가져야 한다.

입당보증인은 피보증인의 사회, 정치생활을 잘 알아야 한다.

입당보증인은 보증의 진실성에 대하여 당앞에 책임을 진다.

3)입당문제는 개별적으로 심사하며, 당세포총회에서 입당청원자의 참가밑에 토의결정하며 그 결정은 시(구역), 군당위원회의 비준을 받아야 한다.

입당보증인은 입당문제를 토의하는 회의에 참가하지 않아도 된다. 시(구역), 군당위원회는 입당문제에 대한 당세포의 결정을 1개월내에 심의 해결하여야 한다.

4)특수한 환경에서 일하는 사람의 입당문제는 당중앙위원회에서 특별히 제정한 규정과 절차에 따라 심의한다.

5)타당에서 출당한 사람이 입당하려면 최소한 3년이상의 당년한을 가진 당원 3명의 보증이 있어야 한다.

타당에서 평당원으로 있었던 사람의 입당은 시(구역), 군당위원회가, 시(구역), 군급의 위원 및 간부로 있었던 사람의 입당은 관할 도(직할시)당위원회가, 도(직할시), 중앙위원회 및 간부로 있었던 사람의 입당은 당중앙위원회가 각각 최종적으로 비준한다.

6)후보당원의 후보기간은 1년으로 한다.

당세포는 후보당원에게 당원의 자격을 갖추도록 도와주어야 한다.

당세포는 후보당원의 후보기간이 끝남에 따라 당원심사총회에서 그의 입당자격 여부를 심의 결정한다.

특별한 경우에는 후보당원의 후보기간이 끝나지 않아도 그를 당원으로 받아들일수 있다.

만일 후보당원의 입당준비정도가 불충분하다고 인정되는 경우에는 후보기간을 1년을 초과하지 않은 범위에서 연기할수 있다.

후보당원이 후보기간을 마친 후에도 자격이 없다고 인정되는 경우에는 후보명부에서 삭제된다.

후보기간을 연기하거나 후보당원을 명부에서 삭제시키는 당세포의 결정은 시(구역), 군당위원회의 비준을 받아야 한다.

7)후보당원이나 후보기간을 거치지 않고 직접 당원이 된자의 입당일시는 당세포총회에서 입당을 결정한 날로 한다.

(규약 원문 79쪽에서 다시 이어집니다)

◆ 유일사상체계(조선로동당 규약 제2조 제1행)

〈당의∨ 유일사상(唯一思想)∨ 체계(體系)〉 또는 〈수령의∨ 혁명∨ 사상∨ 체계〉와 같은 뜻으로 쓰이는 정치 용어로 이 규약에서는 "전당에 수령의 혁명 사상만이 유일적으로 지배하게 하고 수령의 유일적 영도 아래 전당이 하나와 같이 움직일 것을 요구하는 수령의 사상 체계와 영도 체계"를 이르는 말.

이 용어는 1967년 5월 17일 조선로동당 기관지 노동신문에 게재한 〈당원들과 근로자들 속에서 당의 유일사상 체계를 철저히 확립하자〉는 제하의 사설에서 처음 사용했으며 한 달 뒤에 열린 조선로동당 제4기 6차 전원회의에서 〈당의 유일사상 체계를 확립할 데 대하여〉를 의제로 채택해 당의 유일사상 체계를 확립하는 문제를 북한 정권의 핵심적 사업으로 내세웠다.

그 후 1970년 11월 조선로동당 제5차 대회에서 보고를 통해 김일성이 직접 "당을 강화하는 데서 무엇보다 중요한 것은 전당에 유일사상 체계를 세우며 그에 기초하여 당 대열의 통일과 단결을 계속 확고히 보장하는 것"이라고 말하면서 당의 유일사상 체계 확립 문제를 거듭 강조했다.

북한은 정권 초기에는 당의 유일사상 체계라는 말 대신 〈당 중앙위 주위에 굳게 단결하여 당의 노선과 정책을 끝까지 관철시키며 당 중앙위와 한마음, 한뜻으로 사고하고 행동하는 당원들의 입장과 사상관점〉이라는 의미로 〈당적 사상체계〉라는 말을 사용했었다. 그러다가 김일성 1인 지배체제가 확립되자 이를 변형시켜 당 중앙위가 아닌 김일성을 수범의 전형으로 내세운 것이다.

당의 유일사상 체계는 권력 전면에 등장한 김정일이 〈유일사상 체계 확립의 10대 원칙〉이라는 구체적 방법론을 제시(1974. 2)함으로써 구호적 차원에서 하나의 행동 강령으로 발전했다.

그 내용은 1)김일성의 혁명 사상으로 온 사회를 일색화하기 위하여 몸바처 투쟁할 것. 2)김일성을 충성으로 높이 우러러 받들 것. 3)김일성의 권위를 절대화할 것. 4)김일성의 교시를 신조화할 것. 5)김일성의 교시 집행에서 무조건성의 원칙을 철저히 지킬 것. 6)김일성을 중심으로 하는 전당의 사상 의지적 통일과 혁명적 단결을 강화할 것. 7)김일성을 따라 배워 공산주의 풍모와 혁명적 사업 방법, 인민적 사업 작풍을 소유할 것. 8)김일성이 안겨준 정치적 생명을 귀중히 간직하며 김일성에게 충성으로 보답할 것. 9)김일성의 유일 영도 밑에 한결같이 움직이는 강철 같은 규율을 세울 것. 10)김일성이 개척한 혁명 위업을 대를 이어 끝까지 계승하며 완성해 나갈 것을 제시한 열 가지 원칙이다.

이와 같은 유일사상 체계 확립 10대 원칙은 제9원칙과 제10원칙에서 김정일의 역할을 특히 강조함으로써 이 원칙이 궁극적으로 김일성 개인 우상화뿐 아니라 김정일에 의한 권력 후계 체제의 구축을 겨냥한 것임을 분명히 했다.

그리고 1980년대 들어와 북한은 김정일이 조선로동당을 실질적으로 지배함에 따라 당의 유일사상 체계를 김정일의 영도 체계로 내세우는 가운데 이를 김정일 후계 체제 구축에 정치적으로 적극 이용함으로써 주변국의 따가운 눈총과 비아냥에도 불구하고 내부적으로는 주민들의 별 저항 없이 부자간의 대를 이은 권력 세습에도 안착했다는 평가를 받았다.

◆**로선**(조선로동당 규약 제2조 제2행)

〈노선(路線)〉과 같은 뜻으로 쓰이는 정치 용어로 이 조문에서는 "어떤 목적을 실현하기 위한 행동이나 견해의 큰 방향"을 뜻한다.

◆**당규약**(조선로동당 규약 제2조 제2행)

〈조선로동당(朝鮮勞動黨)∨ 규약(規約)〉과 같은 뜻으로 쓰이는 문구로 "북한의 모든 조선로동당 조직과 그 성원들이 따르고 지켜야 할 준칙"을 이르는 말.

1980년 10월 10일 조선로동당 제6차대회에서 수정 보충된 당 규약은 전문 10장 60개 조문으로 구성되어 있다.

◆ **될수 있다**(조선로동당 규약 제2조 제3행)

〈될∨ 수∨ 있다〉와 같은 뜻으로 쓰이는 문구로 여기서 눈여겨보아야 할 동강은 〈것, 수, 분〉 따위의 의존 명사(불완전 명사)의 띄어쓰기에 관한 남북한 간의 어문 규정의 차이점을 이해하는 것이다.

남한은 한글 맞춤법 제5장 띄어쓰기 제2절 제42항 "의존 명사(불완전 명사)는 띄어 쓴다."는 규정에 따라 〈것, 수, 분, 탓, 나위, 지, 리, 번, 양〉 등의 의존 명사는 〈될∨ 수∨ 있다〉처럼 앞말과 띄어 써야 바른 문장이 된다.

그러나 북한은 조선말규범집 띄어쓰기 제1장 명사와 관련한 띄어쓰기 제3항 1)번 규정에 따라 〈것, 수, 분, 탓, 나위, 지, 리, 번, 양〉 등과 같은 "순수한 불완전 명사는 앞 단어가 어떤 품사이건, 어떤 형태에 놓여 있건 언제나 그것에 붙여 쓴다." 또 조선말규범집 띄어쓰기 제1장 명사와 관련한 띄어쓰기 제3항 2)번 규정 〈상, 중, 간, 판, 경, 항, 측, 장, 조, 전, 편, 산, 호, 성, 하, 전, 후, 내, 외, 차, 초, 말, 발, 착, 행, 년, 부, 별, 용, 분, 과, 급, 당, 기, 계, 래, 형, 제, 식, 상(모양), 적〉 등과 같은 한자말이나 불완전 명사(의존 명사)와 〈뒤붙이적 단어〉는 그 앞 단위에 붙여 쓰게끔 규정되어 있기 때문에 〈될〉 다음에 오는 불완전 명사 〈수〉는 어떤 경우에도 〈될수∨ 있다〉처럼 앞말에 붙여 써야 바른 문장이 된다.

◆ **입당할수 있다**(조선로동당 규약 제3조 제4행)

〈입당할∨ 수∨ 있다〉와 같은 뜻으로 쓰이는 문구.

◆당세포(조선로동당 규약 제3조 제1항 제2행)

〈조선로동당∨ 세포(細胞)〉와 같은 뜻으로 쓰이는 문구로 "당의 최하 기층 조직"을 이르는 말.

당 세포는 당원 생활의 거점이며 당 주위에 대중을 집결시키고 대중 속에서 당의 노선과 정책을 직접 수행하는 당의 전투단위이다.

당 세포는 당원 5명에서 30명까지의 단위에 조직한다. 당원 5명 미만의 단위에는 당 세포를 두지 않고, 그 단위의 당원 또는 후보당원은 인접 당 세포에 소속시키거나 작업성격과 인접관계를 고려하여 2개 이상 단위의 당원을 합병하여 1개의 당 세포를 조직할 수 있다. 특수한 경우에는 당원 3~4명이 있는 단위 또는 30명 이상의 단위에도 당 세포를 조직할 수 있다.

◆사회주의로동청년동맹(조선로동당 규약 제3조 제1항 제3행)

〈사회주의∨ 노동∨ 청년∨ 동맹(社會主義勞動靑年同盟)〉과 같은 뜻으로 쓰이는 정치용어로 "북한 청년층을 대상으로 하는 조선로동당의 외곽 단체"를 이르는 말. 약칭으로 〈사로청(社勞靑)〉이라고도 부른다.

1946년 1월 17일 〈북조선민주청년동맹〉으로 창립되어 1951년〈남조선민청〉과 통합되어 〈조선민주청년동맹〉으로, 1964년 5월 제5차 대회에서는 〈사회주의로동청년동맹〉으로 바뀌었다가 1996년 1월 창립 50주년을 기념하며 〈김일성사회주의청년맴(약칭, 청년동맹)〉으로 다시 단체 명칭이 바뀌었다.

조선로동당 규약 제9장 제56항에서 "사회주의로동청년동맹은 우리의 혁명 과업을 직접 계승하는 청년들의 혁명적 조직이며 당의 전투적 후비대"라고 단체의 성격을 밝히고 있다.

조직 목적은 조선로동당의 영도 밑에 북반부에서 사회주의의 완전한 승리를 보장하며 한반도 전역에서 민족 해방 인민민주주의 혁명 과업을 실현하고 사회주의 공산주의 사회를 건설하기 위해 투쟁하는 데 있으며, 임무는 1)청년들을 당의 사상체계로 무장시켜 당 정책을 무조건 관철하고 2)자력갱생의 기치 아래 3대 혁명을 추진하여 사회주의 공산주의 사회를 더 빨리 더 잘 건설하기 위해 투쟁하며 3)청년들에게 김일성과 김정일의 〈저작물〉을 학습시키고 공산주의 사상과 당의 혁명 전통을 교양하며 4)남한의 각계 각층 청년들과의 통일 전선을 강화해 반미 자주화 통일 투쟁을 벌이는 과업을 주동적으로 수행한다.

만 14세부터 30세에 이르는 청년·학생·군인·직장인 등 모든 청년들이 의무적으로 가입하게 되어 있으며 1993년 10월 기준 맹원수가 약 5백만 명에 이르렀다. 중앙의 중앙 위원회를 중심으로 조직부·국제부·소년단 사업부·학생청년부·체육부·노동청년부·재정경리부 등을 두고 있으며 지방의 각 도·시·군·구역에 기층 조직(초급 단체)을 두고 있다.[24]

◆**대신할수**(조선로동당 규약 제3조 제1항 제4행)

〈대신할∨ 수〉와 같은 뜻으로 쓰이는 문구.

◆**2년이상의**(조선로동당 규약 제3조 제2항 제1행)

〈2년∨ 이상의〉와 같은 뜻으로 쓰이는 문구로 여기서 눈여겨보아야 할 동강은 어떤 명사 뒤에 〈부문, 분야, 기관, 담당, 관계, 이상(以上), 이하(以下) 등이 뒤따라와 함께 쓰이는 경우 띄어쓰기에 관한 남북한 간 어문 규정의 차이점을 이해하는 것이다.

남한은 한글 맞춤법 제1장 총칙 제2항 "문장의 각 단어는 띄어 씀을 원칙으로 한다."는 규정에 따라 〈2년∨ 이상(以上)의〉라고 낱말과 낱말 사이(∨표 한 곳)를 띄어 써야 바른 문장이 된다. 이의 반대 개념인 〈2년∨ 이하(以下)의〉도 마찬가지다.

---

24)북한용어 300선집 38면.

그러나 북한은 조선말규범집 띄어쓰기 제1장 명사와 관련한 띄어쓰기 제2항 1)—(3)번 규정에 따라 앞의 명사가 〈부문, 분야, 기관, 담당, 관계, 이상(以上), 이하(以下)……〉 등과 함께 쓰이는 경우에 이 단어들은 앞 단위에 붙여 써야 하며 〈부문, 분야, 기관, 담당, 관계, 이상(以上), 이하(以下)……〉의 뒤에 오는 단위는 띄어 쓰게끔 규정되어 있다. 그래서 〈2개이상의, 소대장이상의 간부들, 19살이하의 청년들, 19살이상의 처녀들〉은 수사나 명사 뒤에 그대로 붙여 써야 바른 문장이 된다.

◆**당년한을**(조선로동당 규약 제3조 제2항 제1행)
〈조선로동당에서 당원으로 생활한∨ 연한(年限)〉과 같은 뜻으로 쓰이는 문구로 이 조문에서 말하는 당 연한(黨年限)이란 다른 당에서 출당한 사람이 입당하려면 "먼저 조선로동당에 입당하여 당 규약이 명시하는 모든 의무와 규정을 준수하며 최소한 3년 이상 정당원 생활을 한 경력 당원 3명의 보증이 있어야 한다"는 말이다.

◆**당앞에**(조선로동당 규약 제3조 제2항 제3행)
〈조선로동당∨ 앞에〉와 같은 뜻으로 쓰이는 문구로 여기서 눈여겨보아야 할 동강은 〈앞, 옆, 뒤, 끝, 속, 밖, 안, 우(위), 아래, 밑, 사이〉 따위 시간과 공간의 뜻을 추상적으로 나타내는 고유어명사의 띄어쓰기에 관한 남북한 간의 어문 규정의 차이점을 이해하는 것이다.
남한은 한글 맞춤법 제1장 총칙 제2항 "문장의 각 단어는 띄어 씀을 원칙으로 한다."와 제5장 띄어쓰기 제1절 제41항 "조사는 그 앞말에 붙여 쓴다."는 규정에 따라 〈당〉이란 한자어와 〈앞〉이라는 명사 사이는 〈당∨ 앞에〉처럼 띄어 써야 바른 문장이 된다.
그러나 북한은 조선말규범집 띄어쓰기 제1장 명사와 관련한 띄어쓰기 제3항 3)번 규정에 따라 "시간과 공간의 뜻을 추상적으로 나타내는 고유어

명사 〈앞, 옆, 뒤, 끝, 속, 밖, 안, 우(위), 아래, 밑, 사이(새), 때, 제, 곁, 길, 군데, 해, 달, 날, 낮, 밤, 곳, 자리, 고장, 어간, 어구, 가운데, 구석〉 등은 토 없는 명사, 수사, 대명사 뒤에서 붙여 쓰며 일부 경우에는 규정형 뒤에서도 붙여 쓴다."고 규정되어 있다. 그래서 시간과 공간의 뜻을 추상적으로 나타내는 〈당앞에, 당대회사이, 인민들사이의, 공민사이에, 1개월사이에〉와 같은 고유어명사들은 토 없는 명사, 수사, 대명사 뒤에 그대로 붙여 써야 바른 문장이 된다.

◆**당세포총회**(조선로동당 규약 제3조 제3항 제1행)
〈조선로동당∨ 세포(細胞)∨ 총회(總會)〉와 같은 뜻으로 쓰이는 문구.
조선로동당 규약 제6장 제43조에 명시한 임무를 수행하는 당 기층 조직의 최고 지도 기관으로 1개월에 1회 이상 소집한다. 초급당, 분초급당, 부문(마을)당의 총회(대표회)는 3개월에 1회 이상 소집한다. 초급당 조직이 500명 이상의 당원 또는 후보당원으로 구성되어 있거나 그 솔하조직들이 널리 분산되어 있을 경우에는 초급당 조직의 총회를 1년에 1회 이상 소집할 수 있다.

◆**참가밑에**(조선로동당 규약 제3조 제3항 제2행)
〈참가∨ 밑에〉와 같은 뜻으로 쓰이는 문구로 여기서 눈여겨보아야 할 동강은 〈앞, 옆, 뒤, 끝, 속, 밖, 안, 우(위), 아래, 밑, 사이〉 따위 시간과 공간의 뜻을 추상적으로 나타내는 고유어명사의 띄어쓰기에 관한 남북한 간의 어문 규정의 차이점을 이해하는 것이다.
남한은 한글 맞춤법 제1장 총칙 제2항 "문장의 각 단어는 띄어 씀을 원칙으로 한다."와 제5장 띄어쓰기 제1절 제41항 "조사는 그 앞말에 붙여 쓴다."는 규정에 따라 〈참가〉란 한자어와 〈밑〉이라는 명사 사이는 〈참가∨ 밑에〉처럼 띄어 써야 바른 문장이 된다.

그러나 북한은 조선말규범집 띄어쓰기 제1장 명사와 관련한 띄어쓰기 제3항 3)번 규정에 따라 "시간과 공간의 뜻을 추상적으로 나타내는 고유어명사 〈앞, 옆, 뒤, 끝, 속, 밖, 안, 우(위), 아래, 밑, 사이(새), 때, 제, 곁, 길, 군데, 해, 달, 날, 낮, 밤, 곳, 자리, 고장, 어간, 어구, 가운데, 구석〉 등은 토 없는 명사, 수사, 대명사 뒤에서 붙여 쓰며 일부 경우에는 규정형 뒤에서도 붙여 쓴다."고 규정되어 있다. 그래서 시간과 공간의 뜻을 추상적으로 나타내는 〈참가밑에, 당앞에, 당대회사이, 공민사이에, 1개월 사이에〉와 같은 고유어명사들은 토 없는 명사, 수사, 대명사 뒤에 그대로 붙여 써야 바른 문장이 된다.

◆**비준**(조선로동당 규약 제3조 제3항 제3행)
〈비준(批准)〉과 같은 뜻으로 쓰이는 말로 "어떤 공적 문제의 처리에 대하여 해당 책임자나 해당 책임 기관이 공적으로 승인하거나 확인하는 절차"를 이르는 말.

◆**출당**(조선로동당 규약 제3조 제5항 제1행)
〈출당(黜黨)〉과 같은 뜻으로 쓰이는 말로 "당원 명부에서 제명하고 당원의 자격을 박탈하는 것"을 아울러 부르는 말.
이 조문에서는 〈조선로동당〉 이 외의 다른 당에서 당원의 자격이 박탈되어 제명된 사람을 가리킨다.

◆**입당**(조선로동당 규약 제3조 제5항 제1행)
〈입당(入黨)〉과 같은 뜻으로 쓰이는 말로 "정당의 당원으로 들어가는 것"을 이르는 말.
이 규약에서는 "조선로동당 규약이 규정하는 입당 조건을 준수하며 당원으로 들어가는 것"을 뜻하고 있다.

◆3년이상의 당년한(조선로동당 규약 제3조 제5항 제1행)

〈3년∨ 이상의∨ 당∨ 연한(黨年限)〉과 같은 뜻으로 쓰이는 문구로 여기서 눈여겨보아야 할 동강은 어떤 명사 뒤에 〈부문, 분야, 기관, 담당, 관계, 이상(以上), 이하(以下) 등이 뒤따라와 함께 쓰이는 경우 띄어쓰기에 관한 남북한 간의 어문 규정의 차이점을 이해하는 것이다.

남한은 한글 맞춤법 제1장 총칙 제2항 "문장의 각 단어는 띄어 씀을 원칙으로 한다."와 제5장 띄어쓰기 제1절 제41항 "조사는 그 앞말에 붙여 쓴다."는 규정에 따라 〈3년∨ 이상(以上)의〉라고 복합어인 〈3년〉이란 말과 〈이상〉이라는 낱말 사이(∨표 한 곳)는 띄어 쓰고 조사 〈의〉는 앞말에 붙여 써야 바른 문장이 된다.

그러나 북한은 조선말규범집 띄어쓰기 제1장 명사와 관련한 띄어쓰기 제2항 1)−(3)번 규정에 따라 앞의 명사가 〈부문, 분야, 기관, 담당, 관계, 이상(以上), 이하(以下)…〉 등과 함께 쓰이는 경우에 이 단어들은 앞 단위에 붙여 쓰며 〈부문, 분야, 기관, 담당, 관계, 이상(以上), 이하(以下)…〉의 뒤에 오는 단위는 띄어 쓰게끔 규정되어 있다. 그래서 〈3년이상의∨ 당년한〉이라고 앞단위는 붙여 써야 되고 뒷단위는 띄어 써야 바른 문장이 된다.

◆받아들일수 있다(조선로동당 규약 제3조 제6항 제7행)

〈받아들일∨ 수 ∨ 있다〉와 같은 뜻으로 쓰이는 문구로 여기서 눈여겨보아야 할 동강은 남북한 간의 어문 규정에 따라 의존 명사(불완전 명사)의 띄어쓰기에 관한 차이점을 이해하는 것이다.

남한은 한글 맞춤법 제5장 띄어쓰기 제2절 제42항 "의존 명사(불완전 명사)는 띄어 쓴다."는 규정에 따라 〈것, 수, 분, 탓, 나위, 지, 리, 번, 양〉 등의 의존 명사는 〈받아들일∨ 수〉처럼 앞말과 띄어 써야 바른 문장이 된다.

그러나 북한은 조선말규범집 띄어쓰기 제1장 명사와 관련한 띄어쓰기 제
3항 1)번 규정에 따라 〈것, 수, 분, 탓, 나위, 지, 리, 번, 양〉 등과 같은
"순수한 불완전 명사는 앞 단어가 어떤 품사이건, 어떤 형태에 놓여 있건
언제나 그것에 붙여 쓴다." 또 조선말규범집 띄어쓰기 제1장 명사와 관
련한 띄어쓰기 제3항 2)번 규정 〈상, 중, 간, 판, 경, 항, 측, 장, 조, 전,
편, 산, 호, 성, 하, 전, 후, 내, 외, 차, 초, 말, 발, 착, 행, 년, 부, 별,
용, 분, 과, 급, 당, 기, 계, 래, 형, 제, 식, 상(모양), 적〉 등과 같은 한자
말이나 불완전 명사(의존 명사)와 〈뒤붙이적 단어〉는 그 앞 단위에 붙여
쓰게끔 규정되어 있기 때문에 〈받아들일〉 다음에 오는 불완전 명사 〈수
〉는 어떤 경우에도 〈받아들일수〉처럼 앞말에 붙여 써야 바른 문장이 된
다.

◆ **연기할수 있다**(조선로동당 규약 제3조 제6항 제9행)
〈연기할∨ 수∨ 있다〉와 같은 뜻으로 쓰이는 문구.

〈규약 원문 4〉

4. 당원의 임무는 다음과 같다.
 1)당원은 당의 유일사상체계가 확고히 서있어야 한다.
  당원은 당과 수령에 무한히 충성하고 우리 당의 유일사상체계로 확고히 무장하며 당의 요구에 따라 생각하고 행동하며 당로선과 정책을 무조건 접수하고 옹호하며 이를 철저히 관철하여야 한다.
  당원은 당의 혁명전통을 깊이 연구체득하고 그것을 옹호하며 로동과 생활에 적용해 나가야 한다.
  당원은 당의 유일사상에 어긋나는 자본주의사상, 봉건적유교사상, 수정주의, 교조주의, 사대주의, 종파주의, 지방주의 및 가족주의를 반대하여 견결히 투쟁하며 주체사상에 기초한 당의 통일과 단결을 눈동자와 같이 고수하여야 한다.
 2)당원은 당성을 부단히 단련하기 위한 높은 조직의식을 가지고 당생활에 자발적으로 참가하여 자신을 혁명화 로동계급화하여야 한다.
  당원은 당회의와 당학습을 비롯한 당의 조직 및 사상생활에 충분히 참가하고 당조직의 결정과 자기에게 부여된 임무를 정확히 수행하며 자신의 당생활을 정기적으로 총화하며 비판과 사상투쟁을 통하여 자기를 혁명가로 단련시켜야 한다.
  당원은 직위와 공로에 관계없이 전체당원들에게 다같이 적용되는 당규률을 자발적으로 준수하고 규률 위반에 대하여는 견결히 투쟁하여야 한다.
 3)당원은 혁명적인 학습기풍을 확립하고 자기의 정치, 사상, 문화 및 기술수준을 부단히 향상시켜야 한다.

당원은 주체사상, 당의 로선과 정책 및 혁명전통을 깊이 학습하며 경제 및 선진과학기술지식을 습득하고 현실상황을 료해하며 자신의 문화수준을 향상시키기 위해 노력해야 한다.

4)당원은 혁명적군중로선을 관철하며 일상적으로 대중과 함께 일하여야 한다. 당원은 대중에게 당의 로선과 정책을 일상적으로 해설하여 주며 그들을 교양 개조하여 당주위에 굳게 결속시키고 혁명과업의 수행을 위하여 그들을 동원하며, 대중의 의견을 정확히 접수하여 그들의 요구를 제때에 해결하여 주어야 한다.

5)당원은 로동과 생활에서 대중의 모범이 되며 모든 사업에서 선봉적역할을 하여야 한다.

당원은 집단의 혁명과 투쟁을 지도하며 자신과 가족의 혁명화에 모범을 보여야 한다.

당원은 로동을 사랑하고 로동법을 자발적으로 지키며 어렵고 힘든 일에 앞장서며 자기가 맡은 사업에 정통하며 맡은바 임무를 모범적으로 수행하여야 한다.

당원은 보수주의와 소극성을 반대하며 기술혁신운동에 적극적으로 참가하여 로동생산능률을 부단히 제고하고 기업관리운영에 솔선참가하며 국가와 사회재산을 애호하여 나라의 경제를 절약해야 한다.

6)당원은 고상한 공산주의적도덕성을 소유하고 조직과 집단을 사랑하며 조직과 집단의 리익을 위하여 개인의 리익을 희생할 각오가 있어야 한다.

당원은 높은 혁명적자립정신을 발휘하고 모든 애로에 대하여 과감히 투쟁해야 한다.

당원은 항상 소박, 솔직, 겸손하여야 하며 사리와 공명을 탐내지 말고 당과 함께 솔직하며, 인간성이 풍부하고 문화적이어야 하며 국법과 사회질서 및 공중도덕 준수에 모범이 되어야 한다.

7)당원은 사회주의조국을 튼튼히 보위하여야 한다.

당원은 일상적으로 긴장된 동원 태세를 갖추고 군사지식을 배워 적의 침략으로부터 전취물을 튼튼히 보위하며 조국통일의 대사변에 대비할 각오가 되어 있어야 한다.

8)당원은 혁명규률과 질서를 준수하고 어느때 어느곳에서나 안일과 나태함이 없이 혁명적인 경각성을 높이고 당, 국가 및 군사비밀을 엄수하여야 한다.

9)당원은 사업과 생활에서 나타나는 문제에 대하여 당조직에 보고하여야 한다

당원은 당의 유일사상에 어긋나는 현상뿐만 아니라 사업과 생활에서 나타나는 모든 결함과 부정적인 경향을 반대하여 투쟁할 뿐만 아니라 그것에 대하여 당중앙위원회에 이르기까지 관계 당위원회에 신속히 보고하여야 한다.

10)당원은 규정된 당비를 매달 납부하여야 한다.

(규약 원문 94쪽에서 다시 이어집니다)

◆자본주의사상(조선로동당 규약 제4조 제1항 제9행)

〈자본주의(資本主義)∨ 사상(思想)〉과 같은 뜻으로 쓰이는 문구로 이 규약에서는 "썩고 병든 자본주의 제도를 옹호하고 자본가 계급의 이익을 대변하는 극도의 개인 이기주의에 기초한 착취 계급의 반동적인 사상"을 이르는 말.

◆봉건적유교사상(조선로동당 규약 제4조 제1항 제9행)

〈봉건적∨ 유교∨ 사상(封建的儒敎思想)〉과 같은 뜻으로 쓰이는 정치 용어로 이 규약에서는 "중국의 공자와 맹자의 유교 교리에 기초하여 하늘에 대한 허황한 숭배, 봉건 왕권에 대한 신성화를 설교하며 인민들에게 봉건통치제도에 대한 절대적이며 맹목적인 복종을 강요하는 보수적이며 반동적인 사상"을 이르는 말.

◆수정주의(조선로동당 규약 제4조 제1항 제10행)

〈수정주의(修正主義)〉와 같은 뜻으로 쓰이는 정치 용어로 이 규약에서는 "교조적인 사회주의, 공산주의자들이 마르크스—레닌주의의 핵심 이론을 수정하려는 사상"을 이르는 말.

북한은 수정주의를 "맑스—레닌주의의 탈을 쓰고 노동운동과 혁명 대열 안으로 잠입해 맑스—레닌주의의 혁명적 진수를 거세하고 왜곡하여 나섬으로써 부르주아지(bourgeoisie)의 이익을 옹호하는 반혁명적인 기회주의적 사상 조류"라고 규정하며 "수정주의의 가장 큰 해독성은 혁명의 뇌수인 수령의 권위와 위신을 헐뜯고 비방 중상하며 노동계급의 혁명 투쟁에서 위대한 수령이 하는 결정적 역할을 거부하는 데 있다."며 타도의 대상으로 규정하고 있다.25)

---

25)현대 북한말 소사전 132면.

◆**교조주의**(조선로동당 규약 제4조 제1항 제10행)

〈교조주의(敎條主義)〉와 같은 뜻으로 쓰이는 정치 용어로 "구체적인 현실이나 역사적인 조건을 타산하지 않고 일반 명제를 그대로 적용하거나 남의 경험을 통째로 삼키고 기계적으로 옮겨다놓는 그릇된 태도 또는 그러한 사고 방식"을 이르는 말.

북한은 "교조주의는 자기 나라의 구체적 조건과 민족적 특성을 고려하지 않고 맑스―레닌주의와 다른 나라의 경험을 맹목적으로 받아들인다. 교조주의는 우선 맑스―레닌주의의 혁명적 본질과 배치된다. 맑스―레닌주의는 교조가 아니라 행동의 지침이며 창조적 학설이다. 그렇기 때문에 맑스―레닌주의는 매개 나라의 구체적 조건에 맞게 창조적으로 적용될 때 그 불패의 위력을 발휘할 수 있다[26]"고 정의하며 이를 정치적으로 배척하고 있다.

◆**사대주의**(조선로동당 규약 제4조 제1항 제10행)

〈사대주의(事大主義)〉와 같은 뜻으로 쓰이는 정치 용어로 "자기보다 세력이 강한 나라를 섬기면서 자기 나라의 존립을 유지하려는 사상 경향"을 이르는 말. 주로 국가의 대외 관계에서 나타나는 의존적 성향을 말하며, 한국 역대 왕조의 중국에 대한 태도를 부정적으로 비유한 말.

북한에서는 "큰 나라, 발전된 나라를 섬기고 숭배하는 노예적 굴종 사상이며 자기 나라, 자기 민족을 스스로 낮춰보고 멸시하는 민족 허무주의 사상[27]"이라고 규정하며 강력히 배척하고 있다.

◆**종파주의**(조선로동당 규약 제4조 제1항 제10행)

〈종파주의(宗派主義)〉와 같은 뜻으로 쓰이는 정치 용어로 "1인 독재 체

---

26) 정치사전 72면.
27) 조선대백과사전 12권 574면.

제 또는 유일 사상 체계에 복종하지 않는 독자적인 세력의 사상이나 행동"을 이르는 말.

북한은 종파주의는 "노동운동 내부에 침습한 부르주아(bourgeois), 소부르주아 사상 경향으로서, 당과 혁명의 이익에는 관심이 없고 개인 혹은 협소한 분파의 이익만을 추구하여 당과 혁명의 이익에 배치되는 어떠한 행동이라도 꺼리지 않고 감행하면서 당내 분열을 일으키는 반당적 사상 및 행동[28]"이라고 규정하고 있다.

또 종파주의의 가장 중요한 반동적 본질이 "노동계급의 수령의 권위와 위신을 헐뜯고 수령의 영도와 당의 역사적 뿌리인 혁명 전통을 거부하는데 있다"고 교양하면서 종파주의의 사상적 근원을 부르주아 사상, 특히 개인 영웅주의와 공명 출세주의에서 찾고 있다.

◆**지방주의**(조선로동당 규약 제4조 제1항 제10행)

〈지방주의(地方主義)〉와 같은 뜻으로 쓰이는 정치 용어로 "당적 원칙을 위반하면서 같은 고향, 지방 출신의 사람들끼리 정실 관계를 맺고 그루빠를 형성하며 다른 사람들을 배척하고 이간하며 당의 통일과 단결을 방해하는 사상 경향과 태도[29]"를 아울러 부르는 말.

◆**가족주의**(조선로동당 규약 제4조 제1항 제11행)

〈가족주의(家族主義)〉와 같은 뜻으로 쓰이는 정치 용어로 이 규약에서 말하는 가족주의란 "몇몇 사람들끼리 무원칙하게 정실 관계를 맺고 서로 싸고돌면서 조직이나 혁명의 이익보다도 자기들의 이익을 앞에 내세우며 평온하고 태평하게 지내는 비조직적이며 비원칙적인 사상 경향이나 행동[30]"을 말한다.

---

28)정치사전 1051면.
29)정치사전 1074면.
30)철학사전 43면.

그러므로 남쪽에서 전통적으로 생각해 오던 가족주의의 개념과 북쪽에서 말하는 가족주의는 상당한 차이가 있다. 따라서 북한의 실정법 법조문을 읽을 때는 북한의 최고인민회의가 누구나 쉽게 읽을 수 있는 한글 전용에다 구어체(입말) 문체로 법조문이나 규약 조문을 작성해 채택해 놓았다고 해서 가볍게 보아 넘길 것이 아니라 법조문 속에 들어 있는 특이 용어와 특이 문장의 언어적 의미와 정치 사회적 의미부터 분명하게 파악한 후 법조문의 내용적 의미를 파악해 나가야만 반세기 이상 계속되어 온 언어의 이질화, 이념화로부터 오는 문화 충격과 피해를 줄여 나갈 수 있을 것이다.

◆**당성**(조선로동당 규약 제4조 제2항 제1행)

〈당성(黨性)〉과 같은 뜻으로 쓰이는 정치 용어로 "당과 수령에 대한 무한한 충실성"을 뜻하는 말.

북한은 "당성이란 당에 대한 끝없는 충실성이다. 이것은 맑스-레닌주의 세계관에 기초한 높은 계급적 각성이며 당과 혁명을 보위하며 당 정책을 관철하기 위하여서는 물불을 가리지 않고 투쟁하는 백절불굴의 혁명 정신[31]"이라고 설명하고 있다.

◆**조직의식**(조선로동당 규약 제4조 제2항 제1행)

〈조직(組織)∨ 의식(意識)〉과 같은 뜻으로 쓰이는 문구로 "단체나 기관이 가지고 있는 의지(意志)나 의사(意思)"를 이르는 말.

◆**당생활**(조선로동당 규약 제4조 제2항 제2행)

〈당∨ 생활(黨生活)〉 또는 〈조선로동당∨ 당원∨ 생활〉과 같은 뜻으로 쓰이는 문구로 "후보당원 생활을 끝내고 정식 당원이 되어 조선로동당

---

[31]정치사전, 255면.

규약 제4조 1)항부터 10)항까지의 의무를 준수하며 당의 구성원으로 생활해 나가는 당원의 일상적 생활"을 아우르는 말.

◆**혁명화, 로동계급화**(조선로동당 규약 제4조 제2항 제2행)
〈노동계급의∨ 혁명화(革命化), 노동계급화(勞動階級化)〉와 같은 뜻으로 쓰이는 정치용어로 "노동계급을 혁명적 세계관으로 무장시켜 공산주의적 인간으로 만드는 사업"을 이르는 말.

◆**당회의**(조선로동당 규약 제4조 제2항 제4행)
〈당∨ 회의(黨會議)〉 또는 〈조선로동당이∨ 주관하는∨ 회의〉와 같은 뜻으로 쓰이는 문구.

◆**당학습**(조선로동당 규약 제4조 제2항 제4행)
〈당∨ 학습(黨學習)〉 또는 〈조선로동당이∨ 주관하는∨ 학습〉과 같은 뜻으로 쓰이는 문구.

◆**총화**(조선로동당 규약 제4조 제2항 제6행)
〈총화(總和)〉와 같은 뜻으로 쓰이는 말로 "기관·조직 등이 일정 기간 동안에 어떤 특정한 사업을 끝낸 다음 그 사업 기간 중에 이룩한 결과에 대해 결산하는 것" 을 아울러서 부르는 말.

◆**비판**(조선로동당 규약 제4조 제2항 제6행)
〈비판(批判)〉과 같은 뜻으로 쓰이는 말로 "사상, 행동 및 사업에서 나타난 결함을 고치고 바로잡기 위하여 그 결함을 분석하고 결함이 나타나게 된 원인을 밝히며 그 시정 방도를 제기하는 것"을 이르는 말.
이 규약에서는 조선로동당 당원들의 당 생활 총화와 사상투쟁 시 대다수가 진저리를 느끼는 정치적 의미의 〈비판과 자기비판〉의 의미로 사용되고 있다.

북한에서 통용되는 "〈비판〉이란 혁명 사업을 추동하는 힘있는 무기이다. 비판이 없이는 혁명운동을 전진시킬 수 없으며 〈자기비판〉이라는 것은 다른 사람들 앞에서 자기 잘못을 털어놓고 말하고 그것을 고치려는 결심을 다지는데 그치는 것이 아니라 다른 사람들에게도 그런 잘못을 저지르지 않도록 교훈을 주는 것이다. 남을 비판한다는 것은 그 사람이 스스로 알지 못하는 결함을 다른 사람이 일깨워주는 것이며 한 사람을 비판하여 여러 사람을 교양하며 건져주는 것이다."라고 그 효용성을 설명하며 "〈비판과 자기비판은〉은 개별적 당원들의 자고자대(自高自大), 교만, 관료주의적 작풍을 미리 방지하며 혁명적 경각성이 해이되지 않도록 하는데 큰 의의가 있다."고 설명하고 있다.[32]

◆**사상투쟁**(조선로동당 규약 제4조 제2항 제7행)

〈사상(思想)∨투쟁(鬪爭)〉과 같은 뜻으로 쓰이는 정치 용어로 "적대계급의 반동사상을 비롯하여 당의 유일사상과 어긋나는 온갖 낡은 사상과 그 표현을 반대하는 투쟁"을 아울러서 부르는 말.

북한은 "사상투쟁의 중요 대상은 근로자들 속에 남아 있는 낡은 봉건적, 부르주아적, 소부르주아적 사상 독소이며 외부에서 들어오는 반동적 자본주의 사상 독소를 배척하는 투쟁도 사상투쟁이며 경제투쟁, 정치투쟁과 함께 사상투쟁을 전개하지 않고서는 공산혁명을 완수할 수 없다"고 그 중요성을 강조하고 있다.[33]

◆**당규률**(조선로동당 규약 제4조 제2항 제9행)

---

32) 정치사전 506면.
33) 월간 북한 82년 10월호 243면.

〈당∨ 규율(黨規律)〉 또는 〈조선로동당∨ 규율(規律)〉과 같은 뜻으로 쓰이는 문구로 "모든 당 조직과 당원들이 의무적으로 지켜야 할 당내 규범과 질서"를 이르는 말.

◆규률(조선로동당 규약 제4조 제2항 제9행)

〈규율(規律)〉과 같은 뜻으로 쓰이는 말로 여기서 눈여겨봐야 할 동강은 한자어 낱말을 한글로 적을 때 적용하는 두음 법칙과 〈모음(아, 에, 이, 오, 우)〉이나 〈니은(ㄴ)〉 받침 뒤에 이어지는 〈렬, 률〉의 표기법에 관한 남북한 간 어문 규정의 차이점을 이해하는 것이다.

남한에서는 한자어 낱말을 한글로 적을 때는 한글 맞춤법 제3장 제5절 두음 법칙 제11항 "한자음 〈랴, 려, 례, 료, 리〉가 단어의 첫머리에 올 적에는 〈야, 여, 예, 요, 유, 이〉로 적는다." 그렇지만 "단어의 첫머리 이외의 경우에는 본음대로 적고 〈모음(아, 에, 이, 오, 우)〉이나 〈니은(ㄴ)〉 받침 뒤에 이어지는 〈렬, 률〉은 〈열, 율〉로 적는다."는 규정에 따라 한자어 〈규율〉은 〈분열, 선열, 비열, 진열, 선율, 비율, 백분율, 실패율, 전율〉 등과 같이 〈규율〉로 적어야 바른 문장이 된다.

그러나 북한은 조선말규범집 제7장 한자말 적기 제25항 "한자말은 해당 한자음대로 적는 것을 원칙으로 한다."는 규정에 따라 한자어 〈規律〉은 〈분렬, 선렬, 비렬, 진렬, 규률, 선율, 비률, 백분률, 실패률, 전률〉 등과 같이 〈규률〉로 적어야 바른 문장이 된다.

◆료해(조선로동당 규약 제4조 제3항 제4행)

〈요해(了解)〉와 같은 뜻으로 쓰이는 말로 "알고자 하는 대상물의 사정과 형편이 어떠한가를 자세하게 알아내는 것"을 뜻하는 말.

여기서 눈여겨봐야 할 점은 한자어를 한글로 적을 때 적용하는 두음 법칙에 관한 남북한 간 어문 규정의 차이점을 이해하는 것이다.

남한은 한글 맞춤법 제3장 제5절 두음 법칙 제11항 "한자음 〈라, 려, 레, 료, 리〉가 단어의 첫머리에 올 적에는 두음 법칙 따라 〈야, 여, 예, 요, 유, 이〉로 적는다."는 규정에 따라 〈了解〉는 〈요해〉로 적어야 바른 문장이 된다.

그러나 북한은 조선말규범집 제7장 한자말 적기 제25항 "한자말은 소리마디마다 해당 한자음대로 적는 것을 원칙으로 한다."는 규정에 따라 한자어 〈了解〉은 〈료해〉로 적어야 바른 문장이 된다.

◆**혁명적군중로선**(조선로동당 규약 제4조 제4항 제1행)

〈혁명적∨ 군중∨ 노선(革命的群衆路線)〉과 같은 뜻으로 쓰이는 정치 용어로 "인민 대중이 혁명과 건설의 주인이며 혁명의 주체라는 원리에 따라 군중의 이익을 철저히 옹호하고 준중의 힘에 의거하여 모든 문제를 풀어나갈 것을 요구하는 조선로동당의 활동 원칙"을 이르는 말.

◆**로동**(조선로동당 규약 제4조 제5항 제5행)

〈노동(勞動)〉과 같은 뜻으로 쓰이는 경제 용어로 "사회의 물질적 재부와 문화적 재부를 창조하는 사람들의 목적 의식적인 활동 전체"를 아울러서 부르는 말.

◆**로동법**(조선로동당 규약 제4조 제5항 제5행)

〈노동법(勞動法)〉과 같은 뜻으로 쓰이는 법률 용어로 "근로자들의 노동생활과 그 과정에 이루어지는 노동관계를 규제하는 법"을 이르는 말.

◆**로동생산능률**(조선로동당 규약 제4조 제5항 제8행)

〈노동∨ 생산능률(勞動生産能率)〉과 같은 뜻으로 쓰이는 경제 용어로 "일

정한 생산물 생산 또는 지출한 인간 노동의 효과성"을 이르는 말. 노동
생산능률은 생산에 지출된 노동의 양과 그에 의하여 생산된 생산물의 양
또는 작업량 사이의 대비 관계로 결정된다.

◆**공산주의적도덕성**(조선로동당 규약 제4조 제6항 제1행)
〈공산주의적(共産主義的)∨ 도덕성(道德性)〉과 같은 뜻으로 쓰이는 정치
용어로 "사회주의와 공산주의를 위하여 투쟁하는 사람들이 사회생활에서
지켜야 할 행동 원칙과 도덕적 품성"을 이르는 말.
북한은 "공산주의적 도덕성은 인류 역사상 가장 고상하고 참다운 도덕적
품성으로써 수령과 당에 대한 무한한 충실성을 기본으로 하면서 집단주
의 정신과 노동에 대한 공산주의적 태도, 계급적 원수에 대한 끝없는 증
오심과 비타협적인 투쟁 정신. 사회주의적 애국주의와 프롤레타리아 국제
주의, 고상하고 풍부한 인간성과 높은 문화성 등을 그 중요한 내용으로
한다."고 말하고 있다.[34]
그 다음 눈여겨봐야 할 동강은 명사 앞뒤에 접사(접두사와 접미사)가 올
경우 띄어쓰기에 관한 남북한 간 어문 규정의 차이점을 이해하는 것이
다.
남한은 한글 맞춤법 제1장 총칙 제2항 "문장의 각 단어는 띄어 씀을 원
칙으로 한다."와 접사(접두사와 접미사)는 "접두사는 다음에 오는 말에
붙여 쓰고, 접미사는 앞에 오는 말에 붙여 쓴다."는 규정에 따라 접미사
〈一적(的)〉은 앞 말인 〈공산주의〉에 붙여 써야 하므로 〈공산주의적〉이
되고 그 말 뒤에 오는 〈도덕성〉은 한글 맞춤법 제1장 총칙 제2항 "문장
의 각 단어는 띄어 씀을 원칙으로 한다."는 규정에 따라 〈공산주의적∨
도덕성〉으로 띄어 써야 바른 문장이 된다.
그러나 북한은 조선말규범집 띄어쓰기 제1장 명사와 관련한 띄어쓰기 제

---

34)정치사전 58.

3항 2)번 규정에 따라 〈상, 중, 간, 판, 경, 항, 측, 장, 조, 전, 편, 산, 호, 성, 하, 전, 후, 내, 외, 차, 초, 말, 발, 착, 행, 년, 부, 별, 용, 분, 과, 급, 당, 기, 계, 래, 형, 제, 식, 상(모양), 적〉 등과 같은 한자말이나 불완전 명사(의존 명사라고도 함)와 〈뒤붙이적 단어〉는 그 앞 단위에 붙여 쓰게끔 규정되어 있다. 그래서 북한에서는 〈분, 탓, 것, 나위, 녁, 지, 때문, 리, 번, 양〉 등과 같은 순수한 불완전 명사나 〈상, 중, 간, 판, 경, 항, 측, 장, 조, 전, 편, 산, 호, 성, 하, 전, 후, 내, 외, 차, 초, 말, 발, 착, 행, 년, 부, 별, 용, 분, 과, 급, 당, 기, 계, 래, 형, 제, 식, 상(모양), 적〉 등과 같은 한자말에서 온 〈앞붙이적 단어〉와 〈뒤붙이적 단어〉들은 모두 앞말에 붙여 쓴다는 규정에 따라 〈공산주의〉 다음에 온 뒤붙이적 단어 〈ㅡ적(的)〉은 앞 말에 붙여 〈공산주의적〉이 되며 그 뒤에 온 〈도덕성〉은 조선말규범집 띄여쓰기 제5장 특수한 말, 특수한 어울림에서의 띄여쓰기 제21항 1)번 "하나의 대상, 하나의 개념을 나타내는 학술 용어와 전문 용어는 품사 소속과 형태에는 관계없이 붙여 쓰는 것을 원칙으로 한다."는 규정에 따라 〈공산주의적도덕성〉으로 붙여 써야 바른 문장이 된다.

◆**전취물**(조선로동당 규약 제4조 제7항 제3행)
〈전취물(戰取物)〉과 같은 뜻으로 쓰이는 말로 "투쟁을 통하여 차지하거나 얻어낸 물건"을 이르는 말.

◆**조국통일의 대사변**(조선로동당 규약 제4조 제7항 제3행)
〈조국(祖國)∨ 통일(統一)의∨ 대사변(大事變)〉과 같은 뜻으로 쓰이는 문구로 이 규약 조문에서는 "조국 통일을 위한 6·25와 같은 대사변에 대비할 각오가 되어 있어야 한다."는 문장과 같은 의미로 쓰이고 있다.

◆혁명규률(조선로동당 규약 제4조 제8항 제1행)

〈혁명(革命)∨ 규율(規律)〉과 같은 뜻으로 쓰이는 문구.

◆어느때(조선로동당 규약 제4조 제8항 제1행)

〈어느∨ 때〉와 같은 뜻으로 쓰이는 문구로 여기서 눈여겨볼 동강은 시간과 공간을 추상적으로 나타내는 〈때, 사이, 제, 앞, 뒤〉 따위의 고유어명사의 띄어쓰기에 관한 남북한 간의 어문 규정의 차이점을 이해하는 것이다.

남한은 한글 맞춤법 제1장 총칙 제2항 "문장의 각 단어는 띄어 씀을 원칙으로 한다."와 제5장 띄어쓰기 제1절 제41항 "조사는 그 앞말에 붙여 쓴다."는 규정에 따라 〈어느∨ 때〉라고 〈어느〉라는 관형사와 〈때〉라는 명사 사이(∨표 한 곳)는 띄어 써야 바른 문장이 된다.

그러나 북한은 조선말규범집 띄어쓰기 제1장 명사와 관련한 띄어쓰기 제3항 3)번 규정에 따라 시간과 공간의 뜻을 추상적으로 나타내는 고유어명사 〈앞, 옆, 뒤, 끝, 속, 밖, 안, 우(위), 아래, 밑, 사이(새), 때, 제, 곁, 길, 군데, 해, 달, 날, 낮, 밤, 곳, 자리, 고장, 어간, 어구, 가운데, 구석〉등 토 없는 명사, 수사, 대명사 뒤에서 붙여 쓰며 일부 경우에는 규정형 뒤에서도 붙여 쓰게끔 규정되어 있다. 그래서 시간과 공간의 뜻을 추상적으로 나타내는 〈어느때, 어느곳, 다리끝, 처마밑〉과 같은 고유어명사들은 토 없는 명사, 수사, 대명사 뒤에 그대로 붙여 써야 바른 문장이 된다.

◆어느곳(조선로동당 규약 제4조 제8항 제1행)

〈어느∨ 곳〉과 같은 뜻으로 쓰이는 문구.

◆유일사상(조선로동당 규약 제4조 제9항 제3행)

〈당의∨ 유일사상(唯一思想)〉 또는 〈수령의∨ 혁명∨ 사상〉과 같은 뜻으로 쓰이는 정치 용어로 "김일성 유일지배 체제를 확립하기 위해 전체 주민을 오직 김일성이 생각하는 대로 사고하고, 가르치는 대로 행동하는 입장과 사상 관점"을 이르는 말.

◆**당비**(조선로동당 규약 제4조 제10항 제1행)

〈당비(黨費)〉와 같은 뜻으로 쓰이는 말로 "조선로동당 당원과 후보당원이 부담해야 하는 회비"를 이르는 말.

북한의 조선로동당 당원과 후보당원은 조선로동당 규약 제10장 제59조와 제60조에 따라 "월수입의 2%"를 당비로 내어야 한다.

〈규약 원문 5〉

5. 당원의 권리는 다음과 같다.
  1)당원은 당회의와 당출판물을 통하여 당의 로선과 정책수행 및 당사업 발전을 위하여 도움이 되는 의견을 발표할수 있다.
  2)당원은 당회의에서의 투표권과 각급 당조직의 지도기관 선거에서 선거권과 피선거권을 가진다.
  3)당원은 당회의에서 정당한 리유와 근거가 있는 한 어떤 당원을 막론하고 비판할수 있으며, 당의 유일사상에 어긋나는 어떠한 지시의 준수도 거절할수 있다.
  4)당원은 자기의 사업과 생활에 대한 문제를 토의·결정하는 당회의에 참가할것을 요구할수 있다.
  5)당원은 당중앙위원회에 이르기까지 각급 당위원회에 어떤 신소나 청원을 제기하고 그에 대한 심의를 요구할수 있다.
  6)후보당원의 임무는 당원의 임무와 같다. 후보당원의 권리는 선거권과 피선거권 및 결의권이 없는 이외에는 당원의 권리와 같다.
  7)당의 규률을 위반하는 당원은 당의 책벌을 받는다.
    ①당의 유일사상에 어긋나는 행동을 하거나 당의 로선과 정책을 반대하여 파벌조성행위를 하거나 적과 타협하는 등 당에 엄중한 손실을 끼친 당원은 출당시킨다.
    ②당원의 칭호를 박탈하지 않을 정도의 과오를 범한 당원에 대하여는 과오의 경중에 따라 문책, 엄중경고, 또는 권리정지나 후보당원으로 강등하는 책벌을 적용한다.
    ③당책벌의 목적은 과오를 범한 당원을 교양하는데 있다.
     당의 책벌은 과오를 범한 동기와 원인 및 그 과오의 결과

를 상세히 규명한 후에 신중하게 과해야 한다.

④당책벌은 본인의 참가하에 그가 속한 당세포총회에서 토의결정한다.

특별한 경우에는 본인이 참가하지 않아도 책벌을 토의결정할수 있다.

중앙위원회, 도(직할시), 시(구역), 군 당위원회는 당규률을 위반한 당원에게 직접 책벌을 내릴수 있다.

당원에게 책벌을 적용할데 대한 당세포의 결정은 시(구역), 군당위원회의 비준을 받아야 하고 당원자격 박탈에 대한 당세포의 결정은 도(직할시)당위원회의 비준을 받아야 한다.

출당에 대한 당세포의 결정이 비준되기 전에는 특별한 경우를 제외하고는 당원의 당증을 회수하지 못하며 당생활참가를 허용해야 한다.

⑤당중앙위원회 위원, 후보위원 및 준후보위원에 대한 책벌은 당중앙위원회전원회의에서, 도(직할시), 시(구역), 군당위원회의 위원, 후보위원 및 준후보위원에 대한 책벌은 해당 당위원회의 전원회의에서 결정한다.

당세포는 중앙위원회, 도(직할시), 시(구역), 군당위원회의 위원, 후보위원 및 준후보위원이 당규률을 위반한 경우에 위반당원에 대한 책벌을 해당 당위원회에 제의할수 있다.

그러나 당세포는 도(직할시), 시(구역), 군당위원회의 위원, 후보위원 및 준후보위원이 범한 과오가 해당 위원회 사업과 직접적인 관련이 없을 때에는 엄중경고까지의 책벌을 결정할수 있으며 그 결정은 해당 당위원회의 비준을 받아야 한다.

6. 종파 및 기타 다른 분파에 참가한 당원에 대한 당규률문제의 심의는
   다음과 같은 규정에 의하여 진행된다.
   평당원 또는 시(구역), 군 기관의 간부로 있던 당원의 문제는 도(직할
   시) 당위원회에서, 도(직할시) 또는 중앙당기관의 간부로 있던 당원의
   문제는 당중앙위원회에서 심의한다.

7. 당중앙위원회, 도(직할시), 시(구역), 군 당위원회는 당규률문제와 관련
   된 당원의 청원을 지체없이 심의 해결하여야 한다.

8. 당세포는 항상 책벌을 받은 당원을 방조하여야 하며, 만일 책벌을 받
   은 당원이 자기의 과오를 깊이 뉘우치고 그것을 시정하기 위하여 로
   력하고 있으며 실제로 행동이 개선되고 있는 경우에는 그 책벌을 해
   제하는데 대한 문제를 총회에서 토의결정하여야 한다.
   당원이 받은 책벌을 해제하는데 대한 당세포의 결정은 해당 시(구역),
   군당위원회의 비준을 받아야 한다.
   당중앙위원회, 도(직할시), 시(구역), 군당위원회의 위원, 후보위원 및
   준후보위원이 받은 책벌의 해제는 그 책벌의 적용을 최종적으로 결정
   한 해당 당위원회에 의해서 결정된다.

9. 정당한 리유없이 6개월이상 당생활에 참가하지 않는 당원에 대하여
   당세포는 총회에서 제명을 결정할수 있으며 이에 대한 결정은 시(구
   역), 군당위원회의 비준을 받아야 한다.

10. 당원의 등록과 이동은 당중앙위원회가 제정한 규정과 절차에 의하여
    처리된다.

(규약 원문 105쪽에서 다시 이어집니다.)

◆**당출판물**(조선로동당 규약 제5조 제1항 제1행)

〈당∨ 출판물(黨出版物)〉 또는 〈조선로동당∨ 출판물〉과 같은 뜻으로 쓰이는 문구.

◆**할수 있다**(조선로동당 규약 제5조 제1항 제2행)

〈할∨ 수∨ 있다〉와 같은 뜻으로 쓰이는 문구.

◆**리유**(조선로동당 규약 제5조 제3항 제1행)

〈이유(理由)〉와 같은 뜻으로 쓰이는 말로 여기서 눈여겨봐야 할 점은 한자어를 한글로 적을 때 적용하는 두음 법칙에 관한 남북한 간의 어문 규정의 차이점을 이해하는 것이다.

남한은 한글 맞춤법 제3장 제5절 두음 법칙 제11항 "한자음 〈라, 려, 레, 료, 리〉가 단어의 첫머리에 올 적에는 두음 법칙 따라 〈야, 여, 예, 요, 유, 이〉로 적는다."는 규정에 따라 한자어 〈理由〉는 〈이유〉로 적어야 바른 문장이 된다.

그러나 북한은 조선말규범집 제7장 한자말 적기 제25항 "한자말은 소리마디마다 해당 한자음대로 적는 것을 원칙으로 한다."는 규정에 따라 한자어 〈理由〉는 〈리익, 리발, 리성적〉 등과 같이 〈리유〉로 적어야 바른 문장이 된다.

◆**비판할수 있으며**(조선로동당 규약 제5조 제3항 제2행)

〈비판할∨ 수∨ 있으며〉와 같은 뜻으로 쓰이는 문구로 여기서 눈여겨보아야 할 동강은 남북한 간의 어문 규정에 따라 의존 명사(불완전 명사)의 띄어쓰기에 관한 차이점을 이해하는 것이다.

남한은 한글 맞춤법 제5장 띄어쓰기 제2절 제42항 "의존 명사(불완전 명사)는 띄어 쓴다."는 규정에 따라 〈것, 수, 분, 탓, 나위, 지, 리, 번, 양〉

등의 의존 명사는 〈비판할∨ 수〉처럼 앞말과 띄어 써야 바른 문장이 된다.

그러나 북한은 조선말규범집 띄여쓰기 제1장 명사와 관련한 띄여쓰기 제3항 1)번 규정에 따라 〈것, 수, 분, 탓, 나위, 지, 리, 번, 양〉 등과 같은 "순수한 불완전 명사는 앞 단어가 어떤 품사이건, 어떤 형태에 놓여 있건 언제나 그것에 붙여 쓴다." 또 조선말규범집 띄여쓰기 제1장 명사와 관련한 띄여쓰기 제3항 2)번 규정 〈상, 중, 간, 판, 경, 항, 측, 장, 조, 전, 편, 산, 호, 성, 하, 전, 후, 내, 외, 차, 초, 말, 발, 착, 행, 년, 부, 별, 용, 분, 과, 급, 당, 기, 계, 래, 형, 제, 식, 상(모양), 적〉 등과 같은 한자말이나 불완전 명사(의존 명사)와 〈뒤붙이적 단어〉는 그 앞 단위에 붙여 쓰게끔 규정되어 있기 때문에 〈비판할〉 다음에 오는 불완전 명사 〈수〉는 어떤 경우에도 〈비판할수〉처럼 앞말에 붙여 써야 바른 문장이 된다.

◆**당의 유일사상**(조선로동당 규약 제5조 제3항 제2행)
〈조선로동당의∨ 유일사상(唯一思想)〉과 같은 뜻으로 쓰이는 문구로 "이 세상에 하나밖에 없는 조선로동당의 유일한 사상"을 일컫는 정치 용어. 북한에서는 〈수령의 혁명 사상〉, 〈김일성의 혁명 사상〉과 같은 뜻으로 사용되고 있다. 북한은 유일사상, 즉 김일성의 혁명 사상을 "주체의 사상, 이론, 방법의 전일적인 체계로서 주체시대를 개척하고 빛내어 나가는 혁명 사상[35]"이라고 교양하고 있다.

◆**거절할수 있다**(조선로동당 규약 제5조 제3항 제3행)
〈거절할∨ 수∨ 있다〉와 같은 뜻으로 쓰이는 문구.

◆**참가할것을**(조선로동당 규약 제5조 제4항 제2행)

---

[35]조선대백과사전 14권, 506-507면.

〈참가할∨ 것을〉과 같은 뜻으로 쓰이는 문구로 여기서 눈여겨보아야 할 동강은 〈것, 수, 분〉 따위 의존 명사(불완전 명사)의 띄어쓰기에 관한 남북한 간 어문 규정의 차이점을 이해하는 것이다.

남한은 한글맞춤법 제5장 띄어쓰기 제2절 제42항 "의존 명사(불완전 명사)는 띄어 쓴다."는 규정에 따라 〈것, 수, 분, 탓, 나위, 번, 양〉 따위 의존 명사는 〈참가할∨ 것을〉처럼 앞말과 띄어 써야 바른 문장이 된다.

그러나 북한은 조선말규범집 띄어쓰기 제1장 명사와 관련한 띄어쓰기 제3항 1)번 규정에 따라 〈것, 수, 분, 탓, 나위, 지, 리, 번, 양〉 등과 같은 "순수한 불완전명사는 앞 단어가 어떤 품사이건, 어떤 형태에 놓여 있건 언제나 그것에 붙여 쓴다." 또 조선말규범집 띄어쓰기 제1장 명사와 관련한 띄어쓰기 제3항 2)번 규정 〈상, 중, 간, 판, 경, 항, 측, 장, 조, 전, 편, 산, 호, 성, 하, 전, 후, 내, 외, 차, 초, 말, 발, 착, 행, 년, 부, 별, 용, 분, 과, 급, 당, 기, 계, 래, 형, 제, 식, 상(모양), 적〉 등과 같은 한자말이나 불완전 명사(의존 명사)와 〈뒤붙이적 단어〉는 그 앞 단위에 붙여 쓴다는 규정에 따라 〈참가할〉 다음에 오는 불완전 명사 〈것〉은 어떤 경우에도 앞말 〈참가할〉에 붙여 써야 하고 그 뒤에 오는 토(조사) 〈을〉은 앞말 〈것〉에 붙여 써야 바른 문장이 된다.

◆**요구할수 있다**(조선로동당 규약 제5조 제4항 제2행)
〈요구할∨ 수∨ 있다〉와 같은 뜻으로 쓰이는 문구.

◆**당중앙위원회**(조선로동당 규약 제5조 제5항 제1행)
〈당∨ 중앙∨ 위원회(中央委員會)〉 또는 〈조선로동당∨ 중앙∨ 위원회〉와 같은 뜻으로 쓰이는 정치 용어로 조선로동당 규약 제3장 제23조에 따라 "당 대회와 당 대회 사이의 모든 당 사업을 조직하여 지도하는 조선로동당의 중앙 조직"을 이르는 말.

당 중앙 위원회는 전당에 유일사상 체계를 철저히 확립하며, 당의 노선과 정책을 수립하고 그 수행을 조직하고 지도한다. 또 당과 혁명 대열을 공고히 하고 행정 및 경제사업을 지도, 조정하며 혁명적 무력을 조직해 그들의 전투 능력을 높인다. 뿐만 아니라 기타 정당 및 국내외 기관의 활동에서 당을 대표하며 당의 재정을 관리하면서 당 중앙 위원회 전원회의를 6개월에 1회 이상 소집하며 검열 위원회를 선출하는 등의 임무를 수행한다.

◆도(직할시)당위원회(조선로동당 규약 제5조 제4항 제5행)

조선로동당 규약 제4장 제33조에 따라 조직된 지방 당 기관으로 해당 지역 당원들과 근로대중 속에 당의 유일사상 체계를 확립하는 사업을 조직 지도하는 임무 외 1)당원과 근로대중을 당의 유일사상으로 굳게 무장시키고 그들이 당 노선과 정책을 철저히 옹호 수행하며 당의 유일사상에 어긋나는 자본주의 사상, 봉건적 유교 사상, 수정주의, 교조주의, 맹종주의, 종파주의, 지방주의 및 가족주의에 대해 견결히 투쟁하도록 감독하고 주체사상에 기초한 당의 통일과 단결을 계속 강화해야 한다. 2)간부 대열을 튼튼히 꾸리고 그들의 후비대를 육성하며 당 역량을 합리적으로 배치하고 당 생활을 조직, 지도하며 하급당 조직을 강화하고 그들의 활동을 감독한다. 3)당원 및 근로대중에 대한 주체사상, 당 정책, 혁명 전통 교양 및 계급교양이 주 내용인 공산주의 교양과 사회주의적 애국 교양을 강화해야 하며 혁명화, 노동계급화를 통해 그들을 당 두리에 결속시켜야 한다. 4)근로대중의 조직을 강화하고 그들이 자기 기본과업을 성공적으로 완수할 수 있도록 지도, 조정하며 행정 및 경제사업을 적절히 지도하여 혁명과업 수행을 보장한다. 5)노농적위대를 강화하고 그 전투력 향상을 조직적으로 지도하며 군사동원 사업을 보장한다. 6)도(직할시) 당 위원회의 재정을 관리하며 소관 사업에 관해 당 중앙 위원회에 정기적으로 보고한다. 7)도(직할시) 대표회를 3년에 1회씩 소집한다. 8)도(직할시) 당 전원회의를 4개월에 1회 이상 소집한다.

◆시(구역)당위원회(조선로동당 규약 제5조 제4항 제5행)

조선로동당 규약 제5장 제38조에 따라 조직된 지방 당 기관으로 해당 지역 당원들과 근로대중 속에 당의 유일사상 체계를 확립하는 사업을 조직하고 수행하는 임무 외 1)당원과 근로대중을 당의 유일사상으로 무장시키고 그들의 당 노선과 정책을 철저히 옹호 수행하며, 당의 유일사상 체계에 어긋나는 자본주의 사상, 봉건적 유교 사상, 수정주의, 교조주의, 맹종주의, 종파주의, 지방주의 및 가족주의를 반대하여 견결히 투쟁할 것을 보장하며 주체사상에 기초한 당의 통일과 단결을 계속 강화한다. 2)간부 대열을 강화하고, 그들을 교양하며 간부 후비대를 육성하고, 그들을 조직적으로 훈련한다. 3)당원의 당 생활을 조직하고 지도하며 당의 핵심을 연구 주지시키고 그 대열을 확대시키며 당원 확대 사업을 정기적으로 조직하여 수행하며 당의 역량을 적절히 배치하고 당원과 후보당원을 등록한다. 4)당원과 근로대중에 대해 주체사상, 당 정책과 혁명 전통 교양 및 계급교양이 주 내용인 공산주의 교양과 사회주의적 애국 교양을 강화하며 혁명화, 노동계급화를 통해 그들을 당 두리에 결속시킨다. 5)당 기층 조직을 합리적으로 조직하며 초급당 조직의 집행기관을 강화하며 그들의 기능과 역할의 부단한 향상을 위하여 매일같이 지도하고 방조한다. 6)근로대중의 조직들을 강화하고 임무를 정확히 할 수 있도록 그들에게 사업 방향과 방법을 제시하며 그 이행을 감독한다. 7)행정 및 경제 사업을 정확히 지도하여 혁명 과업의 성과적 수행을 보장한다. 8)노농적위대를 강화하고 그들의 정치 사상 교양과 군사훈련을 강화하여 전투태세를 완비하며 군사동원사업을 보장한다. 9)시(구역) 당 위원회의 재정을 관리하며 자기의 사업에 관해 상급당 위원회에 정기적으로 보고하는 임무 등을 수행한다.

◆**군당위원회**(조선로동당 규약 제5조 제4항 제5행)

〈군∨ 당∨ 위원회(郡黨委員會)〉와 같은 뜻으로 쓰이는 말로 "조선로동당 규약 제5장 제38조에 따라 조직된 해당 군 지역에 설립되어 있는 조선로동당 위원회"를 이르는 말.

군 당 위원회는 해당 지역 당원들과 근로대중 속에 당의 유일사상 체계를 확립하는 사업을 조직하고 수행하는 임무 외 1)당원과 근로대중을 당의 유일사상으로 무장시키고 그들의 당 노선과 정책을 철저히 옹호 수행하며, 당의 유일사상 체계에 어긋나는 자본주의 사상, 봉건적 유교사상, 수정주의, 교조주의, 맹종주의, 종파주의, 지방주의 및 가족주의를 반대하여 견결히 투쟁할 것을 보장하며 주체사상에 기초한 당의 통일과 단결을 계속 강화한다. 2)간부 대열을 강화하고, 그들을 교양하며 간부 후비대를 육성하고, 그들을 조직적으로 훈련한다. 3)당원의 당 생활을 조직하고 지도하며 당의 핵심을 연구 주지시키고 그 대열을 확대시키며 당원 확대 사업을 정기적으로 조직하여 수행하며 당의 역량을 적절히 배치하고 당원과 후보당원을 등록한다. 4)당원과 근로대중에 대해 주체사상, 당 정책과 혁명 전통 교양 및 계급 교양이 주 내용인 공산주의교양과 사회주의적 애국 교양을 강화하며 혁명화, 노동계급화를 통해 그들을 당 두리에 결속시킨다. 5)당 기층 조직을 합리적으로 조직하며 초급당 조직의 집행 기관을 강화하며 그들의 기능과 역할의 부단한 향상을 위하여 매일같이 지도하고 방조한다. 6)근로대중의 조직들을 강화하고 임무를 정확히 할 수 있도록 그들에게 사업 방향과 방법을 제시하며 그 이행을 감독한다. 7)행정 및 경제 사업을 정확히 지도하여 혁명과업의 성과적 수행을 보장한다. 8)노농적위대를 강화하고 그들의 정치 사상교양과 군사훈련을 강화하여 전투태세를 완비하며 군사동원 사업을 보장한다. 9)군 당 위원회의 재정을 관리하며 자기의 사업에 관해 상급당 위원회에 정기적으로 보고하는 임무 등을 수행한다.

◆**내릴수 있다**(조선로동당 규약 제5조 제4항 제6행)
〈내릴∨ 수∨ 있다〉와 같은 뜻으로 쓰이는 문구.

◆**당중앙위원회전원회의**(조선로동당 규약 제5조 제5항 제2행)
〈당∨ 중앙∨ 위원회∨ 전원회의(黨中央委員會 全員會議)〉 또는 〈조선로
동당∨ 중앙∨ 위원회∨ 전원회의〉와 같은 뜻으로 쓰이는 정치 용어로
이 조문에서는 "조선로동당 규약 제3장 제24조에 명시한 임무를 수행하
는 당 중앙 위원회 위원들로 구성되는 집체적 지도 기관"을 이르는 말.
당 중앙 위원회 전원회의는 당 중앙 위원회의 소집의 의하여 6개월에 1
회 이상 소집되며 해당 시기에 당이 직면한 중요 문제 등을 토의 결정한
다. 또 당 중앙 위원회 정치국과 정치국 상무 위원회 성원들을 선거하며
당 중앙 위원회 총비서와 비서를 선거하고 당 중앙 위원회의 비서국과
군사 위원회를 조직하는 임무 등을 수행한다.

◆**제의할수 있다**(조선로동당 규약 제5조 제5항 제7행)
〈제의할∨ 수∨ 있다〉와 같은 뜻으로 쓰이는 문구.

◆**종파**(조선로동당 규약 제6조 제1행)
〈종파(宗派)〉와 같은 뜻으로 쓰이는 정치 용어로 "당 전체의 이익과 통
일에 어긋나게 자기들의 좁고 작은 이익을 위하여 당의 노선과 당 중앙
을 반대하며 당 조직체 안에서 분열적 행동을 하는 자들의 집단이나 분
파"를 이르는 말.

◆**분파**(조선로동당 규약 제6조 제1행)
〈분파(分派)〉와 같은 뜻으로 쓰이는 정치 용어로 "여러 갈래로 나뉘어진
갈래 또는 그 나뉜 갈래"를 이르는 말.

◆ 리유없이(조선로동당 규약 제9조 제1행)

〈이유∨ 없이〉와 같은 뜻으로 쓰이는 말로 여기서 눈여겨봐야 할 점은 한자어 낱말을 한글로 적을 때 적용하는 두음 법칙에 관한 남북한 간 어문 규정의 차이점을 이해하는 것이다.

남한은 한글 맞춤법 제3장 제5절 두음 법칙 제11항 "한자음 〈랴, 려, 레, 료, 리〉가 단어의 첫머리에 올 적에는 두음 법칙 따라 〈야, 여, 예, 요, 유, 이〉로 적는다."는 규정에 따라 한자어 〈理由〉는 〈이유〉로 적어야 바른 문장이 된다.

그러나 북한은 조선말규범집 제7장 한자말 적기 제25항 "한자말은 소리마디마다 해당 한자음대로 적는 것을 원칙으로 한다."는 규정에 따라 한자어 〈리유〉는 〈리익, 리발, 리성〉 등과 같이 〈리유〉로 적어야 바른 문장이 된다.

◆ 6개월이상(조선로동당 규약 제9조 제1행)

〈6개월∨ 이상〉과 같은 뜻으로 쓰이는 문구.

◆ 결정할수 있으며(조선로동당 규약 제9조 제2행)

〈결정할∨ 수∨ 있으며〉와 같은 뜻으로 쓰이는 문구.

〈규약 원문 6〉

제2장   당의 조직원리와 조직구조

11. 당은 민주주의 중앙집권제 원칙에 의하여 조직한다.

    1)각급 당조직의 지도기관은 민주주의적으로 선거하고, 선출된 당지도기관은 선거한 당조직에 대해 자기의 사업에 관하여 정기적으로 총화보고한다.

    2)당원은 당조직에 복종하며 소수는 다수에 복종하며 하급당조직은 상급당조직에 복종하며 모든 당조직은 당중앙위원회에 절대 복종한다.

    3)모든 당조직은 당의 로선과 정책을 무조건 옹호 관철하며 하급당조직은 상급당조직의 결정을 의무적으로 집행하여야 한다.

    상급당조직은 하급당조직의 사업을 계통적으로 지도검열하며 하급당조직은 상급당조직에게 자기의 사업에 대하여 정기적으로 보고한다.

12. 각급 당조직은 지역 또는 생산 및 로동단위에 따라 조직한다.

    어느 한 지역을 담당한 당조직은 그 지역의 일부를 담당한 모든 당조직들에 대하여 상급당조직으로 되며, 어느 한분야의 전체사업을 담당한 당조직은 그 분야의 일부사업을 담당한 모든 당조직들에 대하여 상급당조직으로 된다.

13. 각급 당위원회는 각 해당 단위의 최고지도기관이며 정치적 총참모부 이다.

집단적지도는 모든 당위원회의 기본활동지침이다. 각급 당위원회는 새로운 중요한 문제들을 집단적으로 토의결정하여 그것을 집행하여야 하며 이에 개인적책임성과 창발성을 엄밀히 결합시켜야 한다.

각급 당조직은 해당 지역 또는 분야에서 제기되는 문제들을 자립적으로 토의결정할수 있다. 그러나 이 결정들은 당의 로선과 정책에 어긋나서는 안된다.

14. 각급 당조직의 최고지도기관은 다음과 같다.

1)전당의 최고지도기관은 당대회이며 당대회가 없을때는 당대회가 선출한 당중앙위원회가 최고지도기관이 된다.

도(직할시), 시(구역), 군당의 최고지도기관은 해당 당대표회이며, 당대표회가 없을때는 당대표회가 선출한 해당 당위원회가 최고지도기관이 된다.

초급당조직의 최고지도기관은 당총회(당대표회)이며, 당총회(당대표회)가 없을때는 당총회(당대표회)가 선거한 해당 당위원회가 최고지도기관이 된다.

2)당대회 또는 당대표회의 대표자는 차하급 당조직의 당대표회 또는 당총회에서 선거한다.

당대회 대표자의 선출비율은 당중앙위원회가 결정하며, 도(직할시), 시(구역), 군당조직의 당대표회 대표자의 선출비율은 당중앙위원회가 작성한 규정에 따라 해당 당위원회가 결정한다.

당중앙위원회 위원, 후보위원 및 준후보위원의 수는 당대회가 결정한다.

도(직할시), 시(구역), 군 당위원회 위원, 후보위원 및 준후보위원수와 초급당위원회의 위원수는 당중앙위원회가 규정한 기준에 근거하여 해당 당대표회 또는 총회에서 결정한다.
당중앙위원회, 도(직할시), 시(구역), 군 당위원회의 준후보위원은 생산로동에 직접 참가하는 핵심당원중에서 선출된다.
각급 당조직의 지도기관선거는 당중앙위원회가 규정한 선거세칙에 따른다.

(규약 원문 112쪽에서 다시 이어집니다.)

◆**하급당조직**(조선로동당 규약 제11조 제2항 제1행)

〈하급당∨ 조직(下級黨組織)〉 또는 〈하급에∨ 있는∨ 당∨ 조직〉과 같은 뜻으로 쓰이는 문구로 이 규약에서는 "시(구역) 또는 군 당 조직이나 초급당 조직"을 아울러 부르는 말.

◆**상급당조직**(조선로동당 규약 제11조 제2항 제2행)

〈상급당∨ 조직(上級黨 組織)〉과 같은 뜻으로 쓰이는 문구로 이 규약에서는 "중앙당 조직과 도(직할시) 당 조직"을 아울러 부르는 말.

◆**로동단위**(조선로동당 규약 제12조 제1행)

〈노동∨ 단위(勞動單位)〉와 같은 뜻으로 쓰이는 경제 용어로 "노동능력을 갖춘 사람들의 머릿수를 일정한 규모로 나누거나 1급, 2급, 3급, 4급 등으로 급수를 매긴 공장 기업소나 생산 시설의 노동력 규모"를 이르는 말.

◆**토의결정할수 있다**(조선로동당 규약 제13조 제7행)

〈토의∨ 결정할∨ 수∨ 있다〉와 같은 뜻으로 쓰이는 문구.

◆**안된다**(조선로동당 규약 제13조 제8행)

〈안∨ 된다〉와 같은 뜻으로 쓰이는 문구.

◆**당대회**(조선로동당 규약 제14조 제1항 제1행)

〈당∨ 대회(黨大會)〉와 같은 뜻으로 쓰이는 정치 용어로 "조선로동당 규약 제3장 제21조에 따라 당 중앙 위원회가 5년마다 1회씩 소집하는 조선로동당의 최고 지도 기관" 또는 "조선로동당 규약 제2장 제14조 1항에 따라 각급 당 조직의 최고 지도 기관"을 아울러서 부르는 말.
당 대회는 1)당 중앙 위원회 및 당 중앙 검사 위원회의 사업 총화, 2)당

강령과 규약의 채택 또는 수정 보완, 3) 당 노선과 정책 및 전략 전술에 관한 기본 문제 결정, 4)당 중앙 위원회 및 당 중앙 검사 위원회 선거 등의 임무를 수행한다.

당 대회가 없을 때는 당 대회가 선출한 당 중앙 위원회가 최고 지도 기관이 된다. 도(직할시), 시(구역), 군 당의 경우는 당 대표회가 없을 때는 당 대표회가 선출한 해당 당 위원회가 최고 지도 기관이 된다. 초급당 조직의 경우는 당 총회(당 대표회)가 없을 때는 당 총회(당 대표회)가 선거한 해당 당 위원회가 최고 지도 기관이 된다.

◆**당중앙위원회**(조선로동당 규약 제14조 제1항 제2행)

〈당∨ 중앙∨ 위원회(中央委員會)〉 또는 〈조선로동당∨ 중앙∨ 위원회〉와 같은 뜻으로 쓰이는 정치 용어로 조선로동당 규약 제3장 제23조에 따라 "당 대회와 당 대회 사이의 모든 당 사업을 조직하여 지도하는 조선로동당의 중앙 조직"을 이르는 말.

당 중앙 위원회는 전당에 유일사상 체계를 철저히 확립하며, 당의 노선과 정책을 수립하고 그 수행을 조직하고 지도한다. 또 당과 혁명 대열을 공고히 하고 행정 및 경제사업을 지도, 조정하며 혁명적 무력을 조직해 그들의 전투능력을 높인다. 뿐만 아니라 기타 정당 및 국내외 기관의 활동에서 당을 대표하며 당의 재정을 관리하면서 당 중앙 위원회 전원회의를 6개월에 1회 이상 소집하며 검열 위원회를 선출하는 등의 임무를 수행한다.

◆**당대표회**(조선로동당 규약 제14조 제1항 제3행)

〈당∨ 대표회(黨大表會)〉와 같은 뜻으로 쓰이는 정치 용어로 "조선로동당 규약 제2장 제14조 1항에 따라 도(직할시), 시(구역), 군 당 조직의 최고 지도 기관"을 이르는 말.

도(직할시), 시(구역), 군 당의 당 대표회가 없을 때는 당 대표회가 선출한 해당 당 위원회가 최고 지도 기관이 되며 초급당 조직의 경우 당 총회(당 대표회)가 없을 때는 당 총회(당 대표회)가 선거한 해당 당 위원회가 최고 지도 기관이 된다.

◆**당위원회**(조선로동당 규약 제14조 제1항 제4행)

〈당∨ 위원회(黨委員會)〉와 같은 뜻으로 쓰이는 정치 용어로 "조선로동당 규약 제2장 제13조에 따라 당 대표회가 없을 때 도(직할시), 시(구역), 군 당 조직의 최고 지도 기관"을 이르는 말.

당 위원회는 각 해당 단위 당 조직의 최고 지도 기관이며 정치적 총참모부이다. 집단적 지도는 모든 당 위원회의 기본 활동 지침이다. 각급 당 위원회는 새로운 중요한 문제들을 집단적으로 토의하고 결정하여 그것을 집행하여야 하며 이에 개인적 책임성과 창발성을 엄밀히 결합시켜야 한다.

◆**없을때는**(조선로동당 규약 제14조 제1항 제4행)

〈없을 ∨ 때는〉과 같은 뜻으로 쓰이는 문구로 여기서 눈여겨볼 동강은 시간과 공간을 추상적으로 나타내는 〈때, 사이, 제, 앞, 뒤〉 따위의 고유어명사의 띄어쓰기에 관한 남북한 간의 어문 규정의 차이점을 이해하는 것이다.

남한은 한글 맞춤법 제1장 총칙 제2항 "문장의 각 단어는 띄어 씀을 원칙으로 한다."와 제5장 띄어쓰기 제1절 제41항 "조사는 그 앞말에 붙여 쓴다."는 규정에 따라 〈없을∨ 때〉라고 〈없을〉이란 낱말과 〈때〉라는 낱말 사이(∨표 한 곳)는 띄어 쓰고 조사 〈는〉은 앞말에 붙여 써야 바른 문장이 된다.

그러나 북한은 조선말규범집 띄여쓰기 제1장 명사와 관련한 띄여쓰기 제

3항 3)번 규정에 따라 시간과 공간의 뜻을 추상적으로 나타내는 고유어 명사 〈앞, 옆, 뒤, 끝, 속, 밖, 안, 우(위), 아래, 밑, 사이(새), 때, 제, 곁, 길, 군데, 해, 달, 날, 낮, 밤, 곳, 자리, 고장, 어간, 어구, 가운데, 구석〉 등은 토 없는 명사, 수사, 대명사 뒤에서 붙여 쓰며 일부 경우에는 규정형 뒤에서도 붙여 쓰게끔 규정되어 있다. 그래서 시간과 공간의 뜻을 추상적으로 나타내는 〈없을때, 공민사이, 다리끝, 처마밑〉과 같은 고유어명사들은 토 없는 명사, 수사, 대명사 뒤에 그대로 붙여 쓰고 그 뒤에 오는 토(조사) 〈는〉은 앞말에 붙여 써야 바른 문장이 된다.

〈규약 원문 7〉

15. 당중앙위원회와 도(직할시), 시(구역), 군당위원회 위원, 후보위원, 준후보위원의 제명 또는 보선은 해당 당위원회 전원회의에서 실시된다.

당중앙위원회와 도(직할시), 시(구역), 군당위원회위원 가운데서 결원이 생겼을 경우에는 그 결원된 수만큼 당위원회 보조위원 가운데서 보선한다.

만약 필요시는 당위원회 결원은 위원회의 후보위원이 아닌 다른 당원으로 보선될수 있다.

초급당조직 집행기관위원의 제명 및 보선은 해당 당총회(당대표회)에서 실행된다.

초급당이 하급당의 규모가 방대하거나 널리 분산되어있고 또 업무의 특수성으로 인해 당총회(당대표회) 소집이 불가능할 경우에는 초급당위원회가 결원보충을 위한 보선을 실시할수 있다.

상급 당위원회는 결원된 하급당위원회의 책임비서(비서) 또는 비서(부비서)를 임명할수 있다.

각급 당기관의 후보위원 및 준후보위원은 해당 당위원회 전원회의에 참가하되 발언권만 가진다.

16. 당회의는 해당 당조직에 소속된 당원(당위원 또는 대표자) 총수의 3분의 2이상이 참가하여야만 성립될수 있고 제기된 문제의 결정은 해당 당회의 참가자의 과반수 찬성을 요한다.

17. 각급 당위원회내에는 필요한 부서를 설치한다.
부서의 설치 및 폐지의 권한은 당중앙위원회가 가진다.

18. 도(직할시), 시(구역), 군당위원회 및 그들과 동등한 기능을 수행하는 당위원회의 조직과 해산은 당중앙위원회의 비준을 받아야 하며, 초급당위원회 및 분초급당위원회의 조직과 해산은 도(직할시)당위원회가 비준하고 소수당원을 가진 초급당위원회 또는 부문당위원회 및 당세포의 조직과 해산은 시(구역), 군당위원회가 비준한다.
도(직할시), 시(구역), 군당위원회는 당조직의 조직과 해산에 대하여 당중앙위원회에 보고하여야 한다.

19. 당중앙위원회는 어떤 당조직을 막론하고 당의 로선과 정책 및 당규약을 엄중하게 위반하거나 실천을 태만히 한 경우에 그 당조직을 해산하고 소속당원을 개별적으로 심의하며 그들을 재등록하여 새로운 당조직을 조직할수 있다.

20. 당중앙위원회는 정치, 경제, 군사적으로 중요한 지역과 부문 및 특수한 환경에 적합한 당조직의 구성, 당조직의 활동방법과 기타 당건설의 제반문제에 관해 다르게 결정할수 있다.

(규약 원문 117쪽에서 다시 이어집니다.)

◆보선될수 있다(조선로동당 규약 제15조 제8행)

〈보선될∨ 수 ∨ 있다〉와 같은 뜻으로 쓰이는 문구.

◆없을때는(조선로동당 규약 제14조 제1항 제4행)

〈없을 ∨ 때는〉과 같은 뜻으로 쓰이는 문구로 여기서 눈여겨볼 동강은 시간과 공간을 추상적으로 나타내는 〈때, 사이, 제, 앞, 뒤〉 따위의 고유 어명사의 띄어쓰기에 관한 남북한 간의 어문 규정의 차이점을 이해하는 것이다.

남한은 한글 맞춤법 제1장 총칙 제2항 "문장의 각 단어는 띄어 씀을 원칙으로 한다."는 규정에 따라 〈분산되어∨ 있고〉라고 낱말과 낱말 사이 (∨표 한 곳)는 띄어 써야 바른 문장이 된다.

그러나 북한은 조선말규범집 제3장 동사, 형용사와 관련한 띄여쓰기 제10항 1)—(2)번 규정에 따라 "문장 속에서 동사나 형용사끼리 어울렸을 경우 〈아, 어, 여〉형의 동사나 형용사가 보조적으로 쓰이는 동사가 직접 어울린 것은 붙여 쓴다."는 규정에 따라 〈톨아지다, 되어있다, 뭉개져있다, 쓰러져있다, 나자빠져있다, 완성하여나가다〉 등과 같이 자립성이 희박한 형용사나 보조동사는 모두 앞말에 붙여 쓰도록 규정하고 있다. 그러므로 〈분산되어〉 다음에 오는 보조동사 〈있다, 오다, 가다〉 등은 모두 앞 말에 붙여 〈분산되어있고〉로 붙여 써야 바른 문장이 된다.

◆임명할수 있다(조선로동당 규약 제15조 제15행)

〈임명할∨ 수∨ 있다〉와 같은 뜻으로 쓰이는 문구.

◆책임비서(조선로동당 규약 제15조 제14행)

〈책임(責任)∨ 비서(秘書)〉와 같은 뜻으로 쓰이는 말로 "조선로동당 중앙위원회 비서국이나 각급 당 위원회 비서처의 성원으로서 또는 초급당 위원회, 부문당 위원회, 세포 등 조선로동당 조직의 당적 책임을 지고 사업하고 있는 당의 지휘성원 중의 책임간부 또는 그 지위의 최고위 비서"를 아울러서 부르는 말.

◆**비서**(조선로동당 규약 제15조 제14행)
〈비서(秘書)〉와 같은 뜻으로 쓰이는 말로 "조선로동당 중앙 위원회 비서국이나 각급 당 위원회 비서처의 성원으로서 또는 초급당 위원회, 부문당 위원회, 세포 등 조선로동당 조직의 책임간부로서 중요한 당적 책임을 지고 사업하고 있는 당의 지휘 성원 또는 그 지위"를 이르는 말.

◆**3분의 2이상이**(조선로동당 규약 제16조 제2행)
〈3분의∨ 2∨ 이상이〉와 같은 뜻으로 쓰이는 문구로 여기서 눈여겨보아야 할 동강은 어떤 명사 뒤에 〈부문, 분야, 기관, 담당, 관계, 이상(以上), 이하(以下) 등이 뒤따라와 함께 쓰이는 경우 띄어쓰기에 관한 남북한 간의 어문 규정의 차이점을 이해하는 것이다.
남한은 한글 맞춤법 제1장 총칙 제2항 "문장의 각 단어는 띄어 씀을 원칙으로 한다." "와 제5장 띄어쓰기 제1절 제41항 "조사는 그 앞말에 붙여 쓴다."는 규정에 따라 〈3분의∨ 2∨ 이상(以上)이〉라고 복합어인 〈3분의∨ 2〉란 말과 〈이상〉이라는 낱말 사이(∨표 한 곳)는 띄어 쓰고 조사 〈이〉는 앞말에 붙여 써야 바른 문장이 된다.
그러나 북한은 조선말규범집 띄어쓰기 제1장 명사와 관련한 띄어쓰기 제2항 1)-(3)번 규정에 따라 앞의 명사가 〈부문, 분야, 기관, 담당, 관계, 이상(以上), 이하(以下)…〉 등과 함께 쓰이는 경우 이 단어들은 앞 단위에 붙여 쓰며 토(조사)는 앞말에 붙여 써야 하므로 〈3분의 2이상이, 5분의 3이상의〉 등으로 붙여 써야 바른 문장이 된다.

◆당위원회내에는(조선로동당 규약 제17조 제1행)

〈당∨ 위원회∨ 내에는〉과 같은 뜻으로 쓰이는 문구로 여기서 눈여겨보아야 할 동강은 〈내, 외, 전, 후, 상, 하〉 따위의 한자어 낱말이나 불완전 명사(의존 명사)의 띄어쓰기에 관한 남북한 간의 어문 규정의 차이점을 이해하는 것이다.

남한은 한글 맞춤법 제1장 총칙 제2항 "문장의 각 단어는 띄어 씀을 원칙으로 한다."와 제5장 띄어쓰기 제1절 제41항 "조사는 그 앞말에 붙여 쓴다." 그리고 제5장 제2절 제42항 "의존 명사(불완전 명사)는 띄어 쓴다."는 규정에 따라 〈당∨ 위원회∨ 내〉라고 복합어인 〈당∨ 위원회〉라는 말과 〈내〉라는 의존 명사(불완전 명사) 사이(∨표 한 곳)는 띄어 쓰고 의존 명사 〈내〉 뒤에 오는 조사 〈에는〉은 앞 말에 붙여 〈당∨ 위원회∨ 내에는〉으로 써야 바른 문장이 된다.

그러나 북한은 조선말규범집 띄어쓰기 제1장 명사와 관련한 띄어쓰기 제3항 2)번 규정 〈상, 중, 간, 판, 경, 항, 측, 장, 조, 전, 편, 산, 호, 성, 하, 전, 후, 내, 외, 차, 초, 말, 발, 착, 행, 년, 부, 별, 용, 분, 과, 급, 당, 기, 계, 래, 형, 제, 식, 상(모양), 적〉 등과 같은 한자말이나 불완전 명사(의존 명사)와 〈뒤붙이적 단어〉는 그 앞 단위에 붙여 쓰게끔 규정되어 있기 때문에 토 없이 어울린 명사 〈당위원회〉 다음에 오는 한자어 낱말 〈내(內)〉는 어떤 경우에도 〈당위원회내〉처럼 앞 말에 붙여 쓰고 그 뒤에 오는 토(조사) 〈에는〉은 앞 말에 붙여 〈당위원회내에는〉으로 붙여 써야 바른 문장이 된다.

◆조직할수 있다(조선로동당 규약 제19조 제4행)

〈조직할∨ 수∨ 있다〉와 같은 뜻으로 쓰이는 문구.

〈규약 원문 8〉

제3장   당의 중앙조직

21. 당의 최고지도기관은 당대회이다.

    당대회는 5년에 1회 당중앙위원회가 소집한다.

    당중앙위원회는 필요에 따라 당대회를 규정된 기간보다 빨리 또는 늦게 소집할수 있다.

    당중앙위원회는 당대회의 소집기일과 의정을 3개월전에 공고하여야 한다.

22. 당대회의 기능은 다음과 같다.

    1)당중앙위원회 및 당중앙검사위원회의 사업 총화

    2)당강령과 규약의 채택 또는 수정보완

    3)당로선과 정책 및 전략전술에 관한 기본문제 결정

    4)당중앙위원회 및 당중앙검사위원회 선거

23. 당중앙위원회는 당대회사이에 모든 당사업을 조직지도한다.

    당중앙위원회는 전당에 유일사상체계를 철저히 확립하며, 당의 로선과 정책을 수립하고 그 수행을 조직지도하며 당과 혁명대렬을 공고히 하고 행정 및 경제사업을 지도조정하며 혁명적무력을 조직, 그들의 전투능력을 높이고 기타 정당 및 국내외기관의 활동에서 당을 대표하며 당의 재정을 관리한다.

24. 당중앙위원회는 당중앙위원회 전원회의를 6개월에 1회이상 소집한다.

당중앙위원회 전원회의는 해당시기에 당이 직면한 중요문제 등을 토의 결정하며 당중앙위원회 정치국과 정치국 상무위원회를 선거하며 당중앙위원회 총비서와 비서를 선거하고 당중앙위원회의 비서국과 군사위원회를 조직한다.
당중앙위원회는 당중앙위원회 검열위원회를 선출한다.

25. 당중앙위원회 정치국과 정치국 상무위원회는 전원회의와 전원회의 사이에 당중앙위원회 명의로 당의 모든 사업을 조직지도한다.

26. 당중앙위원회 비서국은 필요시, 당인사 및 당면문제 등 당내문제를 토의, 결정하며 그 결정의 집행을 조직 지도한다.

27. 당중앙위원회 군사위원회는 당군사정책 수행방법을 토의결정하며 인민군을 포함한 전무장력강화와 군수산업발전에 관한 사업을 조직지도 하며 우리 나라의 군대를 지휘한다.

28. 당중앙위원회 검열위원회는 반당, 반혁명적 종파행위 및 기타 당의 유일사상에 어긋나는 행위를 하거나 당의 로선과 정책 및 규약을 준수하지 않아 당규률을 위반한 당원에게 책임을 추궁하며 당규률문제와 관련된 도(직할시)당위원회의 제의 및 당원의 신소를 심의해결한다.

29. 당중앙검사위원회는 당의 재정경리사업을 검사한다.

30. 당중앙위원회는 당대회와 당대회사이에 당대표자회를 소집할수 있다. 당대표자회의 대표자 선거절차와 대표자 선출비율은 당중앙위원회가

결정한다.

당대표자회는 당의 로선과 정책 및 전략전술에 관한 긴급한 문제들을 토의결정하며 자기의 임무를 수행하지 못한 당중앙위원회 위원, 후보위원 또는 준후보위원을 제명하고 그 결원을 보선한다.

(규약 원문 126쪽에서 다시 이어집니다.)

◆**소집할수 있다**(조선로동당 규약 제21조 제4행)

〈소집할∨ 수∨ 있다〉와 같은 뜻으로 쓰이는 문구.

◆**3개월전에**(조선로동당 규약 제21조 제4행)

〈3개월∨ 전에〉와 같은 뜻으로 쓰이는 문구로 여기서 눈여겨보아야 할 동강은 〈전, 후, 상, 하〉 따위의 한자어 낱말이나 불완전 명사(의존 명사)의 띄어쓰기에 관한 남북한 간의 어문 규정의 차이점을 이해하는 것이다.

남한은 한글 맞춤법 제1장 총칙 제2항 "문장의 각 단어는 띄어 씀을 원칙으로 한다."와 제5장 띄어쓰기 제1절 제41항 "조사는 그 앞말에 붙여 쓴다." 그리고 제5장 제2절 제42항 "의존 명사(불완전 명사)는 띄어 쓴다."는 규정에 따라 〈3개월∨ 전〉이라고 복합어인 〈3개월〉이라는 말과 〈전〉이라는 의존 명사(불완전 명사) 사이(∨표 한 곳)는 띄어 쓰고 불완전 명사 〈전〉 뒤에 오는 조사 〈에〉는 앞말에 붙여 〈3개월∨ 전에〉로 써야 바른 문장이 된다.

그러나 북한은 조선말규범집 띄여쓰기 제1장 명사와 관련한 띄여쓰기 제3항 2)번 규정 〈상, 중, 간, 판, 경, 항, 측, 장, 조, 전, 편, 산, 호, 성, 하, 전, 후, 내, 외, 차, 초, 말, 발, 착, 행, 년, 부, 별, 용, 분, 과, 급, 당, 기, 계, 래, 형, 제, 식, 상(모양), 적〉 등과 같은 한자말이나 불완전 명사(의존 명사)와 〈뒤붙이적 단어〉는 그 앞 단위에 붙여 쓰게끔 규정되어 있기 때문에 〈3개월〉 다음에 오는 한자어 낱말 〈전(前)〉은 어떤 경우에도 〈3개월전〉처럼 앞 말에 붙여 쓰고 그 뒤에 오는 토(조사) 〈에〉는 앞 말에 붙여 〈3개월전에〉로 모두 붙여 써야 바른 문장이 된다.

◆**당대회**(조선로동당 규약 제22조 제1행)

〈당 대회(黨大會)〉와 같은 뜻으로 쓰이는 정치 용어로 "조선로동당 규약

제3장 제21조에 따라 당 중앙 위원회가 5년마다 1회씩 소집하는 조선로 동당의 최고 지도 기관" 또는 "조선로동당 규약 제2장 제14조 1항에 따라 각급 당 조직의 최고 지도 기관"을 아울러서 부르는 말.[36]

◆**당대회사이**(조선로동당 규약 제23조 제1행)
〈조선로동당∨ 대회∨ 사이〉와 같은 뜻으로 쓰이는 문구로 여기서 눈여겨보아야 할 동강은 〈앞, 옆, 뒤, 끝, 속, 밖, 안, 우(위), 아래, 밑, 사이〉 따위 시간과 공간의 뜻을 추상적으로 나타내는 고유어명사의 띄어쓰기에 관한 남북한 간의 어문 규정의 차이점을 이해하는 것이다.

남한은 한글 맞춤법 제1장 총칙 제2항 "문장의 각 단어는 띄어 씀을 원칙으로 한다."와 제5장 띄어쓰기 제1절 제41항 "조사는 그 앞말에 붙여 쓴다."는 규정에 따라 〈당∨ 대회〉란 복합어와 〈사이〉라는 명사 사이는 〈당∨ 대회∨ 사이〉처럼 띄어 써야 바른 문장이 된다.

그러나 북한은 조선말규범집 띄어쓰기 제1장 명사와 관련한 띄어쓰기 제3항 3)번 규정에 따라 "시간과 공간의 뜻을 추상적으로 나타내는 고유어명사 〈앞, 옆, 뒤, 끝, 속, 밖, 안, 우(위), 아래, 밑, 사이(새), 때, 제, 곁, 길, 군데, 해, 달, 날, 낮, 밤, 곳, 자리, 고장, 어간, 어구, 가운데, 구석〉 등은 토 없는 명사, 수사, 대명사 뒤에서 붙여 쓰며 일부 경우에는 규정형 뒤에서도 붙여 쓴다."고 규정되어 있다. 그래서 시간과 공간의 뜻을 추상적으로 나타내는 〈당대회사이, 인민들사이의, 공민사이에, 1개월사이에〉와 같은 고유어명사들은 토 없는 명사, 수사, 대명사 뒤에 그대로 붙여 써야 바른 문장이 된다.

◆**혁명대렬**(조선로동당 규약 제23조 제3행)
〈혁명∨ 대열(革命隊列)〉과 같은 뜻으로 쓰이는 문구로 여기서 눈여겨봐

---

36)자세한 설명은 본서 99면 〈당대회〉 해설 참조.

야 할 동강은 한자어 낱말을 한글로 적을 때 적용하는 두음 법칙과 〈모음(아, 에, 이, 오, 우)〉이나 〈니은(ㄴ)〉 받침 뒤에 이어지는 한자어 〈列, 率(렬, 률)〉의 표기법에 관한 남북한 간의 어문 규정의 차이점을 이해하는 것이다.

남한에서는 한자어 낱말을 한글로 적을 때는 한글 맞춤법 제3장 제5절 두음 법칙 제11항 "한자음 〈랴, 려, 례, 료, 리〉가 단어의 첫머리에 올 적에는 〈야, 여, 예, 요, 유, 이〉로 적는다." 그렇지만 "단어의 첫머리 이외의 경우에는 본음대로 적고 〈모음(아, 에, 이, 오, 우)〉이나 〈니은(ㄴ)〉 받침 뒤에 이어지는 〈렬, 률〉은 〈열, 율〉로 적는다."는 규정에 따라 한자어 〈規律〉은 〈분열, 선열, 비열, 진열, 선율, 비율, 백분율, 실패율, 전율〉 등과 같이 〈규율〉로 적어야 바른 문장이 된다.

그러나 북한은 조선말규범집 띄여쓰기 제1장 명사와 관련한 띄여쓰기 제2항 1)-(6)번 "같은 명사끼리 토 없이 어울린 경우에 하나의 개념을 가지고 하나의 대상으로 묶어지는 덩이는 붙여 쓴다."는 규정과 제7장 한자말 적기 제25항 "한자말은 해당 한자음대로 적는 것을 원칙으로 한다."는 규정에 따라 〈혁명〉과 〈대렬〉은 같은 명사끼리 토 없이 어울린 경우이므로 〈혁명대렬〉로 붙여 쓰고 〈혁명〉 다음에 온 한자어 〈隊列〉은 "한자말은 해당 한자음대로 적는 것을 원칙으로 한다."는 규정에 따라 〈분렬, 선렬, 비렬, 진렬〉 등과 같이 〈대렬〉로 적어야 바른 문장이 된다.

◆**당중앙위원회 정치국**(조선로동당 규약 제25조 제1행)

〈조선로동당∨ 중앙∨ 위원회∨ 정치국〉과 같은 뜻으로 쓰이는 정치 용어로 "조선로동당 규약 제3장 제25조에 따라 전원회의와 전원회의 사이에 당 중앙 위원회 명의로 당의 모든 사업을 조직 지도하는 중앙당 지도 기관"을 이르는 말.

◆당중앙위원회 정치국 상무위원회(조선로동당 규약 제25조 제1행)

〈조선로동당∨ 중앙∨ 위원회∨ 정치국∨ 상무∨ 위원회〉와 같은 뜻으로 쓰이는 정치 용어로 "조선로동당 규약 제3장 제25조에 따라 당 중앙 위원회 정치국과 함께 전원회의와 전원회의 사이에 당 중앙 위원회 명의로 당의 모든 사업을 조직 지도하는 중앙당 지도 기관"을 이르는 말.

◆당중앙위원회 비서국(조선로동당 규약 제26조 제1행)

〈조선로동당∨ 중앙∨ 위원회∨ 비서국〉과 같은 뜻으로 쓰이는 정치 용어로 "조선로동당 규약 제3장 제26조에 따라 필요 시, 당 인사와 당면 문제 등 당내 문제를 토의, 결정하며 그 결정의 집행을 조직 지도하는 중앙당 지도 기관"을 이르는 말.

◆당중앙위원회 군사위원회(조선로동당 규약 제27조 제1행)

〈조선로동당∨ 중앙∨ 위원회∨ 군사∨ 위원회〉와 같은 뜻으로 쓰이는 정치 용어로 "조선로동당 규약 제3장 제27조에 따라 당 군사정책 수행, 방법을 토의 결정하며 인민군을 포함한 전 무장력 강화와 군수산업 발전에 관한 사업을 조직 지도하며 조선민주주의인민공화국의 군대를 지휘하는 중앙당 군사 지도 기관"을 이르는 말.

◆우리 나라(조선로동당 규약 제27조 제3행)

〈우리나라〉와 같은 뜻으로 쓰이는 말로 여기서 눈여겨보아야 할 동강은 합성어의 띄어쓰기에 관한 남북한 간 어문 규정의 차이점을 이해하는 것.

국립국어원이 발간한 표준국어대사전은 〈우리나라〉를 붙여 써야 바른 표기법이 되고 교육부(구, 문교부)가 발간한 초등학교 국어 교과서는 〈우리∨ 나라〉라고 띄어 써야 바른 표기법이 되므로 남한에서는 이 문제로 국어사전마다 표기법이 제각각이고 정부 기관끼리도 주장이 엇갈리며 한때는 혼란이 많았다.

결론적으로 남한에서는 〈우리나라〉라고 붙여 써야 바른 표기법이 된다. 왜냐하면 1988년 한글맞춤법이 발표되기 전까지 사용해 오던 종래의 우리 한글 맞춤법 규정에는 "여러 낱말로 하나의 뜻을 나타내는 복합어는 붙여 쓰기로 한다."는 규정에 따라 〈꽃+가루, 꽃+나무, 값+나가다, 꽃+놀이, 값+싸다, 개+고기, 개+눈, 개+소리, 겨우+살이, 눈+웃음, 눈+싸움, 고수+머리, 기와+집, 길+바닥, 땀+방울, 어깨+동무, 어린이+날, 위+아래, 어미+소, 저녁+때, 저녁+별, 찬+물, 흙+장난〉 등과 같이 두 개의 명사를 합쳐서 만든 합성어나 둘 이상의 여러 낱말로 하나의 뜻을 나타내는 복합어는 붙여 쓰게끔 되어 있다. 그러므로 〈우리〉라는 낱말과 〈나라〉라는 낱말로 만든 합성명사 〈우리나라〉는 〈우리글〉〈우리말〉과 함께 붙여 써야 바른 표기법이 된다. 그래서 2006년 6월에는 교육부와 국립국어원이 업무 협정을 맺어 앞으로 발간되는 초등 학교 국어 교과서에 나오는 합성명사 〈우리나라〉라는 낱말은 어떤 경우에도 띄어 쓰지 않고 붙여 쓰기로 합의를 보았다는 답변을 들은 바 있다.

그러나 북한에서는 조선말규범집 띄어쓰기 제2장 수사, 대명사와 관련한 띄어쓰기 제8항 "대명사는 원칙적으로 다른 품사와 띄어 쓰며 불완전 명사(또는 이에 준하는 일부 명사)와 직접 어울린 것만 붙여 쓴다."는 규정에 따라 〈우리〉라는 인칭대명사와 〈나라〉라는 명사를 합쳐서 만든 〈우리∨ 나라〉는 〈내∨ 조국, 우리∨ 식, 우리∨ 말, 이∨ 나라, 제∨ 땅위에서, 제∨ 힘으로〉 등과 같이 띄어 써야 바른 표기법이 된다.

◆**당중앙위원회 검열위원회**(조선로동당 규약 제28조 제1행)

〈조선로동당∨ 중앙∨ 위원회∨ 검열∨ 위원회〉와 같은 뜻으로 쓰이는 정치 용어로 "조선로동당 규약 제3장 제28조에 따라 반당, 반혁명적 종파행위 및 기타 당의 유일사상에 어긋나는 행위를 하거나 당의 노선과 정책 및 규약을 준수하지 않아 당 규율을 위반한 당원에게 책임을 추궁하며 당 규율 문제와 관련된 도(직할시) 당 위원회의 제의 및 당원의 신소를 심의, 해결하는 중앙당 사법 지도 기관"을 이르는 말.

◆**당중앙검사위원회**(조선로동당 규약 제29조 제1행)
〈조선로동당∨ 중앙∨ 감사∨ 위원회〉와 같은 뜻으로 쓰이는 정치 용어로 "조선로동당 규약 제3장 제29조에 따라 당의 재정 경리사업을 검사하는 중앙당 재정 경리사업 지도 기관"을 이르는 말.

◆**당대표자회**(조선로동당 규약 제30조 제2행)
〈조선로동당∨ 중앙∨ 위원회∨ 당∨ 대표자회〉와 같은 뜻으로 쓰이는 정치 용어로 "조선로동당 규약 제3장 제30조에 따라 당의 노선과 정책 및 전략 전술에 관한 긴급한 문제들을 토의 결정하며 자기의 임무를 수행하지 못한 당 중앙 위원회 위원, 후보위원 또는 준후보위원을 제명하고 그 결원을 보선하는 당 대회와 당 대회 사이에 당 중앙 위원회의 소집에 의하여 열리는 중앙당 지도 기관"을 이르는 말.

〈규약 원문 9〉

제4장   도(직할시)의 당조직

31. 도(직할시)당조직의 최고지도기관은 도(직할시)당대표회이다.

도(직할시)대표회는 3년에 1회 도(직할시)당위원회가 소집한다.

도(직할시)대표회는 필요에 따라 규정된 기간보다 빨리 또는 늦게 소집할수 있다.

도(직할시)당위원회는 도(직할시)당대표회의 소집일과 의정을 2개월 전에 하급당조직들에 통지하여야 한다.

32. 도(직할시)당대표회의 기능은 다음과 같다.

1)도(직할시)당위원회와 도(직할시)당검사위원회의 사업총화

2)도(직할시)당위원회 및 도(직할시)당검사위원회 선출

3)당대회에 파견할 대표자 선출

33. 도(직할시)당위원회의 기능은 다음과 같다.

당원들과 근로대중속에 당의 유일사상체계를 확립하는 사업을 조직 지도한다.

당원과 근로대중을 당의 유일사상으로 굳게 무장시키고 그들이 당로선과 정책을 철저히 옹호 수행하며 당의 유일사상에 어긋나는 자본주의사상, 봉건적유교사상, 수정주의, 교조주의, 맹종주의, 종파주의, 지방주의 및 가족주의에 대해 견결히 투쟁하도록 감독하고 주체사상에 기초한 당의 통일과 단결을 계속 강화해야 한다.

간부대렬을 튼튼히 꾸리고 그들의 후비대를 육성하며 당력량을 합리적으로 배치하고 당생활을 조직, 지도하며 하급당조직을 강화하고 그들의 활동을 감독한다.

당원 및 근로대중에 대한 주체사상, 당정책, 혁명전통교양 및 계급교양이 주내용인 공산주의교양과 사회주의적애국교양을 강화해야 하며 혁명화, 로동계급화를 통해 그들을 당두리에 결속시켜야 한다.

근로대중의 조직을 강화하고 그들이 자기 기본과업을 성공적으로 완수할수 있도록 지도, 조정하며 행정 및 경제사업을 적절히 지도하여 혁명과업수행을 보장한다.

로농적위대를 강화하고 그 전투력 향상을 조직적으로 지도하며 군사동원사업을 보장한다.

도(직할시)당위원회의 재정을 관리하며 소관 사업에 관해 당중앙위원회에 정기적으로 보고한다.

34. 도(직할시)당위원회는 도(직할시)당전원회의를 4개월에 1회이상 소집한다.

도(직할시)당위원회 전원회의는 당의 로선과 정책의 수행방법을 토의 결정하며 도(직할시)당위원회의 책임비서 및 비서를 선거하며, 비서처를 조직하고, 도(직할시)당위원회의 군사위원회와 검열위원회를 선거 한다.

도(직할시)당위원회 집행위원회는 전원회의와 전원회의사이에 도(직할시)당위원회 명의로 당내사업을 조직, 집행하며 행정 및 경제사업을 지도한다.

도(직할시)당위원회 회의는 1개월에 2회이상 소집한다.

도(직할시)당위원회 비서는 인사행정 및 당내문제에 대해 필요시마다 토의결정하고 그 결정사항을 집행한다.

도(직할시)당위원회 군사위원회는 당의 군사정책 수행방법을 토의결정 하며 그 집행을 조직, 지도한다.

35. 도(직할시)당위원회 검열위원회는 반당 또는 반혁명적 종파행위 등 당의 유일사상체계에 어긋나는 행위를 하거나, 당로선 및 정책과 규약을 준수하지 않아 당규률을 위반한 당원에게 책임을 추궁하며, 당규률문제와 관련된 시(구역), 군당위원회의 제의 및 출당에 대한 결정을 최종적으로 비준하며 당규률문제와 관련된 당원의 신소를 해결한다.

(규약 원문 145쪽에서 다시 이어집니다.)

◆도(직할시)당대표회(조선로동당 규약 제31조 제1행)

〈조선로동당∨ 도(직할시)∨ 당∨ 대표회〉와 같은 뜻으로 쓰이는 정치 용어로 "조선로동당 규약 제4장 제31조에 따라 도(직할시) 당 위원회의 소집에 의해 3년에 1회씩 열리는 조선로동당 도(직할시), 시(구역), 군 당 조직의 최고 지도 기관"을 이르는 말.

도(직할시) 당 대표회는 필요에 따라 규정된 기간보다 빨리 또는 늦게 소집할 수도 있으며 주로 1)도(직할시) 당 위원회와 도(직할시) 당 검사 위원회의 사업총화, 2)도(직할시) 당 위원회와 도(직할시) 당 검사 위원회 위원 선출, 3)당 대회에 파견할 대표자 선출 등의 임무를 수행한다.

◆소집할수 있다(조선로동당 규약 제31조 제4행)

〈소집할∨ 수∨ 있다〉와 같은 뜻으로 쓰이는 문구.

◆도(직할시)당위원회(조선로동당 규약 제31조 제5행)

〈조선로동당∨ 도(직할시)∨ 당∨ 위원회〉와 같은 뜻으로 쓰이는 정치 용어로 "조선로동당 규약 제4장 제33조에 따라 조직된 지방 당 기관"을 이르는 말.

도(직할시) 당 위원회는 당원들과 근로대중 속에 당의 유일사상 체계를 확립하는 사업을 조직하고 지도하는 임무 외 1)당원과 근로대중을 당의 유일사상으로 굳게 무장시키고 그들이 당 노선과 정책을 철저히 옹호 수행하며 당의 유일사상에 어긋나는 자본주의 사상, 봉건적 유교 사상, 수정주의, 교조주의, 맹종주의, 종파주의, 지방주의 및 가족주의에 대해 견결히 투쟁하도록 감독하고 주체사상에 기초한 당의 통일과 단결을 계속 강화해야 한다. 2)간부 대열을 튼튼히 꾸리고 그들의 후비대를 육성하며 당 역량을 합리적으로 배치하고 당 생활을 조직, 지도하며 하급당 조직을 강화하고 그들의 활동을 감독한다. 3)당원 및 근로대중에 대한 주체사상,

당 정책, 혁명 전통 교양 및 계급교양이 주 내용인 공산주의 교양과 사회주의적 애국 교양을 강화해야 하며 혁명화, 노동계급화를 통해 그들을 당 두리에 결속시켜야 한다. 4)근로대중의 조직을 강화하고 그들이 자기 기본 과업을 성공적으로 완수할 수 있도록 지도, 조정하며 행정 및 경제 사업을 적절히 지도하여 혁명 과업 수행을 보장한다. 5)노농적위대를 강화하고 그 전투력 향상을 조직적으로 지도하며 군사동원 사업을 보장한다. 6)도(직할시) 당 위원회의 재정을 관리하며 소관 사업에 관해 당 중앙 위원회에 정기적으로 보고한다. 7)도(직할시) 대표회를 3년에 1회씩 소집한다. 8)도(직할시) 당 전원회의를 4개월에 1회 이상 소집한다.

◆ **도(직할시)당검사위원회**(조선로동당 규약 제32조 제1항 제1행)
〈조선로동당∨ 도(직할시)∨ 당∨ 검사∨ 위원회〉와 같은 뜻으로 쓰이는 정치 용어로 "조선로동당 규약 제3장 제29조에 따라 당의 재정 경리사업을 검사하는 도(직할시) 당 재정 경리사업 지도 기관"을 이르는 말.

◆ **유일사상체계**(조선로동당 규약 제33조 제2행)
〈당의∨ 유일사상(唯一思想)∨ 체계(體系)〉 또는 〈수령의∨ 혁명사상∨ 체계〉와 같은 뜻으로 쓰이는 정치 용어로 이 규약에서는 "전당에 수령의 혁명사상만이 유일적으로 지배하게 하고 수령의 유일적 영도 아래 전당이 하나와 같이 움직일 것을 요구하는 수령의 사상 체계와 영도 체계"를 이르는 말.
이 용어는 1967년 5월 17일 조선로동당 기관지 노동신문에 게재한 〈당원들과 근로자들 속에서 당의 유일사상 체계를 철저히 확립하자〉는 제하의 사설에서 처음 사용했으며 한 달 뒤에 열린 조선로동당 제4기 6차 전원회의에서 〈당의 유일사상 체계를 확립할 데 대하여〉를 의제로 채택해 당의 유일사상 체계를 확립하는 문제를 북한 정권의 핵심적 사업으로 내세웠다.

그 후 1970년 11월 조선로동당 제5차 대회에서 보고를 통해 김일성이 직접 "당을 강화하는 데서 무엇보다 중요한 것은 전당에 유일사상 체계를 세우며 그에 기초하여 당 대열의 통일과 단결을 계속 확고히 보장하는 것"이라고 말하면서 당의 유일사상 체계 확립 문제를 거듭 강조했다.

북한은 정권 초기에는 당의 유일사상 체계라는 말 대신 〈당 중앙위 주위에 굳게 단결하여 당의 노선과 정책을 끝까지 관철시키며 당 중앙 위원회와 한마음, 한뜻으로 사고하고 행동하는 당원들의 입장과 사상 관점〉이라는 의미로 〈당적 사상 체계〉라는 말을 사용했었다. 그러다가 김일성 1인 지배 체제가 확립되자 이를 변형시켜 당 중앙위가 아닌 김일성을 수범의 전형으로 내세운 것이다.

당의 유일사상 체계는 권력 전면에 등장한 김정일이 〈유일사상 체계 확립의 10대 원칙〉이라는 구체적 방법론을 제시(1974. 2)함으로써 구호적 차원에서 하나의 행동 강령으로 발전했다.

그 내용은 1)김일성의 혁명사상으로 온 사회를 일색화하기 위하여 몸바쳐 투쟁할 것. 2)김일성을 충성으로 높이 우러러 받들 것. 3)김일성의 권위를 절대화할 것. 4)김일성의 교시를 신조화할 것. 5)김일성의 교시 집행에서 무조건성의 원칙을 철저히 지킬 것. 6)김일성을 중심으로 하는 전당의 사상 의지적 통일과 혁명적 단결을 강화할 것. 7)김일성을 따라 배워 공산주의 풍모와 혁명적 사업 방법, 인민적 사업 작풍을 소유할 것. 8)김일성이 안겨준 정치적 생명을 귀중히 간직하며 김일성에게 충성으로 보답할 것. 9)김일성의 유일 영도 밑에 한결같이 움직이는 강철 같은 규율을 세울 것. 10)김일성이 개척한 혁명 위업을 대를 이어 끝까지 계승하며 완성해 나갈 것을 제시한 열 가지 원칙이다.

이와 같은 유일사상체계 확립 10대 원칙은 제9원칙과 제10원칙에서 김정일의 역할을 특히 강조함으로써 이 원칙이 궁극적으로 김일성 개인 우상화뿐 아니라 김정일에 의한 권력 후계 체제의 구축을 겨냥한 것임을 분명히 했다.

그리고 1980년대 들어와 북한은 김정일이 조선로동당을 실질적으로 지배함에 따라 당의 유일사상 체계를 김정일의 영도 체계로 내세우는 가운데 이를 김정일 후계 체제 구축에 정치적으로 적극 이용함으로써 주변국의 따가운 눈총과 비아냥에도 불구하고 내부적으로는 주민들의 별 저항 없이 부자간의 대를 이은 권력 세습에도 안착했다는 평가를 받았다.

◆**자본주의사상**(조선로동당 규약 제33조 제5행)

〈자본주의(資本主義)∨ 사상(思想)〉과 같은 뜻으로 쓰이는 문구.[37]

◆**봉건적유교사상**(조선로동당 규약 제33조 제6행)

〈봉건적∨ 유교∨ 사상(封建的儒敎思想)〉과 같은 뜻으로 쓰이는 정치 용어.[38]

◆**수정주의**(조선로동당 규약 제33조 제6행)

〈수정주의(修正主義)〉와 같은 뜻으로 쓰이는 정치 용어.[39]

◆**교조주의**(조선로동당 규약 제33조 제6행)

〈교조주의(敎條主義)〉와 같은 뜻으로 쓰이는 정치 용어.[40]

◆**맹종주의**(조선로동당 규약 제33조 제6행)

〈맹종주의(盲從主義)〉와 같은 뜻으로 쓰이는 정치 용어로 이 규약에서는

---

[37]자세한 설명은 본서 46면 〈자본주의사상〉 해설 참조.
[38]자세한 설명은 본서 82면 〈봉건적유교사상〉 해설 참조.
[39]자세한 설명은 본서 82면 〈수정주의〉 해설 참조.
[40]자세한 설명은 본서 83면 〈교조주의〉 해설 참조.

"당의 유일사상으로 굳게 무장된 혁명 정신으로 옳고 그름을 가리지 않고 남이 시키는 대로 덮어놓고 따라 하는 주의"를 이르는 말.

◆**종파주의**(조선로동당 규약 제33조 제6행)
〈종파주의(宗派主義)〉와 같은 뜻으로 쓰이는 정치 용어.[41]

◆**지방주의**(조선로동당 규약 제33조 제7행)
〈지방주의(地方主義)〉와 같은 뜻으로 쓰이는 정치 용어.[42]

◆**가족주의**(조선로동당 규약 제33조 제7행)
〈가족주의(家族主義)〉와 같은 뜻으로 쓰이는 정치 용어.[43]

◆**간부대렬**(조선로동당 규약 제33조 제9행)
〈간부(幹部)∨ 대열(隊列)〉과 같은 뜻으로 쓰이는 말로 여기서 눈여겨봐야 할 동강은 한자어 낱말을 한글로 적을 때 적용하는 두음 법칙과 〈모음(아, 에, 이, 오, 우)〉이나 〈니은(ㄴ)〉 받침 뒤에 이어지는 한자어 〈列, 率(렬, 률)〉의 표기법에 관한 남북한 간의 어문 규정의 차이점을 이해하는 것이다.

남한에서는 한자어 낱말을 한글로 적을 때는 한글 맞춤법 제3장 제5절 두음 법칙 제11항 "한자음 〈랴, 려, 례, 료, 리〉가 단어의 첫머리에 올 적에는 〈야, 여, 예, 요, 유, 이〉로 적는다." 그렇지만 "단어의 첫머리 이외의 경우에는 본음대로 적고 〈모음(아, 에, 이, 오, 우)〉이나 〈니은(ㄴ)〉 받침 뒤에 이어지는 〈렬, 률〉은 〈열, 율〉로 적는다."는 규정에 따라 한자어 〈隊列〉은 〈대열〉로, 〈規律〉은 〈규율〉로, 〈比率〉은 〈비율〉로 적어야

---

41)자세한 설명은 본서 83면 〈종파주의〉 해설 참조.
42)자세한 설명은 본서 84면 〈지방주의〉 해설 참조.
43)자세한 설명은 본서 84면 〈가족주의〉 해설 참조.

바른 문장이 된다.

그러나 북한은 조선말규범집 띠여쓰기 제1장 명사와 관련한 띠여쓰기 제2항 1)—(6)번 "같은 명사끼리 토 없이 어울린 경우에 하나의 개념을 가지고 하나의 대상으로 묶어지는 덩이는 붙여 쓴다."는 규정과 제7장 한자말 적기 제25항 "한자말은 해당 한자음대로 적는 것을 원칙으로 한다."는 규정에 따라 〈간부〉와 〈대렬〉은 같은 명사끼리 토 없이 어울린 경우이므로 〈간부대렬〉로 붙여 쓰고 〈간부〉 다음에 온 한자어 〈隊列〉은 "한자말은 해당 한자음대로 적는 것을 원칙으로 한다."는 규정에 따라 〈대렬〉로 적어야 바른 문장이 된다.

그 다음 낱말이 지니고 있는 말뜻을 한번 살펴보자.

남한에서는 간부 대열을 "어떤 조직체나 기관, 집단 등에서 일하는 간부들이 조직 내의 지위나 서열에 따라 쭉 늘어서 있는 행렬"을 말한다.

그러나 북한은 간부를 조선로동당의 기본 핵심 역량이며 당의 노선과 정책의 집행을 직접 조직하고 지도하는 혁명의 지휘 성원이라고 정의하고 있다. 그러므로 북한은 조선로동당이 요구하는 간부의 표징을 원만히 갖춘 사람들, 즉 당과 수령에 대한 끝없는 충실성, 높은 실무 능력, 고상한 인민적 품성을 갖춘 노·중·청(노년, 중년, 청년의 약칭)의 간부들을 조화롭게 선발하여 북한의 수많은 당 조직, 행정 조직, 기관, 기업소 등에 배치하여 인간 띠, 또는 대열을 이루는 것을 당 사업에서 출발점으로 삼고 있다.[44]

따라서 북한이 간부 대열의 질적 구성을 끊임없이 개선하는 것은 간부 대열을 정치적으로, 계급적으로 튼튼히 꾸리는데 중요한 의의와 목적을 두고 있다는 것을 먼저 이해하여야만 조선로동당 규약 제33조나 제58조의 내용을 제대로 이해할 수 있을 것이다.

---

[44]조선대백과사전 제1권, 236면.

◆ 후비대(조선로동당 규약 제33조 제9행)

〈후비대(後備隊)〉와 같은 뜻으로 쓰이는 말로 "인민대중의 자주 위업, 사회주의 공산주의 위업을 계승하여 나아갈 역량 또는 계승자"를 이르는 말.

◆ 당력량(조선로동당 규약 제33조 제9행)

〈당∨ 역량(黨力量)〉 또는 〈조선로동당∨ 역량(力量)〉과 같은 뜻으로 쓰이는 문구로 "조선로동당이 어떤 일을 해낼 수 있는 힘"을 아울러서 이르는 말.

◆ 주체사상(조선로동당 규약 제33조 제12행)

〈주체사상(主體思想)〉과 같은 뜻으로 쓰이는 정치 용어로 "모든 것을 사람 중심으로 생각하고 사람을 위하여 복무하게 하는, 사람 중심의 세계관으로 근로 인민 대중의 자주성을 실현하기 위한 지도 사상"을 이르는 말.45)

◆ 당정책(조선로동당 규약 제33조 제12행)

〈당∨ 정책(黨政策)〉 또는 〈조선로동당∨ 정책(政策)〉과 같은 뜻으로 쓰이는 문구.

◆ 혁명전통교양(조선로동당 규약 제33조 제12행)

〈혁명∨ 전통∨ 교양(革命傳統敎養)〉과 같은 뜻으로 쓰이는 정치 용어로 "사회의 모든 성원들을 혁명 전통으로 무장시키며 그것을 사업과 생활에 구현하도록 하기 위한 조선로동당의 사상교양 사업"을 이르는 말.

북한은 주민을 대상으로 하는 사상 교양 사업에서 "혁명 전통 교양은 당

---

45)자세한 설명은 본서 43면 〈주체사상〉 해설 참조.

우들과 근로자들 속에서 당의 유일사상 체계를 세우고 그들을 혁명화, 노동계급화 하여 수령의 참된 혁명 전사로, 공산주의적 혁명가로 키우기 위한 당 사상교양 사업에서 가장 중요한 자리를 차지하고 있다[46]"고 강조하고 있다.

◆ **계급교양**(조선로동당 규약 제33조 제12행)

〈계급교양(階級教養)〉과 같은 뜻으로 쓰이는 말로 "사회주의적 개조는 치열한 계급투쟁을 동반한다는 공산주의 교리에 따른, 북한 근로자들을 계급의식으로 무장시켜 그들로 하여금 사회주의를 건설하는 혁명 사업에 충실하도록 교육하는 정치 사상교양"을 이르는 말.

북한 당국이 근로자들을 대상으로 실질적으로 실시하고 있는 계급교양의 내용은 ①지주 및 자본가에 대한 증오심 고취, ②자본주의 사회의 모순 교양, ③반제 사상교양 강화, ④부르주아 사상·수정주의·기회주의 등의 반대, ⑤사회주의 제도의 우월성과 불패성 주입, ⑥조선로동당이 제시한 혁명 원칙 고수 등이다.

북한은 6·25 전쟁 휴전 후 사회주의 사회 건설에 본격적으로 착수하면서 이와 동시에 계급교양을 전면에 내세워 강조하기 시작했다. 북한 당국의 이러한 정책은 농업 집단화를 비롯한 사회주의 개혁을 급속히 추진시키기 위해서는 우선 당원들과 근로자들의 계급의식을 높이며 그들로 하여금 계급투쟁을 옳게 전개할 수 있도록 교육하는 것이 절박한 과업이라고 판단했기 때문이었다.

특히 1955년 4월 조선로동당 전원회의에서 김일성은 〈계급교양을 더욱 강화할 데 대하여〉라는 연설을 통해 ①적들과 장기간 대치하고 있고 ②내부에 자본주의 요소들이 아직 남아 있으며 ③조선로동당의 군중 노선인 노동자·농민들의 계급적 각성이 부족하고 ④8·15 해방 전 공산당이

---

46)정치사전 1237면.

없어 훈련을 충분히 쌓지 못했으며 ⑤조선로동당의 역사가 짧아 그 질적 구성이 아직 낮은 수준이라는 점 등을 들어 당원들의 계급적 각성을 높이기 위한 계급교양 강화의 필요성을 강조한 바 있다.

계급교양은 1980년대 이후 김정일이 권력 전면에 등장하면서부터 김일성·김정일에 대한 충성 교육과 연계되어 왔으며 소련 및 동구라파에서의 사회주의 체제 붕괴 이후에는 사회주의 ①체제 고수를 위한 사상 교육, ②민족 제일주의 교육, ③반제 투쟁의식 함양 등의 형태로 계속되고 있다.[47]

◆ **공산주의교양**(조선로동당 규약 제33조 제13행)

〈공산주의(共産主義)∨ 교양(敎養)〉과 같은 뜻으로 쓰이는 정치 용어로 "사람들의 의식 속에 남아 있는 낡은 사상 잔재와 유습을 청산하고 그들을 참다운 공산주의적 인간으로 개조하기 위한 교양"을 이르는 말.

북한이 실시하는 〈공산주의 교양〉의 주요 내용은 우선 "자본주의에 대한 사회주의, 공산주의의 우월성과 자본주의 멸망, 사회주의 승리의 필연성에 대한 교양, 조선로동당의 혁명 전통 교양, 사회주의적 애국주의와 프롤레타리아 국제주의 교양, 집단주의와 노동에 대한 공산주의적 태도의 교양, 부단한 혁신, 부단한 전진의 혁명적 정신의 교양" 등으로 짜여 있다.

북한은 이러한 공산주의 교양을 철저히 받은 자를 "공산주의적인 인간형을 지닌 자"라고 부르며 이 공산주의적 인간형의 육성을 학교 교육 전반의 교육이념으로 삼고 있다.[48]

◆ **사회주의적애국교양**(조선로동당 규약 제33조 제13행)

---

47)정치사전 171면.
48)북한실상교육용어해설집, 88면.

〈사회주의적(社會主義的)∨ 애국(愛國)∨ 교양(敎養)〉과 같은 뜻으로 쓰이는 문구로 "사회주의 조국을 사랑하고 그 융성 번영을 위하여 싸워나가는 정신으로 무장시키기 위한 사상교양"을 이르는 말.

◆혁명화, 로동계급화(조선로동당 규약 제33조 제14행)

〈노동계급의 혁명화(革命化), 노동계급화(勞動階級化)〉와 같은 뜻으로 쓰이는 정치 용어로 "노동계급을 혁명적 세계관으로 무장시켜 공산주의적 인간으로 만드는 사업"을 아우르는 말.

◆당두리(조선로동당 규약 제33조 제14행)

〈당(黨)∨ 두리〉 또는 〈조선로동당의∨ 두리〉와 같은 뜻으로 쓰이는 문구로 "조선로동당의 둘레"를 이르는 말.

◆로농적위대(조선로동당 규약 제33조 제18행)

〈노농적위대(勞農赤衛隊)〉와 같은 뜻으로 쓰이는 군사 용어로 "조선로동당의 비상비적 혁명 무력으로서 사회주의 건설에 직접 참가하고 있는 노동자 농민을 비롯한 근로자들로 조직된 무장 조직(군사 조직)"을 이르는 말.

◆군사동원사업(조선로동당 규약 제33조 제18행)

〈군사동원((軍事動員)∨ 사업(事業)〉과 같은 뜻으로 쓰이는 말로 여기서 눈여겨보아야 할 동강은 같은 명사끼리 토 없이 2중 3중으로 어울린 경우 띄어쓰기에 관한 남북한 간의 어문 규정의 차이점을 이해하는 것이다.

남한은 한글 맞춤법 제1장 총칙 제2항 "문장의 각 단어는 띄어 씀을 원칙으로 한다."는 규정에 따라 〈군사동원∨ 사업〉이라고 낱말과 낱말 사이(∨표 한 곳)는 띄어 써야 바른 문장이 된다.

그러나 북한에서는 조선말규범집 띄여쓰기 제1장 명사와 관련한 띄여쓰기 제2항 1)-(6)번 "같은 명사끼리 토 없이 어울린 경우에 하나의 개념을 가지고 하나의 대상으로 묶어지는 덩이는 붙여 쓴다."는 규정에 따라 〈군사동원사업, 주체혁명위업, 국가사용질서, 국기대끝, 국기대줄, 국기대촉, 공화국공민, 사회주의건설, 공산주의건설자, 사회주의농촌건설, 물고기잡이전투〉 등과 같이 같은 명사끼리 토 없이 어울린 경우에는 "하나의 개념을 가지고 하나의 대상으로 묶어지는 덩이"로 보고 붙여 써야 바른 문장이 된다.

◆ **도(직할시)당위원회 전원회의**_(조선로동당 규약 제34조 제1행)

〈조선로동당∨ 도(직할시)∨ 당∨ 위원회∨ 전원회의〉와 같은 뜻으로 쓰이는 정치 용어로 조선로동당 규약 제4장 제34조에 따라 "당의 노선과 정책의 수행 방법을 토의, 결정하며 도(직할시) 당 위원회의 책임비서와 비서를 선거하며, 비서처를 조직하고, 도(직할시) 당 위원회의 군사 위원회와 검열 위원회를 선거하는 도(직할시)당 조직의 지도 기관"을 이르는 말.

도(직할시) 당 위원회 전원회의는 도(직할시) 당 위원회의 소집에 따라 4개월에 1회 이상 열린다.

◆ **책임비서**_(조선로동당 규약 제34조 제4행)

〈책임(責任)∨ 비서(秘書)〉와 같은 뜻으로 쓰이는 말로 "조선로동당 중앙위원회 비서국이나 각급 당 위원회 비서처의 성원으로서 또는 초급당 위원회, 부문당 위원회, 세포 등 조선로동당 조직의 당적 책임을 지고 사업하고 있는 당의 지휘성원 중의 책임간부 또는 그 지위의 최고위 비서"를 아울러서 부르는 말.

◆비서(조선로동당 규약 제34조 제4행)

〈비서(秘書)〉와 같은 뜻으로 쓰이는 말로 "조선로동당 중앙 위원회 비서국이나 각급 당 위원회 비서처의 성원으로서 또는 초급당 위원회, 부문당 위원회, 세포 등 조선로동당 조직의 책임간부로서 중요한 당적 책임을 지고 사업하고 있는 당의 지휘 성원 또는 그 지위"를 이르는 말.

◆비서처(조선로동당 규약 제34조 제4행)

〈비서처(秘書處)〉와 같은 뜻으로 쓰이는 말로 조선로동당 중앙 위원회, 각급 당 위원회, 초급당 위원회, 부문당 위원회 등 "조선로동당 조직의 책임간부로서 중요한 당적 책임을 지고 사업을 하는 당의 지휘 성원들이 복무하는 사무실 또는 거처하는 곳"을 이르는 말.

◆도(직할시)당위원회 군사위원회(조선로동당 규약 제34조 제5행)

〈도(직할시)∨ 당∨ 위원회∨ 군사위원회(黨委員會 軍事委員會)〉와 같은 뜻으로 쓰이는 말로 조선로동당 규약 제4장 제34조에 따라 "도(직할시) 당의 군사정책 수행 방법을 토의하여 결정하며 그 집행을 조직하고 지도하는 도(직할시) 당 조직의 군사 지도 기관"을 이르는 말.

◆도(직할시)당위원회 검열위원회(조선로동당 규약 제34조 제5행)

〈도(직할시)∨ 당∨ 위원회∨ 검열∨ 위원회(黨委員會檢閱委員會)〉와 같은 뜻으로 쓰이는 말로 "조선로동당 규약 제4장 제35조에 따라 반당 또는 반혁명적 종파 행위 등 당의 유일사상 체계에 어긋나는 행위를 하거나, 당 노선 및 정책과 규약을 준수하지 않아 당 규율을 위반한 당원에게 책임을 추궁하는 도(직할시) 당 기관"을 이르는 말.

주요 임무는 1)당 규율 문제와 관련된 시(구역), 군 당 위원회의 제의, 2)출당에 대한 결정을 최종적으로 비준하며 3)당 규율 문제와 관련된 당원의 신소를 해결하는 임무 등을 수행한다.

◆도(직할시)당위원회 집행위원회(조선로동당 규약 제34조 제7행)

〈도(직할시)∨ 당∨ 위원회∨ 집행위원회(黨委員會 執行委員會)〉와 같은 뜻으로 쓰이는 말로 "조선로동당 규약 제4장 제34조에 따라 도(직할시) 당의 전원회의와 전원회의 사이에 도(직할시) 당 위원회 명의로 당내 사업을 조직하여 집행하며 행정 및 경제사업을 지도하는 지방 당 기관"을 이르는 말.

주요 임무는 1)행정 및 경제사업을 지도하며, 1개월에 2회 이상 도(직할시) 당 위원회 회의를 소집하는 임무 등을 수행한다.

◆전원회의사이에(조선로동당 규약 제34조 제7행)

〈전원회의와∨ 전원회의∨ 사이에〉와 같은 뜻으로 쓰이는 문구로 여기서 눈여겨보아야 할 동강은 〈앞, 옆, 뒤, 끝, 속, 밖, 안, 우(위), 아래, 밑, 사이〉 따위 시간과 공간의 뜻을 추상적으로 나타내는 고유어명사의 띄어쓰기에 관한 남북한 간의 어문 규정의 차이점을 이해하는 것이다.

남한은 한글 맞춤법 제1장 총칙 제2항 "문장의 각 단어는 띄어 씀을 원칙으로 한다."와 제5장 띄어쓰기 제1절 제41항 "조사는 그 앞말에 붙여 쓴다."는 규정에 따라 〈전원회의〉란 복합어와 〈사이〉라는 명사 사이는 〈전원회의∨ 사이〉처럼 띄어 써야 바른 문장이 된다.

그러나 북한은 조선말규범집 띄어쓰기 제1장 명사와 관련한 띄어쓰기 제3항 3)번 규정에 따라 "시간과 공간의 뜻을 추상적으로 나타내는 고유어 명사 〈앞, 옆, 뒤, 끝, 속, 밖, 안, 우(위), 아래, 밑, 사이(새), 때, 제, 곁, 길, 군데, 해, 달, 날, 낮, 밤, 곳, 자리, 고장, 어간, 어구, 가운데, 구석〉 등은 토 없는 명사, 수사, 대명사 뒤에서 붙여 쓰며 일부 경우에는 규정형 뒤에서도 붙여 쓴다."고 규정되어 있다. 그래서 시간과 공간의 뜻을 추상적으로 나타내는 〈전원회의시이에, 당대회사이, 인민들사이의, 공민사이에, 1개월사이에〉와 같은 고유어명사들은 토 없는 명사, 수사, 대명사 뒤에 그대로 붙여 써야 바른 문장이 된다.

◆**2회이상**(조선로동당 규약 제34조 제10행)

〈2회∨ 이상〉과 같은 뜻으로 쓰이는 문구로 여기서 눈여겨보아야 할 동강은 어떤 명사 뒤에 〈부문, 분야, 기관, 담당, 관계, 이상(以上), 이하(以下) 등이 뒤따라와 함께 쓰이는 경우 띄어쓰기에 관한 남북한 간의 어문규정의 차이점을 이해하는 것이다.

남한은 한글 맞춤법 제1장 총칙 제2항 "문장의 각 단어는 띄어 씀을 원칙으로 한다."와 제5장 띄어쓰기 제1절 제41항 "조사는 그 앞말에 붙여 쓴다."는 규정에 따라 〈2회∨ 이상(以上)〉이라고 복합어인 〈2회〉란 말과 〈이상〉이라는 낱말 사이(∨표 한 곳)는 띄어 써야 바른 문장이 된다. 이의 반대 개념인 〈2회∨ 이하(以下)〉도 마찬가지다.

그러나 북한은 조선말규범집 띄여쓰기 제1장 명사와 관련한 띄여쓰기 제2항 1)―(3)번 규정에 따라 앞의 명사가 〈부문, 분야, 기관, 담당, 관계, 이상(以上), 이하(以下)…〉 등과 함께 쓰이는 경우 이 단어들은 앞 단위에 붙여 쓰며 토(조사)는 앞말에 붙여 써야 하므로 〈2회이상, 3분의 2이상이, 5분의 3이상의〉 등으로 붙여 써야 바른 문장이 된다.

◆**도(직할시)당위원회 비서**(조선로동당 규약 제34조 제11행)

〈도(직할시)∨ 당∨ 위원회(黨委員會)∨ 비서(秘書)〉와 같은 뜻으로 쓰이는 말로 조선로동당 규약 제4장 제34조에 따라 "인사 행정 및 당내 문제에 대해 필요시마다 토의하여 결정하고 그 결정 사항을 집행하는 도(직할시) 당 조직의 지휘 성원 또는 그 지위"를 이르는 말.

◆**도(직할시)당위원회 군사위원회**(조선로동당 규약 제34조 제13행)

〈도(직할시)∨ 당∨ 위원회∨ 군사위원회(黨委員會 軍事委員會)〉와 같은 뜻으로 쓰이는 말로 조선로동당 규약 제4장 제34조에 따라 "도(직할시) 당의 군사정책 수행 방법을 토의하여 결정하며 그 집행을 조직하고 지도하는 도(직할시) 당 조직의 군사 지도 기관"을 이르는 말.

◆당규률문제(조선로동당 규약 제35조 제5행)

〈당(黨)∨ 규율(規律)∨ 문제(問題)〉 또는 〈조선로동당∨ 규율∨ 문제〉와 같은 뜻으로 쓰이는 문구로 여기서 눈여겨봐야 할 동강은 한자어 낱말을 한글로 적을 때 적용하는 두음 법칙과 〈모음(아, 에, 이, 오, 우)〉이나 〈니은(ㄴ)〉 받침 뒤에 이어지는 〈렬, 률〉의 표기법에 관한 남북한 간의 어문 규정의 차이점을 이해하는 것이다.

남한에서는 한자어 낱말을 한글로 적을 때는 한글 맞춤법 제3장 제5절 두음 법칙 제11항 "한자음 〈랴, 려, 례, 료, 리〉가 단어의 첫머리에 올 적에는 〈야, 여, 예, 요, 유, 이〉로 적는다." 그렇지만 "단어의 첫머리 이외의 경우에는 본음대로 적고 〈모음(아, 에, 이, 오, 우)〉이나 〈니은(ㄴ)〉 받침 뒤에 이어지는 〈렬, 률〉은 〈열, 율〉로 적는다."는 규정에 따라 한자어 〈規律〉은 〈분열, 선열, 비열, 진열, 선율, 비율, 백분율, 실패율, 전율〉 등과 같이 〈규율〉로 적어야 바른 문장이 된다.

그러나 북한은 조선말규범집 제7장 한자말 적기 제25항 "한자말은 해당 한자음대로 적는 것을 원칙으로 한다."는 규정에 따라 한자어 〈規律〉은 〈선률, 비률, 백분률, 실패률, 전률〉 등과 같이 〈규률〉로 적어야 바른 문장이 된다.

그다음 눈여겨봐야 할 동강은 한자어 명사와 명사가 토(조사) 없이 2중 3중으로 어울린 문구의 띄어쓰기에 관한 남북한 간의 어문 규정의 차이점을 이해하는 것이다.

남한에서는 한글 맞춤법 제1장 총칙 제2항 "문장의 각 단어는 띄어 씀을 원칙으로 한다."는 규정에 따라 〈당〉이라는 한자어 명사와 〈규율〉이라는 명사와 〈문제〉라는 한자어 명사가 조사(토) 없이 2중 3중 연속적으로 나열될 경우 〈당∨ 규율∨ 문제〉처럼 낱말과 낱말 사이를 띄어 써야 바른 문장이 된다.

그러나 북한에서는 조선말규범집 띄여쓰기 제1장 명사와 관련한 띄여쓰기 제2항 1)─(6)번 "같은 명사끼리 토 없이 어울린 경우에 하나의 개념을 가지고 하나의 대상으로 묶어지는 덩이는 붙여 쓴다."는 규정에 따라 〈당〉이란 명사와 〈규률〉이란 명사와 〈문제〉란 명사가 토 없이 2중 3중으로 어울려 결합된 〈당규률문제〉라는 문구는 모두 "하나의 개념을 가지고 하나의 대상으로 묶어지는 덩이" 로 보고 낱말과 낱말 사이를 모두 붙여 써야 바른 문장이 된다.

다음 보기글의 〈국가활동원칙, 국가사회제도, 사회관리체계, 사회주의조국, 주체혁명위업〉이라는 문구 역시 낱말과 낱말 사이를 모두 붙여 써야 바른 문장이 된다.

〈규약 원문 10〉

제5장   시 (구역), 군의 당조직

36. 시(구역), 군당조직의 최고지도기관은 시(구역), 군당대표회이다.

시(구역), 군당대표회는 시(구역), 군당위원회가 3년에 1회 소집하고 필요에 따라 시(구역), 군당대표회는 규정된 기간보다 빨리 또는 늦게 소집할수 있다.

시(구역), 군당위원회는 시(구역), 군당대표회의 소집일자와 의정을 1개월전에 산하 당조직들에 통지하여야 한다.

37. 시(구역), 군당대표회의 기능은 다음과 같다.

1)시(구역),   군당대표회의와   시(구역),   군당검사위원회의   사업 총화

2)시(구역), 군당대표회의와 시(구역), 군당검사위원회 선거

3)도(직할시)당대표회에 파견할 대표자 선거

38. 시(구역), 군당위원회의 기능은 다음과 같다.

당원들과 근로대중속에 당의 유일사상체계를 철저히 확립하는 사업을 조직수행한다.

당원과 근로대중을 당의 유일사상으로 무장시키고 그들의 당로선과 정책을 철저히 옹호수행하며, 당의 유일사상체계에 어긋나는 자본주의사상, 봉건적유교사상, 수정주의, 교조주의, 맹종주의, 종파주의, 지방주의 및 가족주의를 반대하여 견결히 투쟁할 것을 보장하며 주

체사상에 기초한 당의 통일과 단결을 계속 강화한다.

간부대렬을 강화하고, 그들을 교양하며 간부후비대를 육성하고, 그들을 조직적으로 훈련한다.

당원의 당생활을 조직, 지도하며 당의 핵심을 연구주지시키고 그 대렬을 확대시키며 당원확대사업을 정기적으로 조직수행하며 당의 력량을 적절히 배치하고 당원과 후보당원을 등록한다.

당원과 근로대중에 대해 주체사상, 당정책과 혁명전통교양 및 계급교양이 주내용인 공산주의교양과 사회주의적애국교양을 강화하며 혁명화, 로동계급화를 통해 그들을 당두리에 결속시킨다.

당기층조직을 합리적으로 조직하며 초급당조직의 집행기관을 강화하며 그들의 기능과 역할의 부단한 향상을 위하여 매일같이 지도방조한다.

근로대중의 조직들을 강화하고 임무를 정확히 할수 있도록 그들에게 사업방향과 방법을 제시하며 그 리행을 감독한다.

행정 및 경제사업을 정확히 지도하여 혁명과업의 성과적수행을 보장한다.

로농적위대를 강화하고 그들의 정치사상교양과 군사훈련을 강화하여 전투태세를 완비하며 군사동원사업을 보장한다.

시(구역), 군당위원회의 재정을 관리하며 자기의 사업에 관해 상급당위원회에 정기적으로 보고한다.

39. 시(구역), 군당위원회는 전원회의를 3개월에 1회이상 소집한다.

시(구역), 군당위원회 전원회의는 당의 로선과 정책의 집행방법을 토의, 결정하며 시(구역), 군당위원회의 집행위원회, 책임비서 및 비서를 선거하고 비서처를 조직하며, 시(구역), 군당위원회의 군사위원회와 검열위원회를 선거한다.

시(구역), 군당위원회의 집행위원회는 전원회의와 전원회의 사이에 시(구역), 군당위원회의 명의로 당내사업을 조직하고 행정 및 경제사업을 지도한다.

시(구역), 군당위원회 집행위원회는 1개월에 2회이상 회의를 소집한다.

시(구역), 군당위원회 비서처는 문제제기시마다 인사행정 등 당내사업에 관한 문제를 결정하며 그 결정을 집행한다.

시(구역), 군당위원회 군사위원회는 당의 군사정책 집행방법을 토의 결정하며 그 집행을 조직 지도한다.

40. 시(구역), 군당위원회 검열위원회는 반당, 반혁명적종파행위등 당의 유일사상체계에 어긋나는 행위를 하거나 당의 로선과 정책 및 규약을 준수하지 않아 당규률을 위반한 당원에게 책임을 추궁하며, 당규율문제와 관련된 당원의 신소를 심의처리한다.

(규약 원문 160쪽에서 다시 이어집니다.)

◆**시(구역)당대표회**(조선로동당 규약 제36조 제1행)

〈시(구역)∨ 당∨ 대표회(黨代表會)〉와 같은 뜻으로 쓰이는 말로 "조선로동당 규약 제5장 제36조에 따라 조직된 시(구역) 당 조직의 최고 지도 기관"을 이르는 말.

시(구역) 당 대표회는 시(구역) 당 위원회의 소집에 따라 3년에 1회씩 열리며 1)시(구역) 당 대표회와 시(구역) 당 검사 위원회의 사업총화, 2)시(구역) 당 대표회의와 시(구역) 당 검사 위원회 위원 선거, 3)도(직할시) 당 대표회에 파견할 대표자 선거 등의 임무를 수행한다.

◆**군당대표회**(조선로동당 규약 제36조 제1행)

〈군∨ 당∨ 대표회(郡黨代表會)〉와 같은 뜻으로 쓰이는 말로 "조선로동당 규약 제5장 제36조에 따라 조직된 군 당 조직의 최고 지도 기관"을 이르는 말.

군 당 대표회는 당 위원회의 소집에 따라 3년에 1회씩 열리며 1)군 당 대표회와 군 당 검사 위원회의 사업총화, 2)군 당 대표회와 군 당 검사 위원회 위원 선거, 3)도(직할시) 당 대표회에 파견할 대표자 선거 등의 임무를 수행한다.

◆**소집할수 있다**(조선로동당 규약 제36조 제4행)

〈소집할∨ 수∨ 있다〉와 같은 뜻으로 쓰이는 문구.

◆**1개월전에**(조선로동당 규약 제36조 제5행)

〈1개월∨ 전에〉와 같은 뜻으로 쓰이는 문구로 여기서 눈여겨보아야 할 동강은 〈전, 후, 상, 하〉 따위의 한자어 낱말이나 불완전 명사(의존 명사)의 띄어쓰기에 관한 남북한 간의 어문 규정의 차이점을 이해하는 것이다.

남한은 한글 맞춤법 제1장 총칙 제2항 "문장의 각 단어는 띄어 씀을 원칙으로 한다."와 제5장 띄어쓰기 제1절 제41항 "조사는 그 앞말에 붙여 쓴다." 그리고 제5장 제2절 제42항 "의존 명사(불완전 명사)는 띄어 쓴다."는 규정에 따라 〈1개월∨ 전〉이라고 복합어인 〈1개월〉이라는 말과 〈전〉이라는 의존 명사(불완전 명사) 사이(∨표 한 곳)는 띄어 쓰고 불완전 명사 〈전〉 뒤에 오는 조사 〈에〉는 앞말에 붙여 〈1개월∨ 전에〉로 써야 바른 문장이 된다.

그러나 북한은 조선말규범집 띄여쓰기 제1장 명사와 관련한 띄여쓰기 제3항 2)번 규정에 따라 〈상, 중, 간, 판, 경, 항, 측, 장, 조, 전, 편, 산, 호, 성, 하, 전, 후, 내, 외, 차, 초, 말, 발, 착, 행, 년, 부, 별, 용, 분, 과, 급, 당, 기, 계, 래, 형, 제, 식, 상(모양), 적〉 등과 같은 한자말이나 불완전 명사와 〈뒤붙이적 단어〉는 그 앞 단위에 붙여 쓰게끔 규정되어 있다. 그래서 한자말이나 불완전 명사와 함께 붙는 〈1개월**전**에, 10일**전**에, 시간**상**으로, 회의**중**에, 학령**전**에〉와 같은 문장 속의 불완전 명사(굵은 글씨)들은 앞 단어에 그대로 붙여 써야 바른 문장이 된다.

◆시(구역)당검사위원회(조선로동당 규약 제36조 제5행)
〈시(구역)∨ 당∨ 검사위원회(黨檢査委員會)〉와 같은 뜻으로 쓰이는 말로 "조선로동당 규약 제5장 제37조에 따라 시(구역) 당 재정 경리사업 검사 기관"을 이르는 말.

◆군당검사위원회(조선로동당 규약 제36조 제5행)
〈군∨ 당∨ 검사∨ 위원회(郡黨檢査委員會)〉와 같은 뜻으로 쓰이는 말로 "조선로동당 규약 제5장 제37조에 따라 군 당 재정 경리사업 검사 기관"을 이르는 말.

◆사업총화(조선로동당 규약 제37조 제1항 제1행)

〈사업∨ 총화(事業總和)〉와 같은 뜻으로 쓰이는 말로 "기관·조직 등이 일정 기간 동안에 어떤 특정한 사업을 끝낸 다음 그 사업기간 중에 이룩한 결과에 대해 결산"하는 것을 이르는 말.

사업총화는 사업 수행 과정에 대해 분석하고 그에 대한 결론을 내림으로써 앞으로의 사업 수행에서 경험과 교훈을 얻기 위한 데 목적이 있으며 그 사업의 성공 또는 실패와는 상관없이 실시되는 계속성을 지닌다. 그러므로 북한에서는 조선로동당을 비롯한 각급 조직·단체·기관들이 정기적으로 회의를 열고 보고 형식으로 사업총화를 하고 있다.

◆시(구역)당위원회(조선로동당 규약 제38조 제1행)

〈시(구역)∨ 당∨ 위원회(黨委員會)〉와 같은 뜻으로 쓰이는 말로 "조선로동당 규약 제5장 제38조에 따라 시(구역) 지역에 조직된 지방 당 지도기관"을 이르는 말.

시(구역) 당 위원회는 당원들과 근로대중 속에 당의 유일사상 체계를 확립하는 사업을 조직하고 수행하는 업무 외 1)당원과 근로대중을 당의 유일사상으로 무장시키고 그들의 당 노선과 정책을 철저히 옹호 수행하며, 당의 유일사상 체계에 어긋나는 자본주의 사상, 봉건적 유교 사상, 수정주의, 교조주의, 맹종주의, 종파주의, 지방주의 및 가족주의를 반대하여 견결히 투쟁할 것을 보장하며 주체사상에 기초한 당의 통일과 단결을 계속 강화한다. 2)간부 대열을 강화하고, 그들을 교양하며 간부 후비대를 육성하고, 그들을 조직적으로 훈련한다. 3)당원의 당 생활을 조직하고 지도하며 당의 핵심을 연구 주지시키고 그 대열을 확대시키며 당원 확대 사업을 정기적으로 조직하여 수행하며 당의 역량을 적절히 배치하고 당원과 후보당원을 등록한다. 4)당원과 근로대중에 대해 주체사상, 당 정책과 혁명 전통 교양 및 계급교양이 주 내용인 공산주의 교양과 사회주의적 애국교양을 강화하며 혁명화, 노동계급화를 통해 그들을 당 두리에 결속시킨다. 5)당 기층조직을 합리적으로 조직하며 초급당 조직의 집행기관을 강화하며 그들의 기능과 역할의 부단한 향상을 위하여 매일같이 지도하고 방조한다. 6)근로대중의 조직들을 강화하고 임무를 정확히 할 수 있도록 그들에게 사업 방향과 방법을 제시하며 그 이행을 감독한다. 7)행정 및 경제사업을 정확히 지도하여 혁명과업의 성과적 수행을 보장한다. 8)노농적위대를 강화하고 그들의 정치 사상교양과 군사훈련을 강화하여 전투태세를 완비하며 군사동원 사업을 보장한다. 9)시(구역) 당 위원회의 재정을 관리하며 자기의 사업에 관해 상급 당 위원회에 정기적으로 보고하는 임무 등을 수행한다.

◆군당위원회(조선로동당 규약 제38조 제1행)

〈군(郡)∨ 당∨ 위원회(郡黨委員會)〉와 같은 뜻으로 쓰이는 말로 "조선로동당 규약 제5장 제38조에 따라 군(郡) 지역에 조직된 지방 당 지도 기관"을 이르는 말.

군 당 위원회는 당원들과 근로대중 속에 당의 유일사상 체계를 확립하는 사업을 조직하고 수행하는 업무 외 1)당원과 근로대중을 당의 유일사상으로 무장시키고 그들의 당 노선과 정책을 철저히 옹호 수행하며, 당의 유일사상체계에 어긋나는 자본주의 사상, 봉건적 유교 사상, 수정주의, 교조주의, 맹종주의, 종파주의, 지방주의 및 가족주의를 반대하여 견결히 투쟁할 것을 보장하며 주체사상에 기초한 당의 통일과 단결을 계속 강화한다. 2)간부 대열을 강화하고, 그들을 교양하며 간부 후비대를 육성하고, 그들을 조직적으로 훈련한다. 3)당원의 당 생활을 조직하고 지도하며 당의 핵심을 연구 주지시키고 그 대열을 확대시키며 당원 확대 사업을 정기적으로 조직하여 수행하며 당의 역량을 적절히 배치하고 당원과 후보당원을 등록한다. 4)당원과 근로대중에 대해 주체사상, 당 정책과 혁명

전통 교양 및 계급교양이 주 내용인 공산주의 교양과 사회주의적 애국 교양을 강화하며 혁명화, 노동계급화를 통해 그들을 당 두리에 결속시킨다. 5)당 기층 조직을 합리적으로 조직하며 초급당 조직의 집행기관을 강화하며 그들의 기능과 역할의 부단한 향상을 위하여 매일같이 지도하고 방조한다. 6)근로대중의 조직들을 강화하고 임무를 정확히 할 수 있도록 그들에게 사업 방향과 방법을 제시하며 그 이행을 감독한다. 7)행정 및 경제사업을 정확히 지도하여 혁명 과업의 성과적 수행을 보장한다. 8)노농적위대를 강화하고 그들의 정치 사상교양과 군사훈련을 강화하여 전투 태세를 완비하며 군사동원 사업을 보장한다. 9)군 당 위원회의 재정을 관리하며 자기의 사업에 관해 상급 당 위원회에 정기적으로 보고하는 임무 등을 수행한다.

◆당의 유일사상체계(조선로동당 규약 제38조 제2행)

〈당의∨ 유일사상(唯一思想)∨ 체계(體系)〉 또는 〈수령의∨ 혁명∨ 사상∨ 체계〉와 같은 뜻으로 쓰이는 정치 용어로 이 규약에서는 "전당에 수령의 혁명 사상만이 유일적으로 지배하게 하고 수령의 유일적 영도 아래 전당이 하나와 같이 움직일 것을 요구하는 수령의 사상 체계와 영도 체계"를 이르는 말.

당의 유일사상 체계는 권력 전면에 등장한 김정일이 〈유일사상 체계 확립의 10대 원칙〉이라는 구체적 방법론을 제시(1974. 2)함으로써 구호적 차원에서 하나의 행동 강령으로 발전했다.

그 내용은 ①김일성의 혁명 사상으로 온 사회를 일색화하기 위하여 몸바쳐 투쟁할 것 ②김일성을 충성으로 높이 우러러 받들 것 ③김일성의 권위를 절대화할 것 ④김일성의 교시를 신조화할 것 ⑤김일성의 교시 집행에서 무조건성의 원칙을 철저히 지킬 것 ⑥김일성을 중심으로 하는 전당의 사상 의지적 통일과 혁명적 단결을 강화할 것 ⑦김일성을 따라 배워 공산주의 풍모와 혁명적 사업 방법, 인민적 사업 작풍을 소유할 것 ⑧김일성이 안겨준 정치적 생명을 귀중히 간직하며 김일성에게 충성으로 보답할 것 ⑨김일성의 유일 영도 밑에 한결같이 움직이는 강철 같은 규율을 세울 것 ⑩김일성 개척한 혁명 위업을 대를 이어 끝까지 계승하며 완성해 나갈 것 등을 제시한 10가지 원칙이 그것이다.

이 유일사상 체계 확립 10대 원칙은 제9원칙과 제10원칙에서 김정일의 역할을 특히 강조함으로써 궁극적으로는 김일성 개인 우상화뿐 아니라 김정일에 의한 권력 후계 체제의 구축을 겨냥한 것임을 분명히 했으며 김일성 생존시 유일적 영도 체계를 상위 개념으로 하고 그 밑에 김정일의 유일적 지도 체제를 설정, 유일사상 체계를 확립하는데 있어서 김정일이 주도적 역할을 하도록 명문화했던 것이다.

그리고 1980년대 들어와 북한은 김정일이 조선로동당을 실질적으로 지배함에 따라 당의 유일사상 체계를 김정일의 영도 체계로 내세우는 가운데 이를 김정일 후계 체제 구축에 정치적으로 적극 이용함으로써 주변국의 따가운 눈총과 비아냥에도 불구하고 내부적으로는 주민들의 별 저항 없이 부자간의 대를 이은 권력 세습에도 안착했다는 평가를 받았다.

◆**조직수행한다**(조선로동당 규약 제38조 제3행)

〈조직∨ 수행한다〉와 같은 뜻으로 쓰이는 문구.

◆**간부후비대**(조선로동당 규약 제38조 제9행)

〈간부(幹部)∨ 후비대(後備隊)〉와 같은 뜻으로 쓰이는 말로 "간부 대열을 보충하거나 사업을 계승하고 활동하게 될 후비 대오 또는 그에 속한 사람"을 이르는 말. 즉, 간부 양성 체계를 바로 세우고 후비 간부를 잘 뽑아 전망성 있게 키우는 예비 간부 대열을 뜻한다.

◆혁명전통교양(조선로동당 규약 제38조 제14행)

〈혁명∨ 전통∨ 교양(革命傳統敎養)〉과 같은 뜻으로 쓰이는 정치 용어.[49]

◆계급교양(조선로동당 규약 제38조 제14행)

〈계급교양(階級敎養)〉과 같은 뜻으로 쓰이는 말로 "사회주의적 개조는 치열한 계급투쟁을 동반한다는 공산주의 교리에 따른, 북한 근로자들을 계급의식으로 무장시켜 그들로 하여금 사회주의를 건설하는 혁명 사업에 충실하도록 교육하는 정치 사상교양"을 이르는 말.[50]

◆공산주의교양(조선로동당 규약 제38조 제15행)

〈공산주의(共産主義)∨ 교양(敎養)〉과 같은 뜻으로 쓰이는 정치 용어로 "사람들의 의식 속에 남아 있는 낡은 사상 잔재와 유습을 청산하고 그들을 참다운 공산주의적 인간으로 개조하기 위한 교양"을 이르는 말.[51]

◆사회주의적애국교양(조선로동당 규약 제38조 제15행)

〈사회주의적(社會主義的)∨ 애국(愛國)∨ 교양(敎養)〉과 같은 뜻으로 쓰이는 정치 용어로 "사회주의 조국을 사랑하고 그 융성 번영을 위하여 싸워 나가는 정신으로 무장시키기 위한 사상교양"을 이르는 말.

◆당기층조직(조선로동당 규약 제38조 제17행)

〈조선로동당(朝鮮勞動黨)∨ 기층∨ 조직(基層組織)〉과 같은 뜻으로 쓰이는 문구로 "조선로동당의 기초가 되는 밑층 조직"을 이르는 말.
조선로동당 조직을 크게 나누면 중앙 조직, 지방 조직, 기층 조직, 기타 당 조직으로 나눌 수 있는데 이 중 중앙 조직으로는 1)당 대회, 2)당 대

---

49)자세한 설명은 본서 135면 〈혁명전통교양〉 해설 참조.
50)자세한 설명은 본서 135면 〈계급교양〉 해설 참조.
51)자세한 설명은 본서 137면 〈공산주의교양〉 해설 참조.

표자회, 3)당 중앙 위원회, 4)정치국과 정치국 상무 위원회, 5)비서국과 전문부서, 6)검열 위원회, 7)중앙 검사 위원회, 8)중앙 군사 위원회가 있다. 지방 조직으로는 1)도(직할시) 당 조직, 2)시(구역) 당 조직, 3)군 당 조직이 있고 기층 조직으로는 1)당 세포, 2)초급당 조직이 있다. 기타 당 조직으로는 1)인민군대 내 당 조직, 2)정치 기관, 3)군 당(軍黨)과 근로대중 조직을 들 수 있다.

그다음 조선로동당의 외곽 단체로는 정당(政黨) 단체로 1)조선사회민주당, 2)천도교청우당이 있고 노동 단체로는 1)조선직업총동맹(일명, 직총), 2)김일성사회주의청년동맹(일명, 청년동맹), 3)농업근로자동맹(일명, 농근맹), 4)민주여성동맹(일명, 여맹)이 있다. 통일 전선 단체로는 1)조국통일민주주의전선(조국전선), 2)조국평화통일위원회(일명, 조평통), 3)한국민족민주전선(한민전), 4)조국통일범민족연합북측본부(범민련), 5)재북평화통일촉진협의회, 6)평화옹호전국민족위원회, 7)조선반핵평화위원회, 8)조선아세아태평양평화위원회(일명, 아태평화위원회)가 있다. 사회 문화 단체로는 1)조선문학예술총동맹(문예총), 2)조선적십자회, 3)조선해외동포원호위원회, 4)조선기자동맹, 5)조선학생위원회, 6)조선민주법률가협회, 7)조선중앙변화사협회, 8)조선인권연구회, 9)조선유네스코민족위원회, 10)조선올림픽위원회, 11)일제의 조선감정피해조사위원회, 12)종군위안부 및 태평양전쟁피해자 보상대책위원회가 있다. 경제 단체로는 1)조선과학기술총연맹, 2)조선공업기술총연맹, 3)조선국제합영촉진위원회, 4)조선, 아세아무역촉진위원회가 있다. 대외 활동 단체로는 1)조선대외문화연락위원회, 2)세계인민들과의 련대성조선위원회, 3)조선, 아세아, 아프리카 단결위원회, 4)인종격리제도반대 조선위원회가 있다. 종교 단체로는 1)조선기독교연맹, 2)조선불교도연맹, 3)조선천도교회중앙지도위원회, 4)조선천주교인연합회, 5)조선종교인협의회가 있다. 재외 단체로는 재일조선인총련합회(조총련)가 있다.[52)

◆초급당조직(조선로동당 규약 제38조 제17행)

〈초급당(初級黨)∨ 조직(組織)〉과 같은 뜻으로 쓰이며 "조선로동당 규약 제6장 제42조 2)항에 따라 당원 31명 이상이 있는 단위에 조직한 조선로동당 조직(組織)."을 이르는 말.

◆지도방조한다(조선로동당 규약 제38조 제18행)

〈지도하고∨ 방조한다〉와 같은 뜻으로 쓰이는 문구.

◆할수 있도록(조선로동당 규약 제38조 제20행)

〈할∨ 수∨ 있도록〉과 같은 뜻으로 쓰이는 문구.

◆리행(조선로동당 규약 제38조 제21행)

〈이행(移行)〉과 같은 뜻으로 쓰이는 말로 여기서 눈여겨봐야 할 점은 한자어를 한글로 적을 때 적용하는 두음 법칙에 관한 남북한 간의 어문 규정의 차이점을 이해하는 것이다.

남한은 한글 맞춤법 제3장 제5절 두음 법칙 제11항 "한자음 〈라, 려, 례, 료, 리〉가 단어의 첫머리에 올 적에는 두음 법칙에 따라 〈야, 여, 예, 요, 유, 이〉로 적는다."는 규정에 따라 〈移行〉을 〈이행〉으로 적어야 바른 문장이 된다.

그러나 북한은 조선말규범집 제7장 한자말 적기 제25항 "한자말은 소리마디마다 해당 한자음대로 적는 것을 원칙으로 한다."는 규정에 따라 한자어 〈移行〉은 〈락원, 로동, 례외, 례절, 례의, 대렬, 규률〉 등과 같이 〈리행〉으로 적어야 바른 문장이 된다.

◆로농적위대(조선로동당 규약 제38조 제24행)

---

52)북한총람 2002년판 235면.

〈노농적위대(勞農赤衛隊)〉와 같은 뜻으로 쓰이는 말로 "조선로동당의 비상비적 혁명 무력으로서 사회주의 건설에 직접 참가하고 있는 노동자 농민을 비롯한 근로자들로 조직된 무장 조직(군사 조직)"을 이르는 말.

◆**정치사상교양**(조선로동당 규약 제38조 제24행)
〈정치∨ 사상교양(政治思想敎養)〉과 같은 뜻으로 쓰이는 정치 용어로 "근로자들과 새 세대들을 정치 사상적으로, 정신 도덕적으로 준비시키기 위한 교양"을 이르는 말.
북한은 "정치 사상교양은 공산주의적 인간 개조에서 언제나 기본적으로 틀어쥐고 나갈 가장 중요한 사업이며 그것은 과학 기술 교육, 체육교육과 함께 공산주의적 인간 육성을 위한 사회주의 교육의 주요 내용을 이룬다"고 교양하고 있다.

◆**시(구역), 군당위원회**(조선로동당 규약 제39조 제1행)
〈시(구역)∨ 당∨ 위원회〉와 〈군∨ 당∨ 위원회〉가 합쳐져 있는 말로 "조선로동당 규약 제5장 제39조에 따라 시(구역)와 군 지역에 조직된 지방 당 지도 기관"을 이르는 말. (기능 및 임무는 규약 제38조 해설 참조)

◆**시(구역), 군당위원회 전원회의**(조선로동당 규약 제39조 제2행)
〈시(구역)∨ 당∨ 위원회∨ 전원회의〉와 〈군∨ 당∨ 위원회∨ 전원회의〉가 합쳐져 있는 말로 "조선로동당 규약 제5장 제39조에 따라 시(구역)와 군 지역에 조직된 지방 당 기관"을 이르는 말.
시(구역), 군 당 위원회 전원회의는 당의 노선과 정책의 집행 방법을 토의, 결정하며 시(구역), 군 당 위원회의 집행위원회, 책임비서와 비서를 선거하고 비서처를 조직하며, 시(구역), 군 당 위원회의 군사 위원회와 검열 위원회를 선거한다.

◆시(구역), 군당위원회의 집행위원회(조선로동당 규약 제39조 제3행)

〈시(구역)∨ 당∨ 위원회∨ 집행위원회〉와 〈군∨ 당∨ 위원회∨ 집행위원회〉가 합쳐져 있는 말로 "조선로동당 규약 제5장 제39조에 따라 시(구역)과 군 지역에 조직된 지방 당 기관"을 이르는 말.

시(구역), 군 당 위원회의 집행위원회는 전원회의와 전원회의 사이에 1개월에 2회 이상 회의를 소집해 시(구역), 군 당 위원회의 명의로 당내 사업을 조직하고 행정 및 경제사업을 지도한다.

◆시(구역), 군당위원회 비서처(조선로동당 규약 제38조 제4행)

〈시(구역)∨ 당∨ 위원회∨ 비서처〉와 〈군∨ 당∨ 위원회∨ 비서처〉가 합쳐져 있는 말로 "조선로동당 규약 제5장 제39조에 따라 시(구역)와 군 지역에 조직된 지방 당 기관"을 이르는 말.

시(구역), 군 당 위원회 비서처는 문제 제기시마다 인사 행정 등 당내 사업에 관한 문제를 결정하며 그 결정을 집행한다.

◆시(구역), 군당위원회의 군사위원회(조선로동당 규약 제39조 제4행)

〈시(구역)∨ 당∨ 위원회∨ 군사∨ 위원회〉와 〈군∨ 당∨ 위원회∨ 군사∨ 위원회〉가 합쳐져 있는 말로 "조선로동당 규약 제5장 제39조에 따라 시(구역)와 군 지역에 조직된 지방 당 기관"을 이르는 말.

시(구역), 군 당 위원회 군사 위원회는 당의 군사정책 집행 방법을 토의 결정하며 그 집행을 조직 지도한다.

◆시(구역), 군당위원회의 검열위원회(조선로동당 규약 제40조 제1행)

〈시(구역)∨ 당∨ 위원회∨ 검열∨ 위원회〉와 〈군∨ 당∨ 위원회∨ 검열∨ 위원회〉가 합쳐져 있는 말로 "조선로동당 규약 제5장 제39조에 따라 시(구역)와 군 지역에 조직된 지방 당 기관"을 이르는 말.

시(구역), 군 당 위원회 검열 위원회는 반당, 반혁명적 종파행위 등 당의 유일사상 체계에 어긋나는 행위를 하거나 당의 노선과 정책 및 규약을 준수하지 않아 당 규율을 위반한 당원에게 책임을 추궁하며, 당 규율 문제와 관련된 당원의 신소를 심의하여 처리한다.

◆**반당**(조선로동당 규약 제40조 제1행)
〈반당(反黨)〉과 같은 뜻으로 쓰이는 정치 용어로 이 규약에서는 "조선로동당의 규약을 어기거나 결정에 반대하는 것"을 이르는 말.

◆**반혁명적종파행위**(조선로동당 규약 제40조 제1행)
〈반혁명적(反革命的)∨ 종파(宗派)∨ 행위(行爲)〉와 같은 뜻으로 쓰이는 정치 용어로 이 조문에서는 "조선로동당의 유일사상 체계에 어긋나거나 사회주의사회 발전과 근로 인민대중의 자주성 실현을 억제하는 착취계급 — 제국주의, 식민주의자와 지주, 자본가, 반동 관료배 등 모든 계급적 원수들이 자기 개인이나 분파의 이익만을 추구하는 반동적인 행위 전체"를 아울러서 부르는 말.

◆**유일사상체계**(조선로동당 규약 제40조 제2행)
〈당의∨ 유일사상(唯一思想)∨ 체계(體系)〉 또는 〈수령의∨ 혁명∨ 사상∨ 체계〉와 같은 뜻으로 쓰이는 정치용어로 이 규약에서는 "전당에 수령의 혁명 사상만이 유일적으로 지배하게 하고 수령의 유일적 영도 아래 전당이 하나와 같이 움직일 것을 요구하는 수령의 사상 체계와 영도 체계"를 이르는 말.53)

---

53)자세한 설명은 본서 130면의 〈유일사상체계〉 해설 참조.

〈규약 원문 11〉

제6장   당의 기층조직

41. 당의 최하기층조직은 당세포이다.

    당세포는 당원생활의 거점이며 당주위에 대중을 집결시키고 대중속에서 당의 로선과 정책을 직접 수행하는 당의 전투단위이다.

42. 당의 기층조직의 조직방법은 다음과 같다.

    1)당세포는 당원 5명에서 30명까지의 단위에 조직한다.

        당원 5명미만의 단위에는 당세포를 두지않고, 그 단위의 당원 또는 후보당원은 린접 당세포에 소속시키거나 작업성격과 린접관계를 고려하여 2개이상 단위의 당원을 합병하여 1개의 당세포를 조직할수 있다.

        특수한 경우에는 당원 3~4명이 있는 단위 또는 30명이상의 단위에도 당세포를 조직할수 있다.

        당원 3명미만의 단위에는 시(구역), 군당위원회가 추천하는 당원을 책임자로 하는 당소조를 조직할수 있다.

    2)당원 31명이상이 있는 단위에는 초급당조직을 둔다.

    3)초급당조직과 당세포사이에 당원 31명이상이 있는 생산단위나 기타 생활단위에는 부문(마을)당조직을 둘수 있다.

    4)초급당, 부문당 또는 당세포의 조직형성만으로는 당기층조직구성이 부적당한 경우에는 초급당조직과 부문당조직사이에 있는 생산단위나 기타 활동단위에 분초급당위원회를 조

직할수 있다.

5)이상의 모든 당조직형태가 현실에 부합되지 않는 경우에는 당중앙위원회의 비준을 얻어 실정에 맞는 다른 당조직형성을 취할수 있다.

43. 당기층조직의 최고지도기관은 해당조직의 총회(대표회)이다.

1)당세포총회는 1개월에 1회이상 소집한다.

2)초급당, 분초급당, 부문(마을)당의 총회(대표회)는 3개월에 1회이상 소집한다.

초급당조직이 500명이상의 당원 또는 후보당원으로 구성되어 있거나 그 솔하조직들이 널리 분산되어 있을 경우에는 초급 당조직의 총회를 1년에 1회이상 소집할수 있다.

44. 당의 기층조직은 1년임기의 해당조직을 집행기관을 선거한다.

1)당세포는 총회에서 비서와 부비서를 선거한다.

2)초급당위원회, 분초급위원회, 부문(마을)당위원회는 각각 당 총회(대표회)에서 선거하며 비서, 부비서는 각각 당위원회 회의에서 선거한다.

초급당 및 분초급당위원회는 필요에 따라 각각 집행위원회를 선거할수 있다.

초급당위원회는 1개월에 3회이상, 분초급당위원회와 부문 (마을)당위원회는 1개월에 2회이상 회의를 소집하며 집행위원회가 조직된 초급당 및 분초급당위원회는 1개월에 1회이상 위원회 회의를 소집하며 집행위원회 회의는 1개월에 2회 이상 소집한다.

3)중앙기관의 당조직은 당지도위원회를 조직할수 있다.

(규약 원문 170쪽에서 다시 이어집니다.)

◆당의 기층조직(조선로동당 규약 제42조 제1행)

〈조선로동당∨ 기층∨ 조직〉과 같은 뜻으로 쓰이는 문구로 "조선로동당의 기초가 되는 밑층 조직"을 이르는 말.[54]

◆당의 최하기층조직(조선로동당 규약 제41조 제1행)

〈조선로동당의∨ 최하∨ 기층∨ 조직(最下基層組織)〉과 같은 뜻으로 쓰이는 문구로 "조선로동당의 기초가 되는 최하 밑층 조직, 즉 당 세포"를 이르는 말.

◆당세포(조선로동당 규약 제42조 제1항 제1행)

〈조선로동당∨ 세포(細胞)〉와 같은 뜻으로 쓰이는 문구로 "당의 최하 기층 조직"을 이르는 말.

당 세포는 당원 생활의 거점이며 당 주위에 대중을 집결시키고 대중 속에서 당의 노선과 정책을 직접 수행하는 당의 전투단위이다.

당 세포는 당원 5명에서 30명까지의 단위에 조직한다. 당원 5명 미만의 단위에는 당 세포를 두지 않고, 그 단위의 당원 또는 후보당원은 인접 당 세포에 소속시키거나 작업 성격과 인접 관계를 고려하여 2개 이상 단위의 당원을 합병하여 1개의 당 세포를 조직할 수 있다. 특수한 경우에는 당원 3~4명이 있는 단위 또는 30명 이상의 단위에도 당 세포를 조직할 수 있다.

◆린접당세포(조선로동당 규약 제42조 제1항 제3행)

〈인접(隣接)∨ 당∨ 세포(黨細胞)〉와 같은 뜻으로 쓰이는 문구.

◆린접관계(조선로동당 규약 제42조 제1항 제4행)

---

54)자세한 설명은 본서 154면의 〈당기층조직〉 해설 참조.

〈인접∨ 관계(隣接關係)〉와 같은 뜻으로 쓰이는 말.

◆**당소조**(조선로동당 규약 제42조 제1항 제9행)

〈조선로동당∨ 소조(小組)〉와 같은 뜻으로 쓰이는 정치 용어로 "조선로동당의 목적이나 지향 아래 짜여진 작은 결성체"를 이르는 말.

이 규약에서는 조선로동당 규약 제6장 제42조 1)항에 따라 당원 3명 미만의 단위에 시(구역)나 군 당 위원회가 추천하는 당원을 책임자로 앉혀 당 사업을 관철해 나가는 조선로동당 둘레의 정당원, 후보당원, 비당원으로 짜여진 당 결성체를 말한다.

◆**초급당조직**(조선로동당 규약 제42조 제3항 제1행)

〈초급당(初級黨)〉과 같은 뜻으로 쓰이며 "조선로동당 규약 제6장 제42조 2)항에 따라 당원 31명 이상이 있는 단위에 조직한 조선로동당 조직."을 이르는 말.

◆**당세포사이**(조선로동당 규약 제42조 제3항 제1행)

〈당세포∨ 사이〉와 같은 뜻으로 쓰이는 문구로 여기서 눈여겨보아야 할 동강은 〈사이, 앞, 옆, 뒤, 끝, 속, 밖, 안, 우(위), 아래〉 따위 시간과 공간의 뜻을 추상적으로 나타내는 고유어명사의 띄어쓰기에 관한 남북한 간의 어문 규정의 차이점을 이해하는 것이다.

남한은 한글 맞춤법 제1장 총칙 제2항 "문장의 각 단어는 띄어 씀을 원칙으로 한다."와 제5장 띄어쓰기 제1절 제41항 "조사는 그 앞말에 붙여 쓴다."는 규정에 따라 〈당∨ 세포〉란 복합어와 〈사이〉라는 명사 사이는 〈당∨ 세포∨ 사이〉처럼 띄어 써야 바른 문장이 된다.

그러나 북한은 조선말규범집 띄어쓰기 제1장 명사와 관련한 띄어쓰기 제3항 3)번 규정에 따라 "시간과 공간의 뜻을 추상적으로 나타내는 고유어 명사 〈앞, 옆, 뒤, 끝, 속, 밖, 안, 우(위), 아래, 밑, 사이(새), 때, 제, 곁,

길, 군데, 해, 달, 날, 낮, 밤, 곳, 자리, 고장, 어간, 어구, 가운데, 구석〉
등은 토 없는 명사, 수사, 대명사 뒤에서 붙여 쓰며 일부 경우에는 규정
형 뒤에서도 붙여 쓴다."고 규정되어 있다. 그래서 시간과 공간의 뜻을
추상적으로 나타내는 〈당세포사이, 인민들사이의, 공민사이에, 1개월사이
에〉와 같은 고유어명사들은 토 없는 명사, 수사, 대명사 뒤에 그대로 붙
여 써야 바른 문장이 된다.

◆**생산단위**(조선로동당 규약 제42조 제3항 제2행)

〈생산단위(生産單位)〉와 같은 뜻으로 쓰이는 말로 "각 분야별로 생산성을
지닌 산업체의 크기나 노동력 규모에 따라 나눈 등급"을 이르는 말.

◆**부문(마을)당조직**(조선로동당 규약 제42조 제3항 제2행)

〈부문(마을)당∨ 조직〉과 같은 뜻으로 쓰이는 정치 용어로 조선로동당
규약 제6장 제42조 3)항에 따라 "초급당 조직과 당 세포 사이에 조선로
동당원 31명 이상이 있는 생산 단위나 기타 생활 단위에 조직하는 당 기
층 조직"을 이르는 말.

◆**초급당**(조선로동당 규약 제42조 제4항 제1행)

〈초급당(初級黨) 조직(組織)〉과 같은 뜻으로 쓰이며 조선로동당 규약 제6
장 제42조 2)항에 따라 "당원 31명 이상이 있는 단위에 조직한 조선로동
당 조직"을 이르는 말.

◆**부문당**(조선로동당 규약 제42조 제4항 제1행)

〈부문당(部門黨)〉 또는 〈부문(마을)당∨ 조직〉과 같은 뜻으로 쓰이는 정
치 용어로 조선로동당 규약 제6장 제42조 3)항에 따라 "초급당 조직과
당 세포 사이에 조선로동당원 31명 이상이 있는 생산 단위나 기타 생활

단위에 조직하는 당 기층 조직"을 이르는 말.

◆당기층조직구성(조선로동당 규약 제42조 제4항 제1행)

〈당∨ 기층∨ 조직∨ 구성(黨基層組織構成)〉과 같은 뜻으로 쓰이는 말로 기층 조직을 구성하는 방법은 다음과 같다.

1)당 세포는 당원 5명에서 30명까지의 단위에 조직하며 당원 5명 미만의 단위에는 당 세포를 두지 않고, 그 단위의 당원 또는 후보당원은 인접 당 세포에 소속시키거나 작업 성격과 인접 관계를 고려하여 2개 이상 단위의 당원을 합병하여 1개의 당 세포를 조직할 수 있다. 특수한 경우에는 당원 3~4명이 있는 단위 또는 30명 이상의 단위에도 당 세포를 조직할 수 있다. 당원 3명 미만의 단위에는 시(구역), 군 당 위원회가 추천하는 당원을 책임자로 하는 당 소조를 조직할 수 있다. 2)당원 31명 이상이 있는 단위에는 초급당 조직을 둔다. 3)초급당 조직과 당 세포 사이에 당원 31명 이상이 있는 생산 단위나 기타 생활 단위에는 부문(마을)당 조직을 둘 수 있다. 4)초급당, 부문당 또는 당 세포의 조직 형성만으로는 당 기층 조직 구성이 부적당한 경우에는 초급당 조직과 부문당 조직 사이에 있는 생산 단위나 기타 활동 단위에 분초급 당 위원회를 조직할 수 있다. 5)이상의 모든 당 조직 형태가 현실에 부합되지 않는 경우에는 당 중앙 위원회의 비준을 얻어 실정에 맞는 다른 당 조직 형성을 취할 수 있다.

그다음 눈여겨보아야 할 동강은 같은 명사끼리 토 없이 2중 3중으로 어울린 경우 띄어쓰기에 관한 남북한 간의 어문 규정의 차이점을 이해하는 것이다.

남한은 한글 맞춤법 제1장 총칙 제2항 "문장의 각 단어는 띄어 씀을 원칙으로 한다."는 규정에 따라 〈당∨ 기층조직∨ 구성〉이라고 낱말과 낱말 사이(∨표 한 곳)는 띄어 써야 바른 문장이 된다.

그러나 북한에서는 조선말규범집 띄어쓰기 제1장 명사와 관련한 띄어쓰기 제2항 1)—(6)번 "같은 명사끼리 토 없이 어울린 경우에는 하나의 개념을 가지고 하나의 대상으로 묶어지는 덩이는 붙여 쓴다."는 규정에 따라 〈당기층조직구성, 주체혁명위업, 국기사용질서, 국기대끝, 국기대줄, 국기대촉, 공화국공민, 사회주의건설, 공산주의건설자, 사회주의농촌건설, 물고기잡이전투〉 등과 같이 같은 명사끼리 토 없이 어울린 경우에는 "하나의 개념을 가지고 하나의 대상으로 묶어지는 덩이"로 보고 붙여 써야 바른 문장이 된다.

◆**초급당조직**(조선로동당 규약 제42조 제4항 제2행)
〈초급당(初級黨)∨ 조직(組織)〉 또는 〈초급당(初級黨)〉과 같은 뜻으로 쓰이며 조선로동당 규약 제6장 제42조 2)항에 따라 "당원 31명 이상이 있는 단위에 조직한 조선로동당 조직"을 이르는 말.

◆**부문당조직**(조선로동당 규약 제42조 제4항 제2행)
〈부문(마을)당∨ 조직〉과 같은 뜻으로 쓰이는 정치 용어로 조선로동당 규약 제6장 제42조 3)항에 따라 "초급당 조직과 당 세포 사이에 조선로동당원 31명 이상이 있는 생산 단위나 기타 생활 단위에 조직하는 당 기층 조직"을 이르는 말.

◆**부문당조직사이**(조선로동당 규약 제42조 제4항 제2행)
〈부문당∨ 조직과∨ 조직∨ 사이〉와 같은 뜻으로 쓰이는 문구.

◆**분초급당위원회**(조선로동당 규약 제42조 제4항 제3행)
〈분초급∨ 당∨ 위원회(分秒級黨委員會)〉와 같은 뜻으로 쓰이는 정치 용어로 조선로동당 규약 제6장 제42조 4)항에 따라 "초급당, 부문당 또는 당 세포의 조직 형성만으로는 당 기층조직 구성이 부적당한 경우 초급당 조직과 부문당 조직 사이에 있는 생산 단위나 기타 활동 단위에 조직하는 당 기층 조직"을 이르는 말.

◆1개월에 1회이상(조선로동당 규약 제43조 제1항 제1행)

〈1개월에 1회 이상〉과 같은 뜻으로 쓰이는 문구로 여기서 눈여겨보아야 할 동강은 어떤 명사 뒤에 〈부문, 분야, 기관, 담당, 관계, 이상(以上), 이하(以下) 등이 뒤따라와 함께 쓰이는 경우 띄어쓰기에 관한 남북한 간의 어문 규정의 차이점을 이해하는 것이다.

남한은 한글 맞춤법 제1장 총칙 제2항 "문장의 각 단어는 띄어 씀을 원칙으로 한다."는 규정에 따라 〈1회∨ 이상(以上)〉이라고 복합어인 〈1회〉란 말과 〈이상(以上)〉이란 낱말 사이(∨표 한 곳)를 띄어 써야 바른 문장이 된다. 이의 반대 개념인 〈1회∨ 이하(以下)〉도 마찬가지다.

그러나 북한은 조선말규범집 띄어쓰기 제1장 명사와 관련한 띄어쓰기 제3항의 규정에 따라 앞의 명사가 〈부문, 분야, 기관, 담당, 관계, 이상(以上), 이하(以下)…〉 등과 함께 쓰이는 경우에 이 단어들은 앞 단위에 붙여 쓰며 〈부문, 분야, 기관, 담당, 관계, 이상(以上), 이하(以下)…〉의 뒤에 오는 단위는 띄어 쓰게끔 규정되어 있다. 그래서 〈1개월에 1회이상, 소대장이상 간부들, 19살이하 청년들, 19살이상 처녀들〉은 수사나 명사 뒤에 그대로 붙여 써야 바른 문장이 된다.

◆3개월에 1회이상(조선로동당 규약 제43조 제2항 제1행)

〈3개월에∨ 1회∨ 이상〉과 같은 뜻으로 쓰이는 문구.

◆500명이상의(조선로동당 규약 제43조 제2항 제3행)

〈500명∨ 이상의〉와 같은 뜻으로 쓰이는 문구.

◆그 솔하조직(조선로동당 규약 제43조 제2항 제4행)

〈그∨ 솔하(率下)∨ 조직(組織)〉과 같은 뜻으로 쓰이는 말로 "거느리고 있는 어떤 단체나 조직의 하부 단위들"을 이르는 말.

◆1년에 1회이상(조선로동당 규약 제43조 제2항 제5행)

〈1년에∨ 1회∨ 이상〉과 같은 뜻으로 쓰이는 문구.

◆소집할수 있다(조선로동당 규약 제43조 제2항 제5행)

〈소집할∨ 수∨ 있다〉와 같은 뜻으로 쓰이는 문구.

◆1년임기의(조선로동당 규약 제44조 제1행)

〈1년∨ 임기의〉와 같은 뜻으로 쓰이는 문구.

◆선거할수 있다(조선로동당 규약 제44조 제2항 제4행)

〈선거할∨ 수∨ 있다〉와 같은 뜻으로 쓰이는 문구로 여기서 눈여겨보아야 할 동강은 〈것, 수, 분〉 따위의 의존 명사(불완전 명사)의 띄어쓰기에 관한 남북한 간의 어문 규정의 차이점을 이해하는 것이다.

남한은 한글 맞춤법 제5장 띄어쓰기 제2절 제42항 "의존 명사(불완전 명사)는 띄어 쓴다."는 규정에 따라 〈것, 수, 분, 탓, 나위, 지, 리, 번, 양〉 등의 의존 명사는 〈선거할∨ 수〉처럼 앞말과 띄어 써야 바른 문장이 된다.

그러나 북한은 조선말규범집 띄어쓰기 제1장 명사와 관련한 띄어쓰기 제3항 1)번 규정에 따라 〈것, 수, 분, 탓, 나위, 지, 리, 번, 양〉 등과 같은 "순수한 불완전 명사는 앞 단어가 어떤 품사이건, 어떤 형태에 놓여 있건 언제나 그것에 붙여 쓴다." 또 조선말규범집 띄어쓰기 제1장 명사와 관련한 띄어쓰기 제3항 2)번 규정 〈상, 중, 간, 판, 경, 항, 측, 장, 조, 전, 편, 산, 호, 성, 하, 전, 후, 내, 외, 차, 초, 말, 발, 착, 행, 년, 부, 별, 용, 분, 과, 급, 당, 기, 계, 래, 형, 제, 식, 상(모양), 적〉 등과 같은 한자말이나 불완전 명사(의존 명사)와 〈뒤붙이적 단어〉는 그 앞 단위에 붙여

쓰게끔 규정되어 있기 때문에 〈선거할〉 다음에 오는 불완전 명사 〈수〉
는 어떤 경우에도 〈선거할수〉처럼 앞말에 붙여 써야 바른 문장이 된다.

◆**1개월에 3회이상**(조선로동당 규약 제44조 제2항 제6행)
〈1개월에∨ 3회∨ 이상〉과 같은 뜻으로 쓰이는 문구.

◆**1개월에 2회이상**(조선로동당 규약 제44조 제2항 제7행)
〈1개월에∨ 2회∨ 이상〉과 같은 뜻으로 쓰이는 문구.

◆**조직할수 있다**(조선로동당 규약 제44조 제3항 제1행)
〈조직할∨ 수∨ 있다〉와 같은 뜻으로 쓰이는 문구.

〈규약 원문 12〉

45. 당기층조직의 임기는 다음과 같다.

1)당원들과 근로대중속에서 당의 유일사상체계를 철저히 확립 하며 그들을 당의 유일사상으로 튼튼히 무장시키며 그들이 당의 로선과 정책을 무조건 접수하여 끝까지 옹호관철하도록 하며, 당의 유일사상에 어긋나는 자본주의사상, 봉건적유교 사상, 수정주의, 교조주의, 맹종주의, 종파주의, 지방주의 및 가족주의에 대해 견결히 투쟁하며 주체사상에 기초한 당의 통일과 단결을 끊임없이 강화한다.

2)하급간부대렬을 튼튼히 꾸리고 그들을 조직적으로 훈련시키며, 당핵심을 주지, 교양하며 부단히 그 대렬을 확대, 강화한다.

3)당원들의 당생활을 강화하고 그들의 당성을 단련한다.

당원들속에 당규약학습을 정기적으로 조직하며, 그들에게 항상 혁명을 위한 사고와 행동을 하도록 하고, 모든 활동에서 선봉적인 역할을 하도록 당의 임무를 부여하며, 높은 정치사 상적수준에서의 당회의와 당생활총화를 수행하며 당원의 당생활을 철저히 파악하고, 그들을 교양하며, 당원들을 혁명가로 개조하고 비판을 통한 사상투쟁을 강화한다.

당원이 과오를 범했을 경우에는 책임을 추궁하고 그 과오를 시정하도록 그를 방조한다.

4)당원 적임자를 발견 등록하며 그들을 조직적으로 교양하여 심사후 자격자를 입당시키며 후보당원과 새로 입당한 당원들을 교양훈련시킨다.

5)당원들과 근로대중의 사상교양사업을 강화한다.

당원들과 근로대중에 대해 주체사상, 당정책, 혁명전통교양 및 계급교양이 주내용인 공산주의교육과 사회주의적애국교양을 강화하며혁명화 로동계급화를 통해 그들을 당두리에 결속시킨다.

6)근로대중의 요구와 의견을 겸손히 접수하고 그것을 제때에 해결하여 주며 그들의 물질문화생활수준을 향상시키기 위하여 부단히 노력하며 모든 단위와 직장에서 계통과 질서를 확립하며 반혁명분자들에 대한 투쟁을 강화한다.

7)근로대중의 사회조직을 강화하고 그들에게 사업방향과 방법을 제시하며 그들이 자기의 의무를 정확히 수행하도록 감독한다.

8)모든 사업활동에서 항일유격대식사업방법 및 청산리정신과 방법을 적용하고 정치사업을 선행시키며 행정 및 경제사업에 대한 효과적인 지도를 통해 혁명과업을 성과적으로 보장한다.

모든 당원들과 근로대중이 그들의 혁명과업을 충실히 수행하고 생산과 건설에서 끊임없이 혁신을 일으키며 3대혁명붉은기쟁취운동과 사회주의경쟁운동에 적극 참가하여 기술혁신운동을 촉진하며 로동생산능률을 제고하고 로동규율을 강화하며 법령을 준수하고 국가와 사회재산을 애호절약하도록 그들을 조직, 고무한다.

9)로농적위대를 강화하고 그들의 정치, 사상, 교양 및 군사훈련을 강화하여 당이 부를때 항시 동원할수 있도록 준비한다.

10)당원과 후보당원을 등록하며 당비를 거출하여 자기 사업에 관해 상급당위원회에 정기적으로 보고한다.

(규약 원문 184쪽에서 다시 이어집니다.)

◆로선(조선로동당 규약 제45조 제1항 제2행)

〈노선(路線)〉과 같은 뜻으로 쓰이는 정치 용어로 이 조문에서는 어떤 목적을 실현하기 위한 행동이나 견해의 큰 방향을 뜻한다.

여기서 눈여겨보아야 할 동강은 한자어 낱말을 한글로 표기할 때 두음 법칙과 관련된 남북한 간의 어문 규정의 차이점을 이해하는 것이다.

남한에서는 한자어 낱말을 한글로 적을 때는 한글 맞춤법 제3장 제5절 두음 법칙 제12항 "한자음 〈라, 래, 로, 뢰, 루, 르〉가 단어의 첫머리에 올 적에는 〈나, 내, 노, 뇌, 누, 느〉로 적는다."는 규정에 따라 〈勞苦〉는 〈노고〉로, 〈路線〉은 〈노선〉으로, 〈勞動〉은 〈노동〉으로, 〈年齡〉은 〈연령〉으로 적어야 바른 문장이 된다.

그러나 북한은 조선말규범집 제7장 한자말 적기 제25항 "한자말은 해당 한자음대로 적는 것을 원칙으로 한다."는 규정에 따라 〈勞苦〉는 〈로고〉로, 〈路線〉은 〈로선〉으로, 〈勞動〉은 〈로동〉으로, 〈年齡〉은 〈년령〉으로 적어야 바른 문장이 된다.

◆옹호관철(조선로동당 규약 제45조 제1항 제3행)

〈옹호(擁護)〉라는 한자어 명사와 〈관철(貫徹)〉이라는 한자어 명사를 합쳐서 만든 복합어로 이 규약에서는 "당의 노선과 정책을 두둔하고 편들어 지키면서 당이 요구하는 것을 그 어떤 어려움이 있어도 뚫고 나아가 기어이 그 목적을 이루는 것"을 뜻한다.

◆유일사상(조선로동당 규약 제45조 제1항 제3행)

〈당의∨ 유일사상(唯一思想)〉 또는 〈수령의∨ 혁명사상〉과 같은 뜻으로 쓰이는 정치 용어로 "김일성 유일 지배 체제를 확립하기 위해 전체 주민을 오직 김일성이 생각하는 대로 사고하고, 가르치는 대로 행동하는 입장과 사상 관점"을 이르는 말.

◆**자본주의사상**(조선로동당 규약 제45조 제1항 제4행)

〈자본주의(資本主義)∨ 사상(思想)〉과 같은 뜻으로 쓰이는 문구.55)

◆**봉건적유교사상**(조선로동당 규약 제45조 제1항 제4행)

〈봉건적∨ 유교∨ 사상(封建的儒敎思想)〉과 같은 뜻으로 쓰이는 정치 용어.56)

◆**수정주의**(조선로동당 규약 제45조 제1항 제4행)

〈수정주의(修正主義)〉와 같은 뜻으로 쓰이는 정치 용어.57)

◆**교조주의**(조선로동당 규약 제45조 제1항 제4행)

〈교조주의(敎條主義)〉와 같은 뜻으로 쓰이는 정치 용어.58)

◆**맹종주의**(조선로동당 규약 제45조 제1항 제5행)

〈맹종주의(盲從主義)〉와 같은 뜻으로 쓰이는 정치 용어.59)

◆**종파주의**(조선로동당 규약 제45조 제1항 제5행)

〈종파주의(宗派主義)〉와 같은 뜻으로 쓰이는 정치 용어.60)

◆**지방주의**(조선로동당 규약 제45조 제1항 제5행)

〈지방주의(地方主義)〉와 같은 뜻으로 쓰이는 정치 용어.61)

---

55)자세한 설명은 본서 46면의 〈자본주의사상〉 해설 참조.
56)자세한 설명은 본서 82면의 〈봉건적유교사상〉 해설 참조.
57)자세한 설명은 본서 82면의 〈수정주의〉 해설 참조.
58)자세한 설명은 본서 83면의 〈교조주의〉 해설 참조.
59)자세한 설명은 본서 132면의 〈맹종주의〉 해설 참조.
60)자세한 설명은 본서 83면의 〈종파주의〉 해설 참조.
61)자세한 설명은 본서 84면의 〈지방주의〉 해설 참조.

◆가족주의(조선로동당 규약 제45조 제1항 제5행)

〈가족주의(家族主義)〉와 같은 뜻으로 쓰이는 정치 용어.[62]

◆대렬(조선로동당 규약 제45조 제2항 제2행)

〈대열(隊列)〉과 같은 뜻으로 쓰이는 말로 여기서 눈여겨봐야 할 동강은 한자어 낱말을 한글로 적을 때 적용하는 두음 법칙과 〈모음(아, 에, 이, 오, 우)〉이나 〈니은(ㄴ)〉 받침 뒤에 이어지는 한자어 〈列, 率(렬, 률)〉의 표기법에 관한 남북한 간의 어문 규정의 차이점을 이해하는 것이다.

남한에서는 한자어 낱말을 한글로 적을 때는 한글 맞춤법 제3장 제5절 두음 법칙 제11항 "한자음 〈랴, 려, 례, 료, 리〉가 단어의 첫머리에 올 적에는 〈야, 여, 예, 요, 유, 이〉로 적는다." 그렇지만 "단어의 첫머리 이외의 경우에는 본음대로 적고 〈모음(아, 에, 이, 오, 우)〉이나 〈니은(ㄴ)〉 받침 뒤에 이어지는 〈렬, 률〉은 〈열, 율〉로 적는다."는 규정에 따라 〈隊列〉은 〈대열〉로, 〈規律〉은 〈규율〉로, 〈比率〉은 〈비율〉로 적어야 바른 문장이 된다.

그러나 북한은 조선말규범집 제7장 한자말 적기 제25항 "한자말은 해당 한자음대로 적는 것을 원칙으로 한다."는 규정에 따라 한자어 〈隊列〉은 〈대렬〉로, 〈規律〉은 〈규률〉로, 〈比率〉은 〈비률〉로 적어야 바른 문장이 된다.

◆당성(조선로동당 규약 제45조 제3항 제1행)

〈당성(黨性)〉과 같은 뜻으로 쓰이는 정치 용어로 "당과 수령에 대한 무한한 충실성"을 뜻하는 말.

북한은 "당성이란 당에 대한 끝없는 충실성이다. 이것은 맑스—레닌주의 세계관에 기초한 높은 계급적 각성이며 당과 혁명을 보위하며 당 정책을

---

[62]자세한 설명은 본서 84면의 〈가족주의〉 해설 참조.

관철하기 위하여서는 물불을 가리지 않고 투쟁하는 백절불굴의 혁명 정신"이라고 설명하고 있다.

◆**당규약학습**(조선로동당 규약 제45조 제3항 제2행)

〈당(黨)∨ 규약(規約)∨ 학습(學習)〉과 같은 뜻으로 쓰이는 문구.

◆**정치사상적수준**(조선로동당 규약 제45조 제3항 제4행)

〈정치적∨ 수준〉과 〈사상적∨ 수준〉을 합쳐놓은 문구로 여기서 눈여겨보아야 할 동강은 같은 한자어 명사와 명사가 토(조사) 없이 2중 3중으로 어울린 문구의 띄어쓰기에 관한 남북한 간의 어문 규정의 차이점을 이해하는 것이다.

남한은 한글 맞춤법 제1장 총칙 제2항 "문장의 각 단어는 띄어 씀을 원칙으로 한다."는 규정에 따라 〈정치∨ 사상적∨ 수준〉이라고 낱말과 낱말 사이(∨표 한 곳)는 띄어 써야 바른 문장이 된다.

그러나 북한에서는 조선말규범집 띄어쓰기 제1장 명사와 관련한 띄어쓰기 제2항 1)−(6)번 "같은 명사끼리 토 없이 어울린 경우 하나의 개념을 가지고 하나의 대상으로 묶어지는 덩이는 붙여 쓴다."는 규정에 따라 〈정치사상적수준, 주체혁명위업, 국기사용질서, 공화국공민, 사회주의건설, 공산주의건설자, 사회주의농촌건설, 물고기잡이전투〉 등과 같이 모두 붙여 써야 바른 문장이 된다.

◆**당생활총화**(조선로동당 규약 제45조 제3항 제5행)

〈조선로동당∨ 생활∨ 총화(生活總和)〉와 같은 뜻으로 쓰이는 문구.

조선로동당 규약 제4조 1)항부터 10)항까지의 의무를 준수하며 생활해 나가는 당원의 일상적 생활을 당 규약이 정해놓은 기간마다 총체적으로 결산하는 일.

◆**사상투쟁**(조선로동당 규약 제45조 제3항 제7행)

〈사상투쟁(思想鬪爭)〉과 같은 뜻으로 쓰이는 정치 용어로 "적대계급의 반동사상을 비롯하여 당의 유일사상과 어긋나는 온갖 낡은 사상과 그 표현을 반대하는 투쟁"을 아울러서 부르는 말.

북한은 "사상투쟁의 중요 대상은 근로자들 속에 남아 있는 낡은 봉건적, 부르주아적, 소부르주아적 사상 독소이며 외부에서 들어오는 반동적 자본주의 사상 독소를 배척하는 투쟁도 사상투쟁이며 경제투쟁, 정치투쟁과 함께 사상투쟁을 전개하지 않고서는 공산혁명을 완수할 수 없다"고 그 중요성을 강조하고 있다.

◆**주체사상**(조선로동당 규약 제45조 제5항 제2행)

〈주체사상(主體思想)〉과 같은 뜻으로 쓰이는 정치 용어로 "모든 것을 사람 중심으로 생각하고 사람을 위하여 복무하게 하는, 사람 중심의 세계관으로 근로 인민 대중의 자주성을 실현하기 위한 지도 사상"을 이르는 말.[63]

◆**당정책**(조선로동당 규약 제45조 제5항 제2행)

〈조선로동당∨ 정책(政策)〉과 같은 뜻으로 쓰이는 문구.

◆**혁명전통교양**(조선로동당 규약 제45조 제5항 제2행)

〈혁명∨ 전통∨ 교양(革命傳統敎養)〉과 같은 뜻으로 쓰이는 정치 용어.[64]

◆**계급교양**(조선로동당 규약 제45조 제5항 제2행)

〈계급교양(階級敎養)〉과 같은 뜻으로 쓰이는 말로 "사회주의적 개조는 치

---

63)자세한 설명은 본서 43면, 135면의 〈주최사상〉 해설 참조.
64)자세한 설명은 본서 135면의 〈혁명전통교양〉 해설 참조.

열한 계급투쟁을 동반한다는 공산주의 교리에 따른, 북한 근로자들을 계급의식으로 무장시켜 그들로 하여금 사회주의를 건설하는 혁명 사업에 충실하도록 교양하는 정치 사상교육"을 이르는 말.65)

◆**공산주의교육**(조선로동당 규약 제45조 제5항 제3행)
〈공산주의(共産主義)∨ 교육(敎育)〉 또는 〈공산주의(共産主義)∨ 교양(敎養)〉과 같은 뜻으로 쓰이는 정치 용어로 "사람들의 의식 속에 남아 있는 낡은 사상 잔재와 유습을 청산하고 그들을 참다운 공산주의적 인간으로 개조하기 위한 교양"을 이르는 말.

북한이 실시하는 〈공산주의 교양〉의 주요 내용은 우선 "자본주의에 대한 사회주의, 공산주의의 우월성과 자본주의 멸망, 사회주의 승리의 필연성에 대한 교양, 조선로동당의 혁명전통 교양, 사회주의적 애국주의와 프롤레타리아 국제주의 교양, 집단주의와 노동에 대한 공산주의적 태도의 교양, 부단한 혁신, 부단한 전진의 혁명적 정신의 교양" 등으로 짜여 있다. 북한은 이러한 공산주의 교양을 철저히 받은 자를 "공산주의적인 인간형을 지닌 자"라고 부르며 이 공산주의적 인간형의 육성을 학교 교육 전반의 교육 이념으로 삼고 있다.66)

◆**사회주의적애국교양**(조선로동당 규약 제45조 제5항 제3행)
〈사회주의적(社會主義的)∨ 애국(愛國)∨ 교양(敎養)〉과 같은 뜻으로 쓰이는 문구로 "사회주의 조국을 사랑하고 그 융성 번영을 위하여 싸워나가는 정신으로 무장시키기 위한 사상교양"을 이르는 말.

◆**혁명화 로동계급화**(조선로동당 규약 제45조 제5항 제4행)

---

65)자세한 설명은 본서 136면의 〈계급교양〉 해설 참조.
66)북한실상교육용어해설집, 88면.

〈노동계급의∨ 혁명화,∨ 노동계급화〉와 같은 뜻으로 쓰이는 정치 용어로 "노동계급을 혁명적 세계관으로 무장시켜 공산주의적 인간으로 만드는 사업"을 아우르는 말.

◆**당두리**(조선로동당 규약 제45조 제5항 제4행)

〈조선로동당의∨ 두리〉와 같은 뜻으로 쓰이는 문구로 "조선로동당의 둘레"를 이르는 말.

◆**물질문화생활수준**(조선로동당 규약 제45조 제6항 제2행)

〈물질문화생활(物質文化生活)의∨ 수준(水準)〉과 같은 뜻으로 쓰이는 문구로 "사람들이 먹고 입고 쓰고 사는 것을 기본으로 하는 물질생활과 문화적 소양을 높이거나 문화적 재부를 향유하는 인간 생활의 수준"을 이르는 말.

◆**반혁명분자**(조선로동당 규약 제45조 제6항 제3행)

〈반혁명(反革命)∨ 분자(分子)〉와 같은 뜻으로 쓰이는 정치 용어로 이 규약에서는 "조선로동당의 유일사상 체계에 어긋나거나 사회주의 사회 발전과 근로 인민대중의 자주성 실현을 위한 사회주의 혁명 대열에 대립적인 견해나 행위를 보이는 인간 또는 그 개체"를 아울러서 부르는 말.

◆**항일유격대식사업방법**(조선로동당 규약 제45조 제8항 제1행)

〈항일유격대식(抗日遊擊隊式)∨ 사업(事業)∨ 방법(方法)〉과 같은 뜻으로 쓰이는 정치 용어로 이 조문에서는 "일제 식민 통치 시기 조선의 공산주의 유격대원들이 조국의 광복과 인민의 자유와 해방을 위하여 일본 군국주의 정부와 그 정부 산하의 무장력을 상대로 한 손에는 무장을 들고 전쟁을 벌이면서 다른 한편으로는 일본 군국주의 정부와 그 정부 산하의 무장력들로부터 억압을 받는 전체 인민들을 상대로 정치 사업을 벌이면서, 궁극적으로는 본국으로부터의 정규적인 군수품 보급과 병력의 지원 없이도 창조적인 자기 조달 방식으로 항일 무장 투쟁을 계속해 승리를 담보하는 사업 방법"을 이르는 말.

북한이 주민들의 사상학습을 통해 강조하는 〈항일유격대식∨ 사업∨ 방법〉의 기본 요구 사항은 "일꾼들이 아래에 내려가 도와주고 가르쳐 주며 정치사업을 앞세워 대중을 교양하고 개조하면서 그들의 사상 의식을 발동하여 제기된 혁명 과업을 수행해 나가며 사업을 격식과 틀이 없이 실속 있게 해 나가며 사업을 통이 크게 벌리고 대담하게 밀고 나가는 것"을 골자로 하고 있다. 또 "중심고리를 찾아내고 그 해결에 힘을 집중하며 일반적 지도와 개별적 지도를 결합시키며 이신작칙((以身作則 : 자기가 남보다 먼저 실천하여 모범을 보임으로써, 일반 공중이 지켜야 할 법칙이나 전형을 만듦)의 모범으로 대중을 이끌어 나가는 것"을 승리를 담보하는 무기로 삼고 있다.[67]

◆ **청산리정신**(조선로동당 규약 제45조 제8항 제1행)

〈청산리방법(靑山里方法)〉, 〈청산리교시(靑山里敎示)〉와 같은 뜻으로 쓰이는 경제 용어로 "주체사상과 조선로동당의 전통적인 혁명적 군중 노선을 사회주의 건설의 새로운 현실에 맞게 구체화하고 발전시킨 대중 통솔과 지도에 관한 공산주의적 지도 사상 또는 지도 방법"을 이르는 말.

이 말은 지난 1960년 2월 김일성이 평안남도 강서군 청산리협동농장을 15일간 현지 지도하는 과정 이후 만들어진 말인데 기본 내용은 1)나라의 모든 살림살이와 인민의 생활에 대해 완전히 책임지는 원칙에서 당적 국가적 지도를 실현하는 것. 2)사회의 모든 성원들을 교양·개조하여 당의 두리에 묶어 세워 공산주의 사회까지 이끌어 나가는 원칙에서 당적·국

---

[67]조선대백과사전 24권 129면.

가적 지도를 실현하는 것. 3)혁명과 건설에 대한 지도에서 모든 사업을 인민대중 자신의 사업으로 확고히 전환시키는 원칙을 견지하는 것을 골자로 하고 있다.

◆3대혁명붉은기쟁취운동(조선로동당 규약 제45조 제8항 제5행)

〈3대∨ 혁명∨ 붉은기∨ 쟁취운동〉과 같은 뜻으로 쓰이는 정치 용어로 "사상혁명, 기술혁명, 문화혁명의 3대 목표 추진을 뒷받침하기 위해 제시된 북한의 대표적인 노력 경쟁운동"을 이르는 말.

3대 혁명 중 〈사상혁명〉은 전 사회를 혁명화, 노동 계급화하는 인간 개조 사업이며 혁명적 열의와 창의성을 높이기 위한 정치 사업이므로 무엇보다도 중시하고 있다. 그 다음 〈기술혁명〉은 "낡은 기술을 새 기술로 바꾸고. 손노동을 기계화, 반자동화, 자동화하기 위한 투쟁[68]을 뜻하며, 〈문화혁명〉은 북한 주민의 의식구조를 공산주의적으로 개조하고 노동 생산능률을 높일 수 있도록 기술과 기능을 주입시키는데 근본 목적"을 두고 전개한 정신 개조 운동.

이 운동은 1975년 11월 조선로동당 제5기 11차 전원회의에서 결정됐으며 같은 해 12월 1일 함남 단천군 검덕광산에서 궐기모임을 통해 북한의 모든 공장·기업소·협동농장으로 확산시킬 것을 호소함으로써 시작됐다. 이후 1976년 3월 과학 토론회를 개최, 이 운동의 본질적 성격과 특성 및 3대혁명 추진의 이론적 합리성을 체계화했으며 1977년 9월에는 이 운동을 정착시키기 위해 중앙과 도·시·군에 〈붉은기 수여 판정 위원회〉를 설치했다.

이와 함께 각급 학교별로 학생들의 운동추진 실적을 기록하는 〈충성의 등록장〉제를 실시하고 매월 실천 목표와 실행 성과에 대한 종합 평가를 의무화하도록 하는 〈붉은기 수여에 관한 세칙〉을 제정했다.

---

68)정치사전, 127면.

그리고 선구자대회(1986. 11) 및 경험토론회(1987. 11) 등 각종 집회를 잇달아 개최하며 이 운동을 새로운 대중적 사상·기술·문화 개조 운동으로 확대 발전시켜 왔다.

3대 혁명 붉은기는 김일성 김정일 부자의 생일과 당 창건일, 정권 기념일, 그리고 필요한 시기에 중앙 인민위원회 정령을 통해 수여되는데 1993년 9월 기준 〈이중 3대 혁명 붉은기〉를 받은 단위는 360여 개,〈3대 혁명 붉은기〉를 받은 단위는 6,895개로 추계된 된 바 있다.

그다음 눈여겨봐야 할 동강은 〈주요 사변, 운동, 회의, 조약, 기념일, 공식대표, 강령, 선언〉 등의 띄어쓰기와 관련된 남북한 간의 어문 규정의 차이점을 이해하는 것이다.

남한에서는 한글 맞춤법 제1장 총칙 제2항 "문장의 각 단어는 띄어 씀을 원칙으로 한다."는 규정에 따라 〈3대∨ 혁명∨ 붉은기∨ 쟁취운동〉이라고 낱말과 낱말 사이(∨표 한 곳)를 띄어 써야 바른 문장이 된다.

그러나 북한에서는 조선말규범집 띄어쓰기 제1장 명사와 관련한 띄어쓰기 제2항 2)―(5)번 규정에 따라 〈주요 사변, 운동, 회의, 조약, 기념일, 공식대표, 강령, 선언〉 등의 이름은 하나로 붙여 쓰게끔 규정되어 있다. 그래서 〈주요 사변, 운동, 회의, 조약, 기념일, 공식대표, 강령, 선언〉 등의 이름을 나타내는 〈4월15일명절, 7.4공동성명, 남호두군정간부회의, 3대혁명붉은기쟁취운동, 학교전의무교육, 11년제의무교육〉 같은 선언적 고유명사들은 토 없는 명사, 수사, 대명사 뒤에 나열 식으로 붙여 써야 바른 문장이 된다.

◆**사회주의경쟁운동**(조선로동당 규약 제45조 제8항 제6행)

〈사회주의(社會主義)∨ 경쟁(競爭)∨ 운동(運動)〉과 같은 뜻으로 쓰이는 정치 용어로 "집단적 혁신을 통하여 사회주의 건설을 힘있게 추동하는 대중운동"을 이르는 말.

지난 반세기 동안 북한이 전개해 온 사회주의 경쟁운동으로는 1950년대의 〈천리마 운동〉, 1960년대의 〈천리마 작업반 운동〉, 1970년대의 〈충성의 속도전 운동〉, 1980년대의 〈80년대 속도창조운동〉, 〈3대 혁명 붉은기 쟁취운동〉, 1990년대의 〈우리식 사회주의 총진군 속도창조운동〉, 〈당 창건 50돌 기념 노력경쟁운동〉 등을 들 수 있다.

◆로동생산능률(조선로동당 규약 제45조 제8항 제7행)

〈노동∨ 생산능률(勞動生産能率)〉과 같은 뜻으로 쓰이는 경제 용어로 "일정한 생산물 생산 또는 지출한 인간 노동의 효과성"을 이르는 말.

노동 생산능률은 생산에 지출된 노동의 양과 그에 의하여 생산된 생산물의 양 또는 작업량 사이의 대비관계로 결정된다.

◆로동규률(조선로동당 규약 제45조 제8항 제7행)

〈노동∨ 규율(勞動規律)〉과 같은 뜻으로 쓰이는 경제 용어로 "물질적 부를 창조하는 공동 노동에서 근로자들이 다 같이 지켜야 할 행동 질서"를 이르는 말.

◆로농적위대(조선로동당 규약 제45조 제9항 제1행)

〈노농적위대(勞農赤衛隊)〉와 같은 뜻으로 쓰이는 군사 용어로 "조선로동당의 비상비적 혁명 무력으로서 사회주의 건설에 직접 참가하고 있는 노동자 농민을 비롯한 근로자들로 조직된 무장 조직(군사 조직)"을 이르는 말.

◆당이 부를때(조선로동당 규약 제45조 제9항 제2행)

〈당이∨ 부를∨ 때〉와 같은 뜻으로 쓰이는 문구로 여기서 눈여겨봐야 할 동강은 시간과 공간을 추상적으로 나타내는 〈때, 사이(새), 앞, 뒤, 끝,

속, 밖, 안〉 따위의 고유어명사의 띄어쓰기에 관한 남북한 간의 어문 규정의 차이점을 이해하는 것이다.

남한은 한글 맞춤법 제1장 총칙 제2항 "문장의 각 단어는 띄어 씀을 원칙으로 한다."는 규정에 따라 〈당이∨ 부를∨ 때〉라고 〈부를〉이란 낱말과 〈때〉라는 낱말 사이(∨표 한 곳)는 띄어 써야 바른 문장이 된다.

그러나 북한은 조선말규범집 띄어쓰기 제1장 명사와 관련한 띄어쓰기 제3항 3)번 규정에 따라 시간과 공간의 뜻을 추상적으로 나타내는 고유어명사 〈앞, 옆, 뒤, 끝, 속, 밖, 안, 우(위), 아래, 밑, 사이(새), 때, 제, 곁, 길, 군데, 해, 달, 날, 낮, 밤, 곳, 자리, 고장, 어간, 어구, 가운데, 구석〉 등은 토 없는 명사, 수사, 대명사 뒤에서 붙여 쓰며 일부 경우에는 규정형 뒤에서도 붙여 쓰게끔 규정되어 있다. 그래서 시간과 공간의 뜻을 추상적으로 나타내는 〈부를때, 군대안, 대중속, 공민사이, 다리끝, 처마밑〉과 같은 고유어명사들은 토 없는 명사, 수사, 대명사 뒤에 그대로 붙여 써야 바른 문장이 된다.

◆**동원할수 있도록**(조선로동당 규약 제45조 제9항 제2행)

〈동원할∨ 수∨ 있도록〉과 같은 뜻으로 쓰이는 문구.

〈규약 원문 13〉

제7장   조선인민군대내 당조직

46. 조선인민군은 항일무장투쟁의 영광스러운 혁명전통을 계승한 조선로
동당의 혁명적무장력이다.

47. 조선인민군대내의 각급 단위에 당조직을 구성하며 조선인민군   의
전체 당조직을 망라하는 조선인민군 당위원회를 조직한다.
조신인민군 당위원회는 도(직할시)당위원회와 같은 기능을 수행한다.
조선인민군 당위원회는 조선로동당 중앙위원회에 직속하며 그 지도
밑에 사업하고 자기 사업에 대하여 당중앙위원회에 정기적으로 보고
한다.

48. 조선인민군대내 각급 당조직의 기능은 다음과 같다.
전군을 주체사상으로 교양하기 위해 투쟁한다.
당원들과 군인들속에서 당의 유일사상체계를 공고히 확립하며 그들
이 당과 수령, 조국과 인민을 위해 서슴없이 생명을 바칠수 있는 진
정한 혁명전사가 될수 있도록 단련한다.
간부대렬을 강화하며 간부후비대를 육성하고 그들의 당성을 끊임없
이 단련하도록 당원의 당생활을 조직, 지도하며 당대렬을 확대, 강화
한다.
당원과 군인들에 대해 주체사상, 당정책 및 혁명전통교양과 계급교
양을 주내용으로 하는 공산주의교양과 사회주의적애국교양을 강화하
며 혁명화 로동계급화를 통해 그들을 당두리에 결속시킨다.

조선인민군대내 사회주의로동청년동맹 조직들을 강화하고 그들의 기능과 역할을 높이도록 지도한다.

당군사로선과 주체적전략전술을 수행하기 위해 군사사업에 관한 당위원회의 집단적지도를 강화하며 인민군을 일당백의 혁명적인 무장력으로 강화, 발전시키기 위해 3대혁명붉은기쟁취운동과 붉은기중대운동을 적극 전개한다.

당원과 전사들이 언제나 지체없이 행동할수 있도록 경계태세를 견지토록 하고 항상 완벽한 전투태세를 갖도록 고무한다.

당원과 전사들에게 높은 혁명적 동지애 및 군관과 전사, 군대와 인민간의 고귀한 전통적 단결정신을 발휘하도록 유도한다.

49. 조선인민군대내 각급 당조직들은 조선로동당의 규약과 당중앙위원회가 비준한 지시와 규정에 따라 조직되고, 사업을 수행한다.

50. 조선인민군대내 각급 당조직들은 지방 당조직들과 긴밀한 련계를 가져야 한다.

조선인민군대의 당위원회는 당중앙위원회의 비준을 얻어 정치 및 군사간부를 주둔지역의 도(직할시), 시(구역), 군당위원회 및 공장, 기업소의 초급당위원회 위원으로 추천할수 있다.

(규약 원문 194쪽에서 다시 이어집니다.)

◆조선인민군(조선로동당 규약 제46조 제1행)

〈조선인민군(朝鮮人民軍)〉, 〈인민군〉, 〈북조선∨ 군대〉, 〈공화국∨ 군대〉
와 같은 뜻으로 쓰이는 군사 용어로 이 규약에서는 "항일 무장 투쟁의
전통과 조선로동당이 영도하는 혁명 무력으로서 당과 혁명을 보위하며
조국의 통일 독립을 완성하기 위해 1948년 2월 8일 창건된 당의 군대,
노동계급의 군대, 혁명의 군대, 인민의 군대[69]"를 아울러서 부르는 말.

◆항일무장투쟁(조선로동당 규약 제46조 제1행)

〈항일∨ 무장투쟁(抗日武裝鬪爭)〉과 같은 뜻으로 쓰이는 군사 용어로 이
조문에서는 "일제 식민 통치 시기 조선의 공산주의자들이 손에 무장을
들고 조국의 광복과 인민의 자유와 해방을 위하여 일본 군국주의 정부와
그 정부 산하의 무장력과 벌인 무장투쟁 또는 전쟁"을 아울러 부르는 말.

◆혁명전통(조선로동당 규약 제46조 제1행)

〈혁명(革命)∨ 전통(傳統)〉과 같은 뜻으로 쓰이는 정치 용어로 이 규약에
서는 "조선로동당의 혁명 투쟁의 사상, 업적, 사업 방법, 작풍, 경험 및
역사를 아우르는 말"로 쓰이고 있다.
북한은 주민들을 대상으로 하는 혁명 전통 교양을 통해 "혁명전통은 1)당
과 혁명의 역사적 뿌리이고 2)혁명의 과거, 현재와 미래를 한줄기로 순결
하게 이어주는 핏줄기이며 3)혁명 투쟁의 전 과정을 일관되게 연결시켜
주는 생명선이고 4)사회의 모든 성원들을 혁명화, 공산주의화하기 위한
귀중한 사상적 양식"이라고 교양하고 있다.[70]

◆조선로동당의 혁명적무장력(조선로동당 규약 제46조 제1행)

---

69)정치사전 1032면.
70)북한대사전 1039면.

〈조선로동당의∨ 혁명적(革命的)∨ 무장력(武裝力)〉과 같은 뜻으로 쓰이는 문구로 "조선인민군"을 가리키고 있다.

여기서 눈여겨보아야 할 동강은 조선로동당 규약 제7장 제46조의 "조선인민군은 항일 무장투쟁의 영광스러운 혁명전통을 계승한 조선로동당의 혁명적 무장력이다."라는 조문 내용이다.

조선민주주의인민공화국 내에 실제로 존재하는 1백만 명이 넘는 육군, 해군, 공군의 정규 무장력과 교도대, 노농적위대, 붉은청년근위대, 인민경비대 등 6백만 명이 넘는 예비무장력이 "조선로동당의 혁명적무장력이다"라고 당 규약으로 규정해 천명하는 내용은 조선민주주의인민공화국 내에서 조선로동당의 실질적 위계 질서와 역량을 보여주는 증거물이 되고 있음을 숙지해야 한다.

◆**조선인민군대내의 각급 단위**(조선로동당 규약 제47조 제1행)

〈조선인민군대∨ 내의∨ 각급∨ 단위〉와 같은 뜻으로 쓰이는 문구.

◆**주체사상**(조선로동당 규약 제48조 제2행)

〈주체사상(主體思想)〉과 같은 뜻으로 쓰이는 정치 용어로 "모든 것을 사람 중심으로 생각하고 사람을 위하여 복무하게 하는, 사람 중심의 세계관으로 근로 인민 대중의 자주성을 실현하기 위한 지도 사상"을 이르는 말.71)

◆**군인들속에서**(조선로동당 규약 제48조 제3행)

〈군인들∨ 속에서〉와 같은 뜻으로 쓰이는 문구로 여기서 눈여겨봐야 할 동강은 시간과 공간을 추상적으로 나타내는 〈속, 밖, 안, 때, 사이(새), 앞, 뒤, 끝〉 따위의 고유어명사의 띄어쓰기에 관한 남북한 간의 어문 규

---

71)자세한 설명은 본서 37면, 135면의 〈주체사상〉 해설 참조.

정의 차이점을 이해하는 것이다.

남한은 한글 맞춤법 제1장 총칙 제2항 "문장의 각 단어는 띄어 씀을 원칙으로 한다."는 규정에 따라 〈군인들∨ 속에서〉라고 〈군인들〉이란 낱말과 〈속에서〉라는 낱말 사이(∨표 한 곳)는 띄어 써야 바른 문장이 된다. 그러나 북한은 조선말규범집 띄여쓰기 제1장 명사와 관련한 띄여쓰기 제3항 3)번 규정에 따라 시간과 공간의 뜻을 추상적으로 나타내는 고유어 명사 〈앞, 옆, 뒤, 끝, 속, 밖, 안, 우(위), 아래, 밑, 사이(새), 때, 제, 곁, 길, 군데, 해, 달, 날, 낮, 밤, 곳, 자리, 고장, 어간, 어구, 가운데, 구석〉 등은 토 없는 명사, 수사, 대명사 뒤에서 붙여 쓰며 일부 경우에는 규정형 뒤에서도 붙여 쓰게끔 규정되어 있다. 그래서 시간과 공간의 뜻을 추상적으로 나타내는 〈군인들속, 부를때, 군대안, 공민사이, 다리끝〉과 같은 고유어명사들은 토 없는 명사, 수사, 대명사 뒤에 그대로 붙여 써야 되고 그 뒤에 오는 토(조사) 〈에서〉는 앞말에 붙여 써야 바른 문장이 된다.

◆**당의 유일사상체계**(조선로동당 규약 제48조 제3행)

〈조선로동당의∨ 유일∨ 사상∨ 체계, 수령의∨ 혁명∨ 사상∨체계, 김일성의∨ 혁명∨ 사상∨ 체계〉와 같은 뜻으로 쓰이는 정치 용어로 이 규약에서는 "전당에 수령의 혁명 사상만이 유일적으로 지배하게 하고 수령의 유일적 영도 아래 전당이 하나와 같이 움직일 것을 요구하는 수령의 사상 체계와 영도 체계"를 이르는 말.[72]

◆**바칠수 있는**(조선로동당 규약 제48조 제4행)

〈바칠∨ 수∨ 있는〉과 같은 뜻으로 쓰이는 문구.

◆**혁명전사**(조선로동당 규약 제48조 제5행)

---

[72]자세한 설명은 본서 130면의 〈유일사상체계〉 해설 참조.

〈혁명(革命)∨ 전사(戰士)〉와 같은 뜻으로 쓰이는 정치 용어로 이 규약에
서는 "당과 수령, 조국과 인민을 위한 혁명 전선에서 서슴없이 생명을 바
쳐 싸우는 사람, 또는 싸울 수 있는 사람"을 아울러 부르는 말.

◆**될수 있도록**(조선로동당 규약 제48조 제5행)

〈될∨ 수∨ 있도록〉과 같은 뜻으로 쓰이는 문구.

◆**간부대렬**(조선로동당 규약 제48조 제6행)

〈간부(幹部)∨ 대열(隊列)〉과 같은 뜻으로 쓰이는 말.73)

◆**당대렬**(조선로동당 규약 제48조 제7행)

〈당(黨)∨ 대열(隊列)〉과 같은 뜻으로 쓰이는 말.

◆**혁명전통교양**(조선로동당 규약 제48조 제9행)

〈혁명∨ 전통∨ 교양(革命傳統敎養)〉과 같은 뜻으로 쓰이는 정치 용어.74)

◆**공산주의교양**(조선로동당 규약 제48조 제10행)

〈공산주의∨ 교양(共産主義敎養)〉과 같은 뜻으로 쓰이는 정치 용어.75)

◆**사회주의적애국교양**(조선로동당 규약 제48조 제10행)

〈사회주의적(社會主義的)∨ 애국(愛國)∨ 교양(敎養)〉과 같은 뜻으로 쓰이
는 정치용어.76)

---

73)자세한 설명은 본서 133면의 〈간부대렬〉 해설 참조.
74)자세한 설명은 본서 135면의 〈혁명전통교양〉 해설 참조.
75)자세한 설명은 본서 137면의 〈공산주의교양〉 해설 참조.
76)자세한 설명은 본서 137면의 〈사회주의적애국교양〉 해설 참조.

◆혁명화 로동계급화(조선로동당 규약 제48조 제11행)

〈노동계급의∨ 혁명화(革命化), 노동계급화(勞動階級化)〉와 같은 뜻으로 쓰이는 정치 용어로 "노동계급을 혁명적 세계관으로 무장시켜 공산주의적 인간으로 만드는 사업"을 아우르는 말.

◆당두리(조선로동당 규약 제48조 제11행)

〈당(黨)∨ 두리〉 또는 〈조선로동당의∨ 두리〉와 같은 뜻으로 쓰이는 문구로 "조선로동당의 둘레"를 이르는 말.

◆사회주의로동청년동맹(조선로동당 규약 제48조 제12행)

〈사회주의로동청년동맹(社會主義勞動靑年同盟)〉과 같은 뜻으로 쓰이는 말로 "북한 청년층을 대상으로 하는 조선로동당의 외곽 단체"를 이르는 말로 약칭으로 〈사로청(社勞靑)〉이라고도 부른다.

1946년 1월 17일 〈북조선민주청년동맹〉으로 창립되어 1951년〈남조선민청〉과 통합되어 〈조선민주청년동맹〉으로, 1964년 5월 제5차 대회에서는 〈사회주의로동청년동맹〉으로 바뀌었다가 1996년 1월 창립 50주년을 기념하며 〈김일성사회주의청년동맴(약칭, 청년동맹)〉으로 다시 단체 명칭이 바뀌었다.

조선로동당 규약 제9장 제56항에서 "사회주의로동청년동맹은 우리의 혁명 과업을 직접 계승하는 청년들의 혁명적 조직이며 당의 전투적 후비대"라고 단체의 성격을 밝히고 있다.

조직 목적은 조선로동당의 영도 밑에 북반부에서 사회주의의 완전한 승리를 보장하며 한반도 전역에서 민족 해방 인민민주주의 혁명 과업을 실현하고 사회주의 공산주의 사회를 건설하기 위해 투쟁하는 데 있으며, 임무는 1)청년들을 당의 사상 체계로 무장시켜 당 정책을 무조건 관철하고 2)자력갱생의 기치 아래 3대 혁명을 추진하여 사회주의 공산주의 사회를 더 빨리 더 잘 건설하기 위해 투쟁하며 3)청년들에게 김일성과 김정일의 〈저작물〉을 학습시키고 공산주의 사상과 당의 혁명 전통을 교양하며 4) 남한의 각계 각층 청년들과의 통일 전선을 강화해 반미 자주화 통일 투쟁을 벌이는 과업을 주동적으로 수행한다.

만 14세부터 30세에 이르는 청년·학생·군인·직장인 등 모든 청년들이 의무적으로 가입하게 되어 있으며 1993년 10월 기준 맹원수가 약 5백만 명에 이르렀다. 중앙의 중앙 위원회를 중심으로 조직부·국제부·소년단 사업부·학생청년부·체육부·노동청년부·재정경리부 등을 두고 있으며 지방의 각 도·시·군·구역에 기층 조직(초급 단체)을 두고 있다.77)

◆**당군사로선**(조선로동당 규약 제48조 제14행)
〈조선로동당∨ 군사로선(軍事路線)〉과 같은 뜻으로 쓰이는 군사 용어로 "군사력을 강화하기 위한 조선로동당의 총적 방침, 즉 4대 군사로선(軍事路線)"을 이르는 말.
4대 군사로선이란 "군대의 간부화, 군대의 현대화, 전체 인민의 무장화, 전군의 요새화"를 말한다.

◆**주체적전략전술**(조선로동당 규약 제48조 제14행)
〈주체적(主體的)∨ 전략(戰略)∨ 전술(戰術)〉과 같은 뜻으로 쓰이는 문구.

◆**집단적지도**(조선로동당 규약 제48조 제15행)
〈집단지도(集團指導)〉와 같은 뜻으로 쓰이는 정치 용어로 "어떤 조직이나 단체를 운영할 때 복수 지도자의 합의에 의해 의사를 결정하는 일"을 이르는 말.
이 용어에는 종교·공산주의·사회주의 운동 및 체제에서 단독의 지배자

---

77)북한용어 300선집 38면.

나 지도자에 의해 나타나는 배타적인 독재와 개인 숭배를 부정하는 의미가 담겨 있다. 가령 강한 카리스마를 지닌 지배자가 사망하거나 물러났을 경우, 복수의 제2인자들이 조직을 집단 지도 체제로 계승하는 사례는 종교나 사상에서 찾아볼 수 있으며 이 같은 지도 원리는 공산당에 의한 지배체제, 특히 구 소련의 역사 과정에서 레닌 사망 후 나타난 스탈린·지노비예프·카메네프의 트로이카 체제, 스탈린 개인 숭배 경험 후의 말렌코프·흐루시초프 체제, 흐루시초프 실각 후 시행된 브레즈네프·코시킨에 의한 당과 정부의 분장 등이 집단적 지도의 대표적 사례로 들 수 있다.[78]

◆3대혁명붉은기쟁취운동(조선로동당 규약 제48조 제16행)

〈3대∨ 혁명∨ 붉은기∨ 쟁취∨ 운동〉과 같은 뜻으로 쓰이는 정치 용어로 "사상혁명, 기술혁명, 문화혁명의 3대 목표 추진을 뒷받침하기 위해 제시된 북한의 대표적인 노력 경쟁운동"을 이르는 말.[79]

◆붉은기중대운동(조선로동당 규약 제48조 제16행)

〈붉은기중대∨ 쟁취∨운동〉과 같은 뜻으로 쓰이는 군사 용어로 "조선인민군의 모든 군인들을 조선로동당의 유일사상, 수령의 혁명 사상으로 튼튼히 무장시키며 군사 과업 수행에서 대중적 영웅주의와 집단적 혁신 운동을 동시에 불러일으키는 공산주의적인 대중적 혁신 운동[80]"을 이르는 말.

이 운동은 1960년 8월 인민군대를 혁명 무력으로 더욱 튼튼히 키우기 위해 〈붉은기중대 운동을 전개할 데 대하여〉라는 수령의 교시가 발표된 이후부터 본격적으로 실시되었다.

---

78)북한대사전 912면.
79)자세한 설명은 본서 180면의 〈3대혁명붉은기쟁취운동〉 해설 참조.
80)정치사전 503면.

◆**련계**(조선로동당 규약 제50조 제1행)

〈연계(連繫/聯繫)〉와 같은 뜻으로 쓰이는 말로 "잇따라 관계를 맺거나 아니면 어떤 일이나 사람과 관련하여 관계를 맺는 것"을 아울러 부르는 말.
여기서 눈여겨봐야 할 동강은 한자어를 한글로 적을 때 적용하는 두음 법칙에 관한 남북한 간의 어문 규정의 차이점을 이해하는 것이다.
남한은 한글 맞춤법 제3장 제5절 두음 법칙 제11항 "한자음 〈랴, 려, 례, 료, 리〉가 단어의 첫머리에 올 적에는 두음 법칙 따라 〈야, 여, 예, 요, 유, 이〉로 적는다."는 규정에 따라 〈連繫/聯繫〉는 〈연계〉로 적어야 바른 문장이 된다.
그러나 북한은 조선말규범집 제7장 한자말 적기 제25항 "한자말은 소리마디마다 해당 한자음대로 적는 것을 원칙으로 한다."는 규정에 따라 한자어 〈連繫/聯繫〉는 〈리익, 락원, 로동, 례외, 례절, 례의, 대렬, 규률〉 등과 같이 〈련계〉로 적어야 바른 문장이 된다.

◆**추천할수 있다**(조선로동당 규약 제50조 제5행)

〈추천할∨ 수∨ 있다〉와 같은 뜻으로 쓰이는 문구.

〈규약 원문 14〉

제8장   정치기관

51. 당중앙위원회는 필요에 따라 정치, 경제 및 군사분야의 중요한 부문
    에 정치기관들을 조직한다.
    중앙기관에 조직된 정치국(정치부) 및 그들에게 소속한 정치기관들은
    해당부문에서 당원들과 근로대중에게 정치사상교양사업을 조직수행
    하며, 해당단위내에 조직된 당위원회 집행기관으로서의 기능을 수행
    한다.
    조선인민군 총정치국과 그 소속정치기관은 해당 당위원회의 집행기
    구로서 당정치사업을 조직하고 수행한다.

52. 조선인민군 총정치국과 중앙기관내에 조직된 정치국(정치부)은 당중
    앙위원회 직속이며 그 지도하에 사업을 수행하고 담당사업에 관해
    당중앙위원회에 정기적으로 보고한다.

53. 중앙기관내에 조직된 정치국(정치부)들은 하급정치기관들을 지도함에
    있어서 해당 지방당위원회들과 긴밀한 련계를 가져야 한다.

54. 정치기관들은 당의 로선과 정책을 수행함에 있어서 당원들과 근로대
    중을 동원키 위하여 당열성자회의를 소집할수 있다.

55. 정치기관들은 로동당의 규약과 당중앙위원회가 비준한 지시와 규정
    에 따라 조직되고 사업한다.(규약 원문 199쪽에서 다시 이어집니다.)

◆ **해당단위내에**(조선로동당 규약 제51조 제5행)

〈해당∨ 단위∨ 내에〉와 같은 뜻으로 쓰이는 문구.

◆ **조선인민군 총정치국**(조선로동당 규약 제51조 제7행)

〈조선인민군(朝鮮人民軍)∨ 총정치국(總政治局)〉, 〈총정치국(總政治局)〉과 같은 뜻으로 쓰이는 군사 용어로 "당의 군 통제를 위해 인민군대 내에 파견한 정치 기관"을 이르는 말.

조선인민군 총정치국은 형식상으로는 인민무력성 산하 기관으로 되어 있으나 당 중앙 위원회의 지시를 받는다. 김정일은 "정치위원은 군사사업, 정치사업, 후방사업을 비롯하여 부대에 제기되는 모든 사업을 당 위원회에서 집체적으로 토의하여 결정하고 그 결정에 따라 부서들과 지휘 성원들이 움직이도록 해야 합니다."라고 밝힌 바 있다.

조선인민군 내의 정치기관은 1969년까지만 해도 연대급까지만 설치되었으나 그 이후부터는 중대 단위에까지 파견되어 있으며 총정치국의 주임무는 1)전군의 주체사상 무장, 2)군대 내 당의 유일사상 확립, 3)군대 간부·당원 들의 당 생활 조직지도, 4)공산주의 교양 실시, 5)군대 내 당 및 청년동맹 조직 사상교양을 위한 선동 선전 사업, 6)3대 혁명 붉은기 쟁취 운동 등 각종 운동, 7)군인 사기 대책 수립시행, 8)군관 보직 보충·이동·승진·제대 등의 인사 관리 업무를 정기적으로 중앙당에 보고하는 업무 등이다.

또한 군대 지휘관이 당 정책에 어긋나는 명령을 내릴 경우 이를 저지하고 시정시킬 권한도 가지고 있다. 김정일은 "정치위원은 해당 부대에 파견된 당의 대표입니다. 군사 지휘관이 부대를 군사적으로 지휘한다면 정치위원은 부대를 정치적으로, 당적으로 책임집니다. 정치위원이 군사 지휘관보다 군사칭호는 좀 낮을 수 있으나 사업을 책임지는 데서는 군사 지휘관과 같습니다. 부대 안에서 당의 유일사상 체계와 어긋나는 작은

현상이 나타나도 그와 비타협적으로 투쟁해야 합니다.[81]"라고 정치국 활동을 강조하고 있다.

◆**중앙기관내에**(조선로동당 규약 제52조 제1행)

〈중앙∨ 기관∨ 내에〉와 같은 뜻으로 쓰이는 문구로 여기서 눈여겨보아야 할 동강은 〈내, 외, 전, 후, 상, 하〉 따위의 한자어 낱말이나 불완전 명사(의존 명사)의 띄어쓰기에 관한 남북한 간의 어문 규정의 차이점을 이해하는 것이다.

남한은 한글 맞춤법 제1장 총칙 제2항 "문장의 각 단어는 띄어 씀을 원칙으로 한다."와 제5장 띄어쓰기 제1절 제41항 "조사는 그 앞말에 붙여 쓴다." 그리고 제5장 제2절 제42항 "의존 명사(불완전 명사)는 띄어 쓴다."는 규정에 따라 〈중앙∨ 기관∨ 내〉라고 복합어인 〈중앙기관〉이라는 말과 〈내〉라는 의존 명사(불완전 명사) 사이(∨표 한 곳)는 띄어 쓰고 불완전 명사 〈내〉 뒤에 오는 조사 〈에〉는 앞말에 붙여 〈중앙기관∨ 내에〉로 써야 바른 문장이 된다.

그러나 북한은 조선말규범집 띄여쓰기 제1장 명사와 관련한 띄여쓰기 제3항 2)번 규정 〈상, 중, 간, 판, 경, 항, 측, 장, 조, 전, 편, 산, 호, 성, 하, 전, 후, 내, 외, 차, 초, 말, 발, 착, 행, 년, 부, 별, 용, 분, 과, 급, 당, 기, 계, 래, 형, 제, 식, 상(모양), 적〉 등과 같은 한자말이나 불완전 명사(의존 명사)와 〈뒤붙이적 단어〉는 그 앞 단위에 붙여 쓰게끔 규정되어 있기 때문에 〈중앙기관〉 다음에 오는 한자어 낱말 〈내(內)〉는 어떤 경우에도 〈중앙기관내〉처럼 앞 말에 붙여 쓰고 그 뒤에 오는 토(조사) 〈에〉는 앞 말에 붙여 〈중앙기관내에〉로 모두 붙여 써야 바른 문장이 된다.

---

81)김정일선집 2집.

◆ **지도하에**(조선로동당 규약 제52조 제2행)

〈지도∨ 하에〉와 같은 뜻으로 쓰이는 문구로 여기서 눈여겨보아야 할 동강은 〈상, 하, 내, 외, 전, 후〉 따위의 한자어 낱말이나 불완전 명사(의존 명사)의 띄어쓰기에 관한 남북한 간의 어문 규정의 차이점을 이해하는 것이다.

남한은 한글 맞춤법 제1장 총칙 제2항 "문장의 각 단어는 띄어 씀을 원칙으로 한다."와 제5장 띄어쓰기 제1절 제41항 "조사는 그 앞말에 붙여 쓴다."는 규정에 따라 〈지도∨ 하〉라고 한자어인 〈지도〉라는 말과 〈하〉라는 명사 사이(∨표 한 곳)는 띄어 쓰고 명사 〈하〉 뒤에 오는 조사 〈에〉는 앞말에 붙여 〈지도∨ 하에〉로 써야 바른 문장이 된다.

그러나 북한은 조선말규범집 띄어쓰기 제1장 명사와 관련한 띄어쓰기 제3항 2)번 규정 〈상, 중, 간, 판, 경, 항, 측, 장, 조, 전, 편, 산, 호, 성, 하, 전, 후, 내, 외, 차, 초, 말, 발, 착, 행, 년, 부, 별, 용, 분, 과, 급, 당, 기, 계, 래, 형, 제, 식, 상(모양), 적〉 등과 같은 한자말이나 불완전 명사(의존 명사)와 〈뒤붙이적 단어〉는 그 앞 단위에 붙여 쓰게끔 규정되어 있기 때문에 〈지도〉 다음에 오는 한자어 낱말 〈하(下)〉는 어떤 경우에도 〈지도하〉처럼 앞 말에 붙여 쓰고 그 뒤에 오는 토(조사) 〈에〉는 앞말에 붙여 〈지도하에〉로 모두 붙여 써야 바른 문장이 된다.

◆ **로선**(조선로동당 규약 제54조 제1행)

〈노선(路線)〉과 같은 뜻으로 쓰이는 말로 여기서 눈여겨보아야 할 동강은 한자어 낱말을 한글로 표기할 때 두음 법칙과 관련된 남북한 간의 어문 규정의 차이점을 이해하는 것이다.

남한에서는 한자어 낱말을 한글로 적을 때는 한글 맞춤법 제3장 제5절 두음 법칙 제12항 "한자음 〈라, 래, 로, 뢰, 루, 르〉가 단어의 첫머리에 올 적에는 〈나, 내, 노, 뇌, 누, 느〉로 적는다."는 규정에 따라 〈勞苦〉는

〈노고〉로, 〈路線〉은 〈노선〉으로, 〈勞動〉은 〈노동〉으로, 〈年齡〉은 〈연령〉으로 적어야 바른 문장이 된다.

그러나 북한은 조선말규범집 제7장 한자말 적기 제25항 "한자말은 해당 한자음대로 적는 것을 원칙으로 한다."는 규정에 따라 〈勞苦〉는 〈로고〉로, 〈路線〉은 〈로선〉으로, 〈勞動〉은 〈로동〉으로, 〈年齡〉은 〈년령〉으로 적어야 바른 문장이 된다.

◆**당열성자회의**(조선로동당 규약 제54조 제2행)

〈조선로동당∨ 열성자회의(熱誠者會議)〉와 같은 뜻으로 쓰이는 문구.

◆**소집할수 있다**(조선로동당 규약 제54조 제2행)

〈소집할∨ 수∨ 있다〉와 같은 뜻으로 쓰이는 문구.

〈규약 원문 15〉

제9장   당과 로동대중의 조직

56. 근로대중의 조직들은 광범한 근로대중의 정치조직이며 항일혁명투쟁의 영광스러운 전통을 계승하는 당의 외곽조직이다.
근로대중의 조직들은 광대한 대중의 사상교양조직이며, 당과 대중을 련결하는 인전대이며 당의 충실한 보조자이다.
사회주의로동청년동맹은 우리의 혁명과업을 직접 계승하는 청년들의 혁명적 조직이며 당의 전투적후비대이다.
근로대중의 조직들은 당의 지도하에 자기의 사업을 진행한다.

57. 근로대중의 조직들은 동맹원들속에서 당의 유일사상체계를 튼튼히 꾸리며 동맹대렬을 강화하며 조직생활과 사상교양사업을 강화하고 혁명화를 통해 동맹원들을 당두리에 결속시키며 3대혁명붉은기쟁취운동과 사회주의경쟁운동을 전개하며 동맹원들을 혁명과 건설에 적극 동원한다.

58. 각급 당조직들은 로동대중의 간부대렬들을 강화하고 근로대중조직의 모체를 통하여 대중과의 사업체계를 수립하며 근로대중의 특성에 맞게 사업방향과 방법을 정확히 제시하며 그들이 자발적으로 자기임무를 수행하도록 감독하여야 한다.(규약 원문 205쪽에서 다시 이어집니다.)

◆근로대중의 조직(조선로동당 규약 제56조 제1행)

〈근로(勤勞)∨ 대중(大衆)의∨ 조직(組織)〉과 같은 뜻으로 쓰이는 문구로 "육체노동이나 정신노동에 종사하는 인민들이 결성한 조직, 즉 조선로동당의 외곽 단체 중 노동 단체(근로 단체)"를 이르는 말.
조선로동당의 외곽 단체 중 노동 단체로는 1)조선직업총동맹(일명, 직총), 2)김일성사회주의청년동맹(일명, 청년동맹), 3)농업근로자동맹(일명, 농근맹), 4)민주여성동맹(일명, 여맹)이 있다.

◆당의 외곽조직(조선로동당 규약 제56조 제2행)

〈당의∨ 외곽∨ 조직(外廓組織)〉 또는 〈조선로동당의∨ 외곽∨ 단체(外廓團體)〉와 같은 뜻으로 쓰이는 문구로 "조선로동당의 1)정당 단체, 2)통일전선 단체, 3)노동단체, 4)사회 문화단체, 5)경제단체, 6)대외 활동 단체, 7)종교단체, 8)재외단체"를 이르는 말.
이 중 정당(政黨) 단체로는 1)조선사회민주당, 2)천도교청우당이 있고 통일전선단체로는 1)조국통일민주주의전선(조국전선), 2)조국평화통일위원회(일명, 조평통), 3)한국민족민주전선(한민전), 4)조국통일범민족연합북측본부(범민련), 5)재북평화통일촉진협의회, 6)평화옹호전국민족위원회, 7)조선반핵평화위원회, 8)조선아세아태평양평화위원회(일명, 아태평화위원회)가 있다. 노동 단체로는 1)조선직업총동맹(일명, 직총), 2)김일성사회주의청년동맹(일명, 청년동맹), 3)농업근로자동맹(일명, 농근맹), 4)민주여성동맹(일명, 여맹)이 있다. 사회 문화 단체로는 1)조선문학예술총동맹(문예총), 2)조선적십자회, 3)조선해외동포원호위원회, 4)조선기자동맹, 5)조선학생위원회, 6)조선민주법률가협회, 7)조선중앙변화사협회, 8)조선인권연구회, 9)조선유네스코민족위원회, 10)조선올림픽위원회, 11)일제의 조선감정피해조사위원회, 12)종군위안부 및 태평양전쟁피해자 보상대책위원회가 있다. 경제 단체로는 1)조선과학기술총연맹, 2)조선공업기술총연맹, 3)조선국제

합영촉진위원회, 4)조선, 아세아무역촉진위원회가 있다. 대외 활동 단체로는 1)조선대외문화연락위원회, 2)세계인민들과의 련대성조선위원회, 3)조선, 아세아, 아프리카 단결위원회, 4)인종격리제도반대 조선위원회가 있다. 종교단체로는 1)조선기독교연맹, 2)조선불교도연맹, 3)조선천도교회중앙지도위원회, 4)조선천주교인연합회, 5)조선종교인협의회가 있다. 재외단체로는 재일조선인총련합회(조총련)가 있다.[82]

◆**련결**(조선로동당 규약 제56조 제4행)

〈연결(連結)〉과 같은 뜻으로 쓰이는 문구로 여기서 눈여겨봐야 할 동강은 한자어를 한글로 적을 때 적용하는 두음 법칙에 관한 남북한 간의 어문 규정의 차이점을 이해하는 것이다.

남한은 한글 맞춤법 제3장 제5절 두음 법칙 제11항 "한자음 〈랴, 려, 례, 료, 리〉가 단어의 첫머리에 올 적에는 두음 법칙 따라 〈야, 여, 예, 요, 유, 이〉로 적는다."는 규정에 따라 한자어 〈連結〉은 〈연결〉로 적어야 바른 문장이 된다.

그러나 북한은 조선말규범집 제7장 한자말 적기 제25항 "한자말은 소리마디마다 해당 한자음대로 적는 것을 원칙으로 한다."는 규정에 따라 한자어 〈連結〉은 〈리익, 락원, 로동, 례외, 례절, 례의〉 등과 같이 〈련결〉로 적어야 바른 문장이 된다.

◆**인전대**(조선로동당 규약 제56조 제4행)

〈인전대(引傳帶)〉와 같은 뜻으로 쓰이는 말로 "동력을 전달하는 벨트(belt)라는 의미를 담고 있으며, 당과 대중의 유기적 연계를 보장하며 광범한 대중을 조직적으로 동원하는 역할을 하는 사회, 정치적 조직"을 이르는 말.

---

82)북한총람 2002년판 235면.

◆사회주의로동청년동맹(조선로동당 규약 제56조 제5행)

〈사회주의로동청년동맹(社會主義勞動靑年同盟)〉과 같은 뜻으로 쓰이는 말로 "북한 청년층을 대상으로 하는 조선로동당의 외곽 단체"를 이르는 말로 약칭으로 〈사로청(社勞靑)〉이라고도 부른다.[83]

◆동맹원들속에서(조선로동당 규약 제57조 제1행)

〈동맹원들∨ 속에서〉와 같은 뜻으로 쓰이는 문구.

북한에서는 "노동계급이 혁명 투쟁에서 그 혁명에 이해 관계를 같이 하는 계급이나 계층들과 손을 잡고 뭉친 사회적 연합 또는 그 조직체"를 동맹이라고 부르는데, 그 동맹을 구성하는 개개 성원과 성원 속 또는 사이를 〈동맹원들 속에서〉라고 부른다.

현재 북한에는 조선로동당의 외곽 단체 중 동맹 단체로는 1)조선직업총동맹(일명, 직총), 2)김일성사회주의청년동맹(일명, 청년동맹), 3)농업근로자동맹(일명, 농근맹), 4)민주여성동맹(일명, 여맹)이 있다.

◆동맹대렬(조선로동당 규약 제57조 제2행)

〈동맹(同盟)∨ 대열(隊列)〉과 같은 뜻으로 쓰이는 정치 용어로 "동맹 조직들이 위계질서에 따라 중앙 상부 조직부터 지방 하부 조직까지 대오를 이룬 열"을 이르는 말.

◆당두리(조선로동당 규약 제57조 제3행)

〈조선로동당의∨ 두리〉와 같은 뜻으로 쓰이는 문구로 "조선로동당의 둘레"를 이르는 말.

◆3대혁명붉은기쟁취운동(조선로동당 규약 제57조 제3행)

---

[83]자세한 설명은 본서 190면의 〈사회주의로동청년동맹〉 해설 참조.

〈3대∨ 혁명∨ 붉은기∨ 쟁취∨ 운동〉과 같은 뜻으로 쓰이는 정치 용어로 "사상혁명, 기술혁명, 문화혁명의 3대 목표 추진을 뒷받침하기 위해 제시된 북한의 대표적인 노력 경쟁운동"을 이르는 말.[84]

◆사회주의경쟁운동(조선로동당 규약 제57조 제3행)

〈사회주의(社會主義)∨ 경쟁(競爭)∨ 운동(運動)〉과 같은 뜻으로 쓰이는 정치 용어로 "집단적 혁신을 통하여 사회주의 건설을 힘있게 추동하는 대중운동"을 이르는 말.

지난 반세기 동안 북한이 전개해 온 사회주의 경쟁운동으로는 1950년대의 〈천리마 운동〉, 1960년대의 〈천리마 작업반 운동〉, 1970년대의 〈충성의 속도전 운동〉, 1980년대의 〈80년대 속도창조운동〉, 〈3대 혁명 붉은기 쟁취운동〉, 1990년대의 〈우리식 사회주의 총진군 속도창조운동〉, 〈당 창건 50돌 기념 노력경쟁운동〉 등을 들 수 있다.

◆로동대중(조선로동당 규약 제58조 제1행)

〈노동∨ 대중(勞動大衆)〉과 같은 뜻으로 쓰이는 문구로 여기서 눈여겨보아야 할 동강은 한자어 낱말을 한글로 적을 때 적용하는 두음 법칙과 관련된 남북한 간의 어문 규정의 차이점을 이해하는 것이다.

남한은 한자어 낱말을 한글로 적을 때는 한글 맞춤법 제3장 제5절 두음 법칙 제12항 "한자음 〈라, 래, 로, 뢰, 루, 르〉가 단어의 첫머리에 올 적에는 〈나, 내, 노, 뇌, 누, 느〉로 적는다."는 규정에 따라 한자어 〈勞動〉은 〈노동〉으로, 〈路線〉은 〈노선〉으로, 〈勞苦〉는 〈노고〉로, 〈年齡〉은 〈연령〉으로 적어야 바른 문장이 된다.

그러나 북한은 조선말규범집 제7장 한자말 적기 제25항 "한자말은 해당 한자음대로 적는 것을 원칙으로 한다."는 규정에 따라 한자어 〈勞動〉은

---

84)자세한 설명은 본서 190면의 〈사회주의로동청년동맹〉 해설 참조.

〈로동〉으로, 〈路線〉은 〈로선〉으로, 〈勞苦〉는 〈로고〉로, 〈年齡〉은 〈년령
〉으로 적어야 바른 문장이 된다.

◆**간부대렬**(조선로동당 규약 제58조 제1행)
〈간부(幹部)∨ 대열(隊列)〉과 같은 뜻으로 쓰이는 말.[85]

---

85)자세한 설명은 본서 133면의 〈간부대렬〉 해설 참조.

〈규약 원문 16〉

제10장   당의 재정

59. 당의 재정은 당원들의 당비, 당이 운영하는 기관들과 기업소들로부터의 수입 및 기타 수입으로 충당된다.

60. 당원 및 후보당원의 당비는 월수입의 2%로 한다.

(조선로동당 규약 원문 끝.)

◆**기관**(조선로동당 규약 제59조 제1행)

〈기관(機關)〉과 같은 뜻으로 쓰이는 말로 "북한의 행정기관, 사법기관, 당기관 등 공공 기관"을 아울러서 부르는 말.

◆**기업소**(조선로동당 규약 제59조 제1행)

〈기업소(企業所)〉와 같은 뜻으로 쓰이는 경제 용어로 "독자적으로 경제활동 조직을 만들어 직접 경영 활동을 진행하는 북한의 경제 단위"를 아울러서 부르는 말.

북한은 "기업소는 일정한 노력, 설비, 자재, 자금 등을 가지고 생산 활동을 진행하거나 봉사 활동을 진행하며 얻은 수입으로 지출을 보상하고 채산을 맞추면서 경영 활동을 진행한다."고 설명하고 있다. 이 중 공업 생산 부문의 기업소는 "공장, 광산, 탄광 등과 함께 인민경제의 기층 단위라는 점에서는 공통성을 가지면서도 경영 단위의 성격을 반영하는 측면에서는 공장, 광산, 탄광 등은 생산의 조직 기술적 특성을 반영하고 있으므로 차이가 있다."고 구분하고 있다. 그래서 "하나의 기업소가 하나의 공장일 수도 있고 몇 개의 공장이 합쳐 하나의 기업소가 될 수도 있다86)"고 기업소의 공통성과 차이점을 말하면서 "인민경제 발전에 기여하는 역할에 따라 특급, 1급 2급, 3급, 4급 기업소 등으로 나누어진다."고 설명하고 있다.

---

86)경제사전 1권, 302면.

Ⅲ. 되돌아보며 정리하기

1. 앞 단원 되돌아보기

　이제 조선로동당 규약 전문과 60개 조문을 조항별로 다 살펴보며 특수 전문 용어의 말뜻과 특이 문장의 남북한 언어 규범상의 차이점을 분석해 보았다. 이 중 남북한 언어 규범의 차이로 불편과 혼선을 빚는 복합어와 특이 문구를 한번 되짚어 정리해 보면 다음과 같다.

◆**우리 나라**(조선로동당 규약 전문 제2행) / 36쪽
〈우리나라〉와 같은 뜻으로 쓰이는 말로 여기서 눈여겨보아야 할 동강은 합성어의 띄어쓰기에 관한 남북한 간 어문 규정의 차이점을 이해하는 것.

◆**조직체중에서**(조선로동당 규약 전문 제8행) / 38쪽
〈조직체∨중에서〉와 같은 뜻으로 쓰이는 문구로 여기서 눈여겨보아야 할 동강은 〈상, 중, 간, 판〉 따위의 한자어나 불완전 명사(의존 명사)의 띄어쓰기에 관한 남북한 간 어문 규정의 차이점을 이해하는 것이다.

◆**리익**(조선로동당 규약 전문 제9행) / 39쪽

〈이익(利益)〉과 같은 뜻으로 쓰이는 말로 여기서 눈여겨봐야 할 점은 한
자어를 한글로 적을 때 적용하는 두음 법칙에 관한 남북한 간 어문 규정
의 차이점을 이해하는 것이다.

◆**로동자**(조선로동당 규약 전문 제10행) / 40쪽
〈노동자〉와 같은 뜻으로 쓰이는 경제 용어로 여기서 눈여겨보아야 할 동
강은 한자어 낱말을 한글로 표기할 때 두음 법칙과 관련된 남북한 간 어
문 규정의 차이점을 이해하는 것이다.

◆**근로인테리**(조선로동당 규약 전문 제10행) / 40쪽
〈근로(勤勞)∨ 인텔리(intelligentsia)〉와 같은 뜻으로 쓰이는 말로 여기서
눈여겨보아야 할 동강은 외래어 표기법에 관한 남북한 간 어문 규정의
차이점을 이해하는 것이다.

◆**프로레타리아 독재**(조선로동당 규약 전문 제28행) / 51쪽
〈프롤레타리아(proletariat)∨ 독재(獨裁)〉와 같은 뜻으로 쓰이는 정치 용
어 여기서 눈여겨보아야 할 동강은 외래어 표기법에 관한 남북한 간 어
문 규정의 차이점을 이해하는 것이다.

◆**로동계급**(조선로동당 규약 전문 제30행) / 54쪽
〈노동계급(勞動階級)〉과 같은 뜻으로 쓰이는 말로 여기서 눈여겨보아야
할 동강은 한자어 낱말을 한글로 표기할 때 두음 법칙과 관련된 남북한
간의 어문 규정의 차이점을 이해하는 것이다.

◆**애국적민주력량**(조선로동당 규약 전문 제31행) / 56쪽
〈애국적∨ 민주∨ 역량(愛國的民主力量)〉과 같은 뜻으로 쓰이는 문구로
여기서 눈여겨봐야 할 동강은 명사 앞뒤에 접사(접두사와 접미사)가 올

경우 띄어쓰기에 관한 남북한 간 어문 규정의 차이점을 이해하는 것이다.

◆**군중로선**(조선로동당 규약 전문 제36행) / 57쪽
〈군중(群衆)∨ 노선(路線)〉과 같은 뜻으로 쓰이는 말로 여기서 눈여겨보아야 할 동강은 〈로선〉이라는 한자어 낱말의 표기법에 관한 남북한 간 어문 규정의 차이점을 이해하는 것이다.

◆**련대성**(조선로동당 규약 전문 제50행) / 61쪽
〈연대성(連帶性)〉과 같은 뜻으로 쓰이는 말로 여기서 눈여겨봐야 할 동강은 한자어를 한글로 적을 때 적용하는 두음 법칙에 관한 남북한 간 어문 규정의 차이점을 이해하는 것이다.

◆**련합전선**(조선로동당 규약 전문 제53행) / 62쪽
〈연합∨ 전선(聯合戰線)〉과 같은 뜻으로 쓰이는 문구로 여기서 눈여겨보아야 할 동강은 한자어 낱말을 한글로 적을 때 그 표기법에 관한 남북한 간 어문 규정의 차이점을 이해하는 것이다.

◆**될수 있다**(조선로동당 규약 제2조 제3행) / 68쪽
〈될∨ 수∨ 있다〉와 같은 뜻으로 쓰이는 문구로 여기서 눈여겨보아야 할 동강은 〈것, 수, 분〉 따위의 의존 명사(불완전 명사)의 띄어쓰기에 관한 남북한 간의 어문 규정의 차이점을 이해하는 것이다.

◆**2년이상의**(조선로동당 규약 제3조 제2항 제1행) / 70쪽
〈2년∨ 이상의〉와 같은 뜻으로 쓰이는 문구로 여기서 눈여겨보아야 할 동강은 어떤 명사 뒤에 〈부문, 분야, 기관, 담당, 관계, 이상(以上), 이하(以下) 등이 뒤따라와 함께 쓰이는 경우 띄어쓰기에 관한 남북한 간 어

문 규정의 차이점을 이해하는 것이다.

◆당앞에(조선로동당 규약 제3조 제2항 제3행) / 71쪽
〈조선로동당∨ 앞에〉와 같은 뜻으로 쓰이는 문구로 여기서 눈여겨보아야
할 동강은 〈앞, 옆, 뒤, 끝, 속, 밖, 안, 우(위), 아래, 밑, 사이〉 따위 시
간과 공간의 뜻을 추상적으로 나타내는 고유어명사의 띄어쓰기에 관한
남북한 간의 어문 규정의 차이점을 이해하는 것이다.

◆참가밑에(조선로동당 규약 제3조 제3항 제2행) / 72쪽
〈참가∨ 밑에〉와 같은 뜻으로 쓰이는 문구로 여기서 눈여겨보아야 할 동
강은 〈앞, 옆, 뒤, 끝, 속, 밖, 안, 우(위), 아래, 밑, 사이〉 따위 시간과
공간의 뜻을 추상적으로 나타내는 고유어명사의 띄어쓰기에 관한 남북한
간의 어문 규정의 차이점을 이해하는 것이다.

◆3년이상의 당년한(조선로동당 규약 제3조 제5항 제1행) / 74쪽
〈3년∨ 이상의∨ 당∨ 연한(黨年限)〉과 같은 뜻으로 쓰이는 문구로 여기
서 눈여겨보아야 할 동강은 어떤 명사 뒤에 〈부문, 분야, 기관, 담당, 관
계, 이상(以上), 이하(以下) 등이 뒤따라와 함께 쓰이는 경우 띄어쓰기에
관한 남북한 간의 어문 규정의 차이점을 이해하는 것이다.

◆받아들일수 있다(조선로동당 규약 제3조 제6항 제7행) / 74쪽
〈받아들일∨ 수 ∨ 있다〉와 같은 뜻으로 쓰이는 문구로 여기서 눈여겨보
아야 할 동강은 남북한 간의 어문 규정에 따라 의존 명사(불완전 명사)
의 띄어쓰기에 관한 차이점을 이해하는 것이다.

◆규률(조선로동당 규약 제4조 제2항 제9행) / 85쪽
〈규율(規律)〉과 같은 뜻으로 쓰이는 말로 여기서 눈여겨봐야 할 동강은

한자어 낱말을 한글로 적을 때 적용하는 두음 법칙과 〈모음(아, 에, 이, 오, 우)〉이나 〈니은(ㄴ)〉 받침 뒤에 이어지는 〈렬, 률〉의 표기법에 관한 남북한 간 어문 규정의 차이점을 이해하는 것이다.

◆**료해**(조선로동당 규약 제4조 제3항 제4행) / 85쪽
〈요해(了解)〉와 같은 뜻으로 쓰이는 말로 여기서 눈여겨봐야 할 점은 한자어를 한글로 적을 때 적용하는 두음 법칙에 관한 남북한 간 어문 규정의 차이점을 이해하는 것이다.

◆**공산주의적도덕성**(조선로동당 규약 제4조 제6항 제1행) / 87쪽
〈공산주의적(共産主義的)∨ 도덕성(道德性)〉과 같은 뜻으로 쓰이는 정치 용어로 여기서 눈여겨봐야 할 동강은 명사 앞뒤에 접사(접두사와 접미사)가 올 경우 띄어쓰기에 관한 남북한 간 어문 규정의 차이점을 이해하는 것이다.

◆**어느때**(조선로동당 규약 제4조 제8항 제1행) / 89쪽
〈어느∨ 때〉와 같은 뜻으로 쓰이는 문구로 여기서 눈여겨볼 동강은 시간과 공간을 추상적으로 나타내는 〈때, 사이, 제, 앞, 뒤〉 따위의 고유어명사의 띄어쓰기에 관한 남북한 간의 어문 규정의 차이점을 이해하는 것이다.

◆**리유**(조선로동당 규약 제5조 제3항 제1행) / 94쪽
〈이유(理由)〉와 같은 뜻으로 쓰이는 말로 여기서 눈여겨봐야 할 점은 한자어를 한글로 적을 때 적용하는 두음 법칙에 관한 남북한 간의 어문 규정의 차이점을 이해하는 것이다.

◆**비판할수 있으며**(조선로동당 규약 제5조 제3항 제2행) / 94쪽

〈비판할∨ 수∨ 있으며〉와 같은 뜻으로 쓰이는 문구로 여기서 눈여겨보아야 할 동강은 남북한 간의 어문 규정에 따라 의존 명사(불완전 명사)의 띄어쓰기에 관한 차이점을 이해하는 것이다.

◆**참가할것을**(조선로동당 규약 제5조 제4항 제2행) / 96쪽
〈참가할∨ 것을〉과 같은 뜻으로 쓰이는 문구로 여기서 눈여겨보아야 할 동강은 〈것, 수, 분〉 따위 의존 명사(불완전 명사)의 띄어쓰기에 관한 남북한 간 어문 규정의 차이점을 이해하는 것이다.

◆**리유없이**(조선로동당 규약 제9조 제1행) / 101쪽
〈이유∨ 없이〉와 같은 뜻으로 쓰이는 말로 여기서 눈여겨봐야 할 점은 한자어 낱말을 한글로 적을 때 적용하는 두음 법칙에 관한 남북한 간 어문 규정의 차이점을 이해하는 것이다.

◆**없을때는**(조선로동당 규약 제14조 제1항 제4행) / 107쪽
〈없을 ∨ 때는〉과 같은 뜻으로 쓰이는 문구로 여기서 눈여겨볼 동강은 시간과 공간을 추상적으로 나타내는 〈때, 사이, 제, 앞, 뒤〉 따위의 고유어명사의 띄어쓰기에 관한 남북한 간의 어문 규정의 차이점을 이해하는 것이다.

◆**없을때는**(조선로동당 규약 제14조 제1항 제4행) / 111쪽
〈없을 ∨ 때는〉과 같은 뜻으로 쓰이는 문구로 여기서 눈여겨볼 동강은 시간과 공간을 추상적으로 나타내는 〈때, 사이, 제, 앞, 뒤〉 따위의 고유어명사의 띄어쓰기에 관한 남북한 간의 어문 규정의 차이점을 이해하는 것이다.

◆**3분의 2이상이**(조선로동당 규약 제16조 제2행) / 112쪽

〈3분의∨ 2∨ 이상이〉와 같은 뜻으로 쓰이는 문구로 여기서 눈여겨보아야 할 동강은 어떤 명사 뒤에 〈부문, 분야, 기관, 담당, 관계, 이상(以上), 이하(以下) 등이 뒤따라와 함께 쓰이는 경우 띄어쓰기에 관한 남북한 간의 어문 규정의 차이점을 이해하는 것이다.

◆**당위원회내에는**(조선로동당 규약 제17조 제1행) / 113쪽

〈당∨ 위원회∨ 내에는〉과 같은 뜻으로 쓰이는 문구로 여기서 눈여겨보아야 할 동강은 〈내, 외, 전, 후, 상, 하〉 따위의 한자어 낱말이나 불완전 명사(의존 명사)의 띄어쓰기에 관한 남북한 간의 어문 규정의 차이점을 이해하는 것이다.

◆**3개월전에**(조선로동당 규약 제21조 제4행) / 118쪽

〈3개월∨ 전에〉와 같은 뜻으로 쓰이는 문구로 여기서 눈여겨보아야 할 동강은 〈전, 후, 상, 하〉 따위의 한자어 낱말이나 불완전 명사(의존 명사)의 띄어쓰기에 관한 남북한 간의 어문 규정의 차이점을 이해하는 것이다.

◆**당대회사이**(조선로동당 규약 제23조 제1행) / 119쪽

〈조선로동당∨ 대회∨ 사이〉와 같은 뜻으로 쓰이는 문구로 여기서 눈여겨보아야 할 동강은 〈앞, 옆, 뒤, 끝, 속, 밖, 안, 우(위), 아래, 밑, 사이〉 따위 시간과 공간의 뜻을 추상적으로 나타내는 고유어명사의 띄어쓰기에 관한 남북한 간의 어문 규정의 차이점을 이해하는 것이다.

◆**혁명대렬**(조선로동당 규약 제23조 제3행) / 120쪽

〈혁명∨ 대열(革命隊列)〉과 같은 뜻으로 쓰이는 문구로 여기서 눈여겨봐야 할 동강은 한자어 낱말을 한글로 적을 때 적용하는 두음 법칙과 〈모

음(아, 에, 이, 오, 우)〉이나 〈니은(ㄴ)〉 받침 뒤에 이어지는 한자어 〈列, 率(렬, 률)〉의 표기법에 관한 남북한 간의 어문 규정의 차이점을 이해하는 것이다.

◆**우리 나라**(조선로동당 규약 제27조 제3행) / 121쪽
〈우리나라〉와 같은 뜻으로 쓰이는 말로 여기서 눈여겨보아야 할 동강은 합성어의 띄어쓰기에 관한 남북한 간 어문 규정의 차이점을 이해하는 것이다.

◆**간부대렬**(조선로동당 규약 제33조 제9행) / 131쪽
〈간부(幹部)∨ 대열(隊列)〉과 같은 뜻으로 쓰이는 말로 여기서 눈여겨봐야 할 동강은 한자어 낱말을 한글로 적을 때 적용하는 두음 법칙과 〈모음(아, 에, 이, 오, 우)〉이나 〈니은(ㄴ)〉 받침 뒤에 이어지는 한자어 〈列, 率(렬, 률)〉의 표기법에 관한 남북한 간의 어문 규정의 차이점을 이해하는 것이다.

◆**전원회의사이에**(조선로동당 규약 제34조 제7행) / 139쪽
〈전원회의와∨ 전원회의∨ 사이에〉와 같은 뜻으로 쓰이는 문구로 여기서 눈여겨보아야 할 동강은 〈앞, 옆, 뒤, 끝, 속, 밖, 안, 우(위), 아래, 밑, 사이〉 따위 시간과 공간의 뜻을 추상적으로 나타내는 고유어명사의 띄어쓰기에 관한 남북한 간의 어문 규정의 차이점을 이해하는 것이다.

◆**2회이상**(조선로동당 규약 제34조 제10행) / 140쪽
〈2회∨ 이상〉과 같은 뜻으로 쓰이는 문구로 여기서 눈여겨보아야 할 동강은 어떤 명사 뒤에 〈부문, 분야, 기관, 담당, 관계, 이상(以上), 이하(以下) 등이 뒤따라와 함께 쓰이는 경우 띄어쓰기에 관한 남북한 간의 어문 규정의 차이점을 이해하는 것이다.

◆당규률문제(조선로동당 규약 제35조 제5행) / 141쪽

〈당(黨)∨ 규율(規律)∨ 문제(問題)〉 또는 〈조선로동당∨ 규율∨ 문제〉와 같은 뜻으로 쓰이는 문구로 여기서 눈여겨봐야 할 동강은 한자어 낱말을 한글로 적을 때 적용하는 두음 법칙과 〈모음(아, 에, 이, 오, 우)〉이나 〈니은(ㄴ)〉 받침 뒤에 이어지는 〈렬, 률〉의 표기법에 관한 남북한 간의 어문 규정의 차이점을 이해하는 것이다.

◆1개월전에(조선로동당 규약 제36조 제5행) / 146쪽

〈1개월∨ 전에〉와 같은 뜻으로 쓰이는 문구로 여기서 눈여겨보아야 할 동강은 〈전, 후, 상, 하〉 따위의 한자어 낱말이나 불완전 명사(의존 명사)의 띄어쓰기에 관한 남북한 간의 어문 규정의 차이점을 이해하는 것이다.

◆리행(조선로동당 규약 제38조 제21행) / 154쪽

〈이행(移行)〉과 같은 뜻으로 쓰이는 말로 여기서 눈여겨봐야 할 점은 한자어를 한글로 적을 때 적용하는 두음 법칙에 관한 남북한 간의 어문 규정의 차이점을 이해하는 것이다.

◆당세포사이(조선로동당 규약 제42조 제3항 제1행) / 161쪽

〈당세포∨ 사이〉와 같은 뜻으로 쓰이는 문구로 여기서 눈여겨보아야 할 동강은 〈사이, 앞, 옆, 뒤, 끝, 속, 밖, 안, 우(위), 아래〉 따위 시간과 공간의 뜻을 추상적으로 나타내는 고유어명사의 띄어쓰기에 관한 남북한 간의 어문 규정의 차이점을 이해하는 것이다.

◆1개월에 1회이상(조선로동당 규약 제43조 제1항 제1행) / 165쪽

〈1개월에 1회 이상〉과 같은 뜻으로 쓰이는 문구로 여기서 눈여겨보아야 할 동강은 어떤 명사 뒤에 〈부문, 분야, 기관, 담당, 관계, 이상(以上), 이

하(以下) 등이 뒤따라와 함께 쓰이는 경우 띄어쓰기에 관한 남북한 간의
어문 규정의 차이점을 이해하는 것이다.

◆**선거할수 있다**(조선로동당 규약 제44조 제2항 제4행) / 166쪽
〈선거할∨ 수∨ 있다〉와 같은 뜻으로 쓰이는 문구로 여기서 눈여겨보아
야 할 동강은 〈것, 수, 분〉 따위의 의존 명사(불완전명사)의 띄어쓰기에
관한 남북한 간의 어문 규정의 차이점을 이해하는 것이다.

◆**로선**(조선로동당 규약 제45조 제1항 제2행) / 170쪽
〈노선(路線)〉과 같은 뜻으로 쓰이는 정치 용어로 여기서 눈여겨보아야
할 동강은 한자어 낱말을 한글로 표기할 때 두음 법칙과 관련된 남북한
간의 어문 규정의 차이점을 이해하는 것이다.

◆**대렬**(조선로동당 규약 제45조 제2항 제2행) / 172쪽
〈대열(隊列)〉과 같은 뜻으로 쓰이는 말로 여기서 눈여겨봐야 할 동강은
한자어 낱말을 한글로 적을 때 적용하는 두음 법칙과 〈모음(아, 에, 이,
오, 우)〉이나 〈니은(ㄴ)〉 받침 뒤에 이어지는 한자어 〈列, 率(렬, 률)〉의
표기법에 관한 남북한 간의 어문 규정의 차이점을 이해하는 것이다.

◆**정치사상적수준**(조선로동당 규약 제45조 제3항 제4행) / 173쪽
〈정치적∨ 수준〉과 〈사상적∨ 수준〉을 합쳐놓은 문구로 여기서 눈여겨보
아야 할 동강은 같은 한자어 명사와 명사가 토(조사) 없이 2중 3중으로
어울린 문구의 띄어쓰기에 관한 남북한 간의 어문 규정의 차이점을 이해
하는 것이다.

◆**당이 부를때**(조선로동당 규약 제45조 제9항 제2행) / 181쪽
〈당이∨ 부를∨ 때〉와 같은 뜻으로 쓰이는 문구로 여기서 눈여겨봐야 할

동강은 시간과 공간을 추상적으로 나타내는 〈때, 사이(새), 앞, 뒤, 끝, 속, 밖, 안〉 따위의 고유어명사의 띄어쓰기에 관한 남북한 간의 어문 규정의 차이점을 이해하는 것이다.

◆군인들속에서(조선로동당 규약 제48조 제3행) / 186쪽
〈군인들∨ 속에서〉와 같은 뜻으로 쓰이는 문구로 여기서 눈여겨봐야 할 동강은 시간과 공간을 추상적으로 나타내는 〈속, 밖, 안, 때, 사이(새), 앞, 뒤, 끝〉 따위의 고유어명사의 띄어쓰기에 관한 남북한 간의 어문 규정의 차이점을 이해하는 것이다.

◆련계(조선로동당 규약 제50조 제1행) / 191쪽
〈연계(連繫/聯繫)와 같은 뜻으로 쓰이는 말로 여기서 눈여겨봐야 할 동강은 한자어를 한글로 적을 때 적용하는 두음 법칙에 관한 남북한 간의 어문 규정의 차이점을 이해하는 것이다.

◆중앙기관내에(조선로동당 규약 제52조 제1행) / 194쪽
〈중앙∨ 기관∨ 내에〉와 같은 뜻으로 쓰이는 문구로 여기서 눈여겨보아야 할 동강은 〈내, 외, 전, 후, 상, 하〉 따위의 한자어 낱말이나 불완전 명사(의존 명사)의 띄어쓰기에 관한 남북한 간의 어문 규정의 차이점을 이해하는 것이다.

◆지도하에(조선로동당 규약 제52조 제2행) / 195쪽
〈지도∨ 하에〉와 같은 뜻으로 쓰이는 문구로 여기서 눈여겨보아야 할 동강은 〈상, 하, 내, 외, 전, 후〉 따위의 한자어 낱말이나 불완전 명사(의존 명사)의 띄어쓰기에 관한 남북한 간의 어문 규정의 차이점을 이해하는 것이다.

◆**로선**(조선로동당 규약 제54조 제1행) / 195쪽

〈노선(路線)〉과 같은 뜻으로 쓰이는 말로 여기서 눈여겨보아야 할 동강
은 한자어 낱말을 한글로 표기할 때 두음 법칙과 관련된 남북한 간의 어
문 규정의 차이점을 이해하는 것이다.

◆**련결**(조선로동당 규약 제56조 제4행) / 199쪽

〈연결(連結)〉과 같은 뜻으로 쓰이는 문구로 여기서 눈여겨봐야 할 동강
은 한자어를 한글로 적을 때 적용하는 두음 법칙에 관한 남북한 간의 어
문 규정의 차이점을 이해하는 것이다.

◆**로동대중**(조선로동당 규약 제58조 제1행) / 201쪽

〈노동∨ 대중(勞動大衆)〉과 같은 뜻으로 쓰이는 문구로 여기서 눈여겨보
아야 할 동강은 한자어 낱말을 한글로 적을 때 적용하는 두음 법칙과 관
련된 남북한 간의 어문 규정의 차이점을 이해하는 것이다.

2. 되돌아본 주요 내용 정리하기

이상 53개 복합어와 특이 문구를 내용별로 분류해 보면

1)자모의 배열과 발음의 차이점
　⇒**보기**
　남한 :
　　한글 자모의 수는 스물넉 자로 하고, 그 순서와 이름은 다음과

같이 정한다.

ㄱ(기역) ㄴ(니은) ㄷ(디귿) ㄹ(리을) ㅁ(미음) ㅂ(비읍) ㅅ(시옷)
ㅇ(이응) ㅈ(지읒) ㅊ(치읓) ㅋ(키읔) ㅌ(티읕) ㅍ(피읖) ㅎ(히읗)
ㅏ(아) ㅑ(야) ㅓ(어) ㅕ(여) ㅗ(오) ㅛ(요) ㅜ(우) ㅠ(유) ㅡ(으)
ㅣ(이)

위의 자모로써 적을 수 없는 소리는 두 개 이상의 자모를 어울러
서 적되, 그 순서와 이름은 다음과 같이 정한다.

ㄲ(쌍기역) ㄸ(쌍디귿) ㅃ(쌍비읍) ㅆ(쌍시옷) ㅉ(쌍지읒) ㅐ(애)
ㅒ(얘) ㅔ(에) ㅖ(예) ㅘ(와) ㅙ(왜) ㅚ(외) ㅝ(워) ㅞ(웨) ㅟ(위)
ㅢ(의)

사전에 올릴 적의 자모 순서는 다음과 같이 정한다.

자 음: ㄱ ㄲ ㄴ ㄷ ㄸ ㄹ ㅁ ㅂ ㅃ ㅅ ㅆ ㅇ ㅈ ㅉ ㅊ
　　　 ㅋ ㅌ ㅍ ㅎ
모 음: ㅏ ㅐ ㅑ ㅒ ㅓ ㅔ ㅕ ㅖ ㅗ ㅘ ㅙ ㅚ ㅛ ㅜ ㅝ
　　　 ㅞ ㅟ ㅠ ㅡ ㅢ ㅣ

북한 :

제1항 조선어 자모의 차례와 그 이름은 다음과 같다.

ㄱ(기윽) ㄴ(니은) ㄷ(디읃) ㄹ(리을) ㅁ(미음) ㅂ(비읍) ㅅ(시읏)
ㅇ(이응) ㅈ(지읒) ㅊ(치읓) ㅋ(키읔) ㅌ(티읕) ㅍ(피읖) ㅎ(히읗)
ㄲ(된기윽) ㄸ(된디읃) ㅃ(된비읍) ㅆ(된시읏) ㅉ(된지읒)

ㅏ (아) ㅑ (야) ㅓ (어) ㅕ (여) ㅗ (오) ㅛ (요) ㅜ (우)
ㅠ (유) ㅡ (으) ㅣ (이) ㅔ (에) ㅐ (애) ㅖ (에) ㅖ (예)
ㅚ (외) ㅟ (위) ㅢ (의) ㅘ (와) ㅝ (워) ㅙ (왜) ㅞ (웨)

자음 글자의 이름은 각각 다음과 같이 부를 수도 있다.
(그) (느) (드) (르) (므) (브) (스) (응) (즈) (츠) (크) (트)
(프) (흐)(끄) (뜨) (쁘) (쓰) (쯔)

사전에 올릴 적의 자모 순서는 다음과 같이 정한다.
자음: ㄱ ㄴ ㄷ ㄹ ㅁ ㅂ ㅅ (ㅇ) ㅈ ㅊ ㅋ ㅌ ㅍ
　　　ㅎ ㄲ ㄸ ㅃ ㅆ ㅉ

※ (　　)안의 것은 받침의 경우에만 해당한다.

모음: ㅏ ㅑ ㅓ ㅕ ㅗ ㅛ ㅜ ㅠ ㅡ ㅣ ㅐ ㅒ ㅔ ㅖ
　　　ㅚ ㅟ ㅢ ㅘ ㅝ ㅙ ㅞ

2)고어의 표준어 사정 기준과 용례의 차이점

⇒보기

남한 : 위, 윗니 따위

북한 : 우, 웃니 따위

3)한자어 낱말의 두음 법칙의 차이점

⇒보기

남한 : 〈路線〉은 〈노선〉, 〈勞動〉은 〈노동〉, 〈年齡〉은 〈연령〉으로
　　　　〈利益〉은 〈이익〉, 〈理性〉은 〈이성〉, 〈理髮〉은 〈이발〉로
　　　　〈女子〉는 〈여자〉, 〈女性〉은 〈여성〉으로

북한 : 〈路線〉은 〈로선〉, 〈勞動〉은 〈로동〉, 〈年齡〉은 〈년령〉으로
　　　　〈利益〉은 〈리익〉, 〈理性〉은 〈리성〉, 〈理髮〉은 〈리발〉로
　　　　〈女子〉는 〈녀자〉, 〈女性〉은 〈녀성〉으로

4)사이시옷에 관한 차이점

　⇒보기

　남한 : 배길(×)→뱃길(○), 기발(×)→깃발(○), 기대(×)→깃대(○)

　북한 : 뱃길(×)→배길(○), 깃발(×)→기발(○), 깃대(×)→기대(○)

5)된소리가나는 접미사 표기에 관한 차이점

　보기⇒

　남한 : 일군(×)→일꾼(○), 장군(×)→장꾼(○), 날자(×)→날짜(○)

　북한 : 일꾼(×)→일군(○), 장꾼(×)→장군(○), 날짜(×)→날자(○)

6)니은(ㄴ) 받침 뒤의 〈렬, 률〉 표기 차이점

　⇒보기

　남한 : 분열, 선열, 비열, 진열, 선율, 비율, 백분율, 실패율, 전율

　북한 : 분렬, 선렬, 비렬, 진렬, 선률, 비률, 백분률, 실패률, 전률

7)둘째 음절에 모음 〈 ㅖ 〉가 올 경우의 표기에 관한 차이점

　⇒보기

　남한 : 貨幣→화폐,　開閉→개폐,　塵肺症→진폐증

　북한 : 貨幣→화폐,　開閉→개폐,　塵肺症→진폐증

8)동사, 형용사의 말 줄기를 합하여 만든 합친 말의 용례와 띄어쓰기

　⇒보기

　　남한 : 조직∨ 동원시키다,　장성∨ 강화시키다,　공고∨ 발전시키다,
　　　　　생산∨ 보장하다,　　폭로∨ 규탄하다,　　고무∨ 충동하다,
　　　　　조직∨ 전개하다,　　극복∨ 타개하다,　　통일∨ 단결되다,
　　　　　확대∨ 강화∨ 발전되다,　강유력한,　옹호∨ 고수하고

　　북한 : 조직동원시키다,　　장성강화시키다,　　공고발전시키다,
　　　　　생산보장하다,　　　폭로규탄하다,　　　고무충동하다,
　　　　　조직전개하다,　　　극복타개하다,　　　통일단결되다,
　　　　　확대강화발전되다,　강유력한,　　옹호고수하고

9) 말 줄기의 모음이 〈 ㅣ, ㅐ, ㅔ, ㅚ, ㅢ 〉인 경우와
　줄기가 〈하〉인 경우의 종결어미 처리의 차이점

　⇒보기

　　남한 : 〈개다〉는 〈개어, 개었다〉로,
　　　　　〈하시다〉는 〈하시어, 하시었다〉로,
　　　　　〈발전시키시다〉는 〈발전시키시어, 발전시키시었다〉

　　북한 : 〈개다〉는 〈개여, 개였다〉로,
　　　　　〈하시다〉는 〈하시여, 하시였다〉로,
　　　　　〈발전시키시다〉는 〈발전시키시여, 발전시키시였다〉로

10)외래어 표기에 관한 차이점

　⇒보기

　　남한 : intelligentsia→인텔리 , bourgeoisie→부르주아지,
　　　　　proletariat→프롤레타리아, tank→탱크

　　북한 : intelligentsia→인테리 , bourgeoisie→부르죠아지,
　　　　　proletariat→프로레타리아, tank→탕크

11)한자어의 한글 표기 차이점

⇒보기

　남한 : 怨讎→원수, 改悛→개전, 浚渫→준설

　북한 : 怨讎→원쑤, 改悛→개준, 浚渫→준척

12)일반 문구의 떼어쓰기 차이점

⇒보기

　남한 : 3대∨ 혁명∨ 붉은기∨ 쟁취∨ 운동,

　　　　사회주의적∨ 민족문화∨ 건설,

　　　　1년∨ 동안의∨ 학교전∨ 의무교육,

　　　　전반적∨ 11년제∨ 의무교육

　북한 : 3대혁명붉은기쟁취운동,

　　　　사회주의적민족문화건설,

　　　　1년동안의 학교전의무교육,

　　　　전반적11년제의무교육

―의존 명사, 고유어명사, 추상명사 등이 어울린 문구의 떼어쓰기

⇒보기

　남한 : 모든∨ 것이　　　　소환할∨ 수

　　　　선거자들∨ 앞에　　　군대∨ 안에서

　　　　17살∨ 이상의　　　휴회∨중에는

　북한 : 모든 것이　　　　소환할수

　　　　선거자들앞에　　　군대안에서

　　　　17살이상의　　　　휴회중에는

―2중 3중으로 명사가 어울린 문구의 떼어쓰기

⇒보기

남한 : 우리나라, 륭성∨ 번영, 근로∨ 인민∨ 대중
        주체∨ 혁명∨ 위업, 공산주의∨ 건설자
북한 : 우리 나라, 륭성번영, 근로인민대중,
        주체혁명위업, 공산주의건설자

―**명사, 보조동사가 한데 어울린 문구의 떼어쓰기**
 ⇒보기
남한 : 지도적∨지침, 계급적∨ 원쑤들과, 완성하여∨나갈∨ 것이다
북한 : 지도적지침,   계급적원쑤들과,   완성하여나갈것이다

―**동사, 형용사가 한데 어울린 문구의 떼어쓰기**
 ⇒보기
남한 : 주인으로 되고있으며,
        공고∨ 발전시키며,
        개화∨ 발전하고∨ 있는,
        계승∨ 발전시킨다
북한 : 주인으로 되고있으며,
        공고발전시키며,
        개화발전하고있는,
        계승발전시킨다

13)문장 부호 용례의 차이점
 ⇒보기
남한 : 온점 : < . >
        가운뎃점 : < · >
        반두점 : (남한에는 없다)

드러냄표 : ‥‥‥‥‥(남한에서는 글자의 위에 찍는다)
북한 : 점 : ＜ ． ＞
가운뎃점 : (북한에는 없다)
반두점 : ＜ ； ＞
드러냄표 : ⋯⋯⋯⋯⋯(북한에서는 글자의 밑에 찍는다)

　지금까지 살펴본 남북한 언어 규범의 차이점은 세종 임금이 창제하신 〈훈민정음〉을 국어로 사용해 온 7,000만 민족에게 엄청난 불편과 혼란을 안겨주고 있음을 알 수 있다. 그렇다면 옛날에도 군사분계선 이북 지역에 거주한 북쪽 동포들은 〈조선말규범집〉 규정에 따라 언어 생활을 해 왔고 이남 지역에 거주한 남쪽 동포들은 〈한글 맞춤법〉 규정에 따라 언어생활을 해 왔는가 하는 점을 한 번 생각해 볼 필요가 있다.

　광복 이전에는 이렇지 않았다. 조국이 남북으로 갈라져 남쪽은 남쪽대로, 북쪽은 북쪽대로 서로 이념과 체제를 달리했어도 1950년 중반까지는 조선어학회가 1933년에 공포한 〈한글 마춤법 통일안(현재는 '한글 맞춤법 통일안'으로 표기한다)〉을 남북이 공히 언어 규범으로 사용해 왔기 때문에 국어 언어 규범 측면에서는 그렇게 큰 차이가 없었다.

　여기서 조선어학회가 1933년에 공포한 〈한글 마춤법 통일안〉에 대해 한번 살펴보자.

3. 조선어학회와 〈한글 마춤법 통일안〉

　〈한글 마춤법 통일안〉은 한글의 표기 규정을 담고 있는 규범집이다. 세종 임금 시절에 한글이 창제되기는 했으나 당시 한글로 우리말을 표기

할 때 따라야 할 표기 규범이 별도로 마련되어 백성들에게 공포된 적은
없었다. 15세기에 중앙 관서에서 한글로 책을 간행할 때에는 어느 정도
정제된 규범에 따라 표기가 이루어졌지만, 그 후에 한글이 일반 백성들에
게 보급되고 한글로 글을 쓰고 책을 간행하는 주체가 다양해지면서 한글
의 표기는 일정한 규범 없이 다양하고 혼란스럽게 기록되어지곤 했다.
조선시대에는 지식인들의 학문 활동이나 공적인 문서 생활이 주로 한자
어(이두 포함)로 이루어졌기 때문에, 별도로 마련된 한글의 표기 규범이
없어도 심각한 불편을 없었다. 그러나 1894년 갑오경장 때 법률과 칙령
등 공문서에 한글만 사용하거나 한자와 한글을 혼용하도록 하는 등 한글
이 공적, 사적 생활의 구석구석까지 파고들면서 일정한 표기 규범이 확립
되어 있지 않음으로써 발생하는 혼란에 대해 많은 사람들이 불편과 심각
성을 깨닫게 되었다.

　　이러한 인식에 따라 표기 규범을 확립하려는 노력과 이를 위한 기초
연구가 개화기에 시작되었다. 주시경(周時經) 선생은 이러한 부문에서는
선구자적인 역할을 담당했던 인물이다. 당시 정부는 1907년 7월 학부 안
에 〈국문연구소〉를 설치하고 주시경을 비롯한 학자들이 한글 표기 규범
과 관련된 연구를 수행하게 하였다. 이 연구는 1909년 〈국문 연구 의정
안〉으로 제출되었으나 한일 합방으로 국문연구소 위원들의 노력이 직접
결실을 맺지는 못하였다. 합방 후 1911년 조선총독부 학무국에서 철자법
제정 위원들을 선정하여 다섯 차례의 회의를 거쳐 1912년 4월 〈보통학교
용 언문 철자법〉을 확정하였고, 1921년과 1930년에 개정이 있었다. 특히
1930년의 개정은 뒷날 조선어학회의 핵심적인 학자들이 참여하여 〈한글
마춤법 통일안〉과 비슷하게 되었다.

　　이와 같은 정부기구의 활동과는 달리 민간 학술계에서는 주시경 선생
의 학통을 잇는 임경재(任暻宰)·최두선(崔斗善)·이규방(李奎昉)·권덕규
(權悳奎)·장지영(張志暎)·신명균(申明均) 등 10여 명의 문하생들이 1921

년 12월 휘문의숙(徽文義塾)에서 〈조선어연구회[87]〉를 조직하여 우리말과 한글에 대한 연구와 보급 활동을 벌여 나갔다. 당시의 신문과 잡지 등 근대적인 언론 기관에서도 철자법 제정의 필요성을 절감하게 되었고, 학자들도 1929년 10월 조선어 사전 편찬회를 조직하고 사전 편찬의 바탕이 되는 맞춤법과 표준어, 외래어 표기법을 먼저 제정하기로 하였다.

　조선어연구회는 1930년 12월 13일 열린 총회에서 12명의 맞춤법 제정 위원을 지명하고 단체의 명칭을 1931년부터 〈조선어학회〉로 개칭하기로 했다. 총회에서 지명된 12명의 맞춤법 제정 위원은 2년여의 심의를 거쳐 1932년 12월 맞춤법 원안 작성을 마쳤다. 2년여의 심의를 거친 맞춤법 원안은 그 후 다시 심의와 수정을 거쳐 1933년 10월 29일 한글 반포 제487회 기념일인 한글날을 기해 〈한글 마춤법 통일안〉이라는 이름으로 공포된 후 책으로도 간행되었다.

　당시 책으로 간행된 〈한글 마춤법 통일안[88]〉은 머리말, 총론, 각론, 부

---

87)조선어학회의 전신인 국어연구학회는 1908년 8월 31일 〈국어연구학회〉라는 명칭으로 창립되었다. 초대 회장은 김정진 선생이었고, 주시경 선생은 강습소의 강사로 활동했다. 이 단체는 1911년 9월 3일 학회 이름을 〈배달말글 몯음〉으로, 1913년 3월에는 주시경 선생이이 회장 직을 맡으면서 〈한글모〉로 바꾸었다. 강습소의 명칭도 1911년에는 〈조선어강습원〉으로, 1914년에는 〈한글 배곧〉으로 바꾸었다. 그러다가 1917년부터 활동이 침체되자 1921년 12월 3일 1921년 12월 3일 주시경(周時經) 선생의 문하생인 임경재(任暻宰)·최두선(崔斗善)·이규방(李奎昉)·권덕규(權悳奎)·장지영(張志暎)·신명균(申明均) 등 10여 명이 휘문의숙(徽文義塾)에서 학술단체의 명칭을 〈조선어연구회〉로 바꾸며 활동을 재개했다. 이 연구회는 1931년 1월 단체 명칭을 다시 〈조선어학회〉로 바꾸었다. 조선어학회는 창립 초기부터 단순히 국어학 연구만을 목적으로 하지 않고 일제 강점기에 우리말인 한글을 통해 민족 사상을 고취시키려 애썼다. 1926년 훈민정음 반포 480년을 기념하면서 9월 29일(음력)을 〈가갸날〉이라 정해 첫 기념식을 가진 바 있는데 이 〈가갸날〉이 오늘날의 한글날 기초가 되고 있다. 이후 조선어학회는 1929년 10월 〈조선어사전편찬회〉를 조직하여 〈큰사전〉 편찬에 힘썼는데 원고가 1／3 정도 완성되어 1942년 봄에 조판에 들어갔으나 그해 가을 〈조선어학회사건〉이 일어나 중단되었다. 조선어학회는 1930년 12월 〈한글 마춤법 통일안〉 제정 위원을 선출한 다음 1933년 10월 29일 〈한글 마춤법 통일안〉을 공표하여 국어 정서법을 확정했다.

88)1933년 한글날을 기해 공표된 〈한글 마춤법 통일안〉 전문을 보고 싶은 독자들은 1)한글학회 인터넷 사이트(http://www.hangeul.or.kr) 또는 2)한글박물관 인터넷 사이

록으로 이루어져 있다. 각론은 제1장 자모, 제2장 성음에 관한 것, 제3장 문법에 관한 것, 제4장 한자어, 제5장 약어, 제6장 외래어 표기법, 제7장 띄어쓰기로 구성되어 있고, 부록에는 표준어와 문장부호가 실려 있다.

총론에 맞춤법 제정의 3대 원칙이 천명되어 있었는데, ①표준말을 그 소리대로 적되 어법에 맞도록 하고, ②표준말은 현재 중류 사회에서 쓰는 서울말로 하고, ③문장의 각 단어는 띄어 쓰되 토는 그 웃말에 붙여 쓰도록 하였다.

〈한글 마춤법 통일안〉은 그 후 널리 보급되었다. 해방 후에도 사실상의 공식적인 한글 언어 규범으로서의 역할을 계속 수행했다. 한글 마춤법 통일안은 1937년, 1940년, 1946년, 1948년, 1956년, 1980년 약간의 수정이 있었으나 큰 틀은 변함 없이 유지되었고, 〈국어연구소〉에서 제정하여 1988년 문교부에서 고시한 최초의 국정 맞춤법인 《한글 맞춤법》에도 이 틀이 유지되었다.

북한의 언어 규범도 이 통일안을 골격으로 하여 이루어졌다. 그러나 북한은 1948년 조선어신철자법을 발표하면서 〈한글〉이라는 용어를 대신해 〈조선어〉로 표기하였다. 조선어라는 용어를 선택하면서 북한은 1933년 〈한글 마춤법 통일안〉 규정을 벗어나 한글 자모의 이름과 배열을 다르게 하였고, 한자어 낱말의 어두에 〈ㄴ · ㄹ〉이 올 경우 두음 법칙을 무시한 채로 발음하는 원칙도 새로 만들었다. 1954년에도 북한은 조선어철자법과 조선말규범집을 발표했고 1964년과 1966년에는 김일성이 교시를 내놓는 등 의도적으로 민족 공통의 문화유산을 계승한 남쪽과는 다른 방향으로 어문 정책을 추진해 나갔다. 그 결과 북한에서는 한글 대신 조선어라는 표현이 점차 자리를 잡았고 한자어의 낱말을 한글로 적을 때 계속 어두의 두음법칙을 무시한 채로 인민들의 언어 정책을 펼쳐 나갔다.

─────────────────

트(http:// www.hangeulmuseum.org)에 수록해 놓은 〈한글 마춤법 통일안〉 전문을 참조하기 바람.

한글이라는 명칭도 조선어라는 용어로 대신했고 한글 자모의 수는 40자로 늘였으며 그 이름도 〈기역〉에서 〈기윽〉으로, 〈디귿〉에서 〈디읃〉으로 바꾸면서 남북은 제각각 한글 언어 규범을 바꾸어 나갔다. 이렇게 되어 북한의 〈조선말 규범집〉은 〈한글 마춤법 통일안〉의 큰 틀을 이어받은 〈한글 맞춤법〉과는 완전히 다른 언어 규범이 되고 말았다.

그럼 여기서 남북한 언어 규범의 변경 과정을 한번 살펴보자.

4. 남북한 언어 규범 변경 과정

남한은 1) 1946년 한글 맞춤법 통일안 일부 개정, 2) 1948년 한글 맞춤법 통일안 한글판, 3) 1958년 한글 맞춤법 통일안 용어 수정판, 4) 1980년 한글학회의 한글 맞춤법, 5) 1989년 문교부의 한글 맞춤법 공포 등 다섯 차례에 걸쳐 언어 규범을 변경하며 오늘에 이르고 있다.

북한은 1) 1948년 조선어 신 철자법 공포, 2) 1954년 조선어 철자법 공포, 3) 1966년 조선말규범집 공포, 4) 1988년 조선말규범집 공포 등 네 차례에 걸쳐 언어 규범을 변경하며 오늘에 이르고 있다.

이렇게 변경된 남북한 언어 규범 내용의 이론적 연구와 비교 분석은 학계에서 여러 학자들이 이미 여러 차례 깊이 있게 연구해 학술지와 인터넷 상으로 발표해 인터넷을 할 수 있는 사람이라면 그동안의 선행 연구 논문들은 쉽게 접할 수 있다.

저자도 그동안 국내 몇몇 학자들의 선행 연구 논문을 감명 깊게 읽은 바 있고 그 내용을 참고문헌 편에 기술해 놓았으므로 관심만 있다면 누구든지 그런 학술 논문들을 인터넷상에서 구해 읽을 수 있을 것이다. 또 본서의 부록 편에 남한의 〈한글 맞춤법 1989년 판〉 내용 전문과 북한의 〈조선말규범집 1988년 판〉 내용 전문을 수록해 놓았으므로 독자 제현은

이 부록 편의 남북한 언어 규범을 찬찬히 비교해 보면 어느 정도 차이가 난다는 점을 쉽게 알 수 있을 것이다.

이 책은 그동안의 선행연구처럼 남북한의 언어 규범을 이론적으로 비교 연구해 그 차이점을 찾거나 어느 쪽이 옳고 그르다는 것을 판정하자는 것이 아니다. 남북한의 서로 다른 언어 규범에 의해, 이미 언어 생활이 굳어진 남북한 동포들의 〈언어 이질화 현상〉을 객관성과 대표성이 인정되는 북한의 공식 법전의 문장을 놓고 하나 하나 따져 보면서 "2,300만 북한 동포들은 우리와 어느 정도 다르게 언어 생활을 하고 있는가? "를 남한의 4,500만 국민 각자가 다 같이 공감해 보자는 데 이 책의 집필 목적이 있는 것이다. 그리고 1933년 〈한글 마춤법 통일안〉이라는 언어 규범으로 출발한 7,000만 민족의 언어 생활이 지난 반세기 동안 남북한 언어 규범의 차이로 이렇게 심각하게 변질되어 있으므로 다소 악화가 양화를 구축하는 격이 되더라도 남북이 빨리 합의해 〈남북한 통일 언어 규범〉을 만들어 세종 임금의 한글 창제 정신을 되살려보자는 데 깊은 뜻이 있는 것이다.

세종 임금은 1446년(50세, 세종 28년) 9월 〈훈민정음(한글)〉을 반포할 때 "우리나라의 말이 중국말과 달라서, 한자와는 서로 통하지 아니하므로, 이런 까닭에 어진 백성들이 말하고 싶은 것이 있어도, 그 뜻을 담아서 나타내지 못하는 사람이 많으니라. 내가 이것을 딱하게 여겨 새로 스물 여덟 글자를 만들어 내놓으니, 모든 사람으로 하여금 쉽게 깨우쳐 날로 씀에 편하게 하고자 할 따름이니라. (國之語音異乎中國 與文子不相流通 故愚民有所欲言而 終不得伸其情者多矣 予爲此憫然 新制二十八字 欲使人人易習便於日用耳)" 라는 글을 남겼다.

그런데 우리가 〈원전 법 조항별 특이 용어와 특이 문장 깊이 알기〉에서 살펴본 〈사회주의헌법〉 전문과 7장 166개 조항으로 구성된 법령 문장들은 언어 규범 측면에서 자모의 배열, 두음법칙, 사이시옷, 외래어표기법(한자어 포함), 띄어쓰기, 문장부호 등에서 많은 차이점을 보이면서 〈훈민정음〉을 겨레말로 사용해 온 7,000만 민족에게 엄청난 불편과 혼란을 안겨주고 있다.

필자가 지난 수십 년 동안 북한에서 펴낸 조선문화어사전과 조선말사전 그리고 백과사전을 비롯한 각종 전문사전을 펼쳐보면서 북한 말 공부를 할 때 가장 불편했던 점은 북한 사전의 자모 배열 방식이었다. 가령 〈깎다〉라는 동사의 말뜻과 용례를 살펴보기 위해 북한 사회과학원 출판사가 펴낸 〈조선문화어사전〉을 펼쳤을 때 쌍기역으로 시작하는 올림말 부분을 찾아들어 가려면 〈기역〉 군에서 동떨어진 〈히읗류〉 올림말이 끝나는 〈863쪽〉을 어렵게 찾아가다 보면 그만 찾아가는 과정에서 하도 힘이 들어 찾아보려는 낱말 자체를 잊어 먹는 경우가 한두 번이 아니었다. 그래도 사륙배판 1,060쪽 한 권으로 제본된 〈조선문화어사전〉은 좀 나은 편이다. 총 3권으로 양장 제본된 〈조선말사전〉은 어떤 단어를 찾다가 ㄲ(된기윽), ㄸ(된디으ㄷ), ㅃ(된비읍), ㅆ(된시읏), ㅉ(된지읒) 군의 어떤 단어나 ㅔ(에), ㅖ(예), ㅚ(외), ㅟ(위), ㅢ(의), ㅘ(와), ㅝ(워), ㅙ(왜), ㅞ(왜) 군의 단어를 찾기 위해 3권짜리 사전을 이것저것 뒤적거리다 보면 그만 찾아야 할 단어를 잊어먹어 버려 몇 차례 원점에서 새로 시작하는 경우가 많았다. 그래도 단어가 찾아지지 않을 때는 사전을 만든 사람들을 원망하며 욕설을 내뱉은 경우도 많다. 빨리 사전을 통해 어떤 정보나 지식을 얻고 싶은데 자모의 배열이 엉뚱하고 사용하기가 불편한 관계로 북한의 언어 정책과 그 정책에 따라 책을 만든 사람들은 향해 필자 자신도 모르게 불편한 심기를 쏟아 뱉은 것이다.

이런 심리는 국립국어연구원[89]이 만든 〈표준국어대사전〉을 뒤적일 때도 마찬가지다. 필자만이 느끼는 감정인지는 모르겠으나 지난 1999년 11월에 완성된 국립국어연구원의 〈표준국어대사전〉은 "우리 민족이 한글을

---

89) 현재는 〈국립국어원〉으로 개칭되었음.

사용하면서 만든 국어사전 중 가장 잘 만든 언어사전"이라는 평을 듣고 있다. 이 사전이 완성됨으로써 국내의 대기업형 출판사에서 펴낸 국어사전은 수십 년 동안 명성을 날려온 그동안의 공적이 퇴색되고 말았다. 표준국어대사전은 표제어·뜻풀이·용례·발음·띄어쓰기·문법 정보 등 여러 면에서 독보적이었다. 평생 사전을 뒤적이며 글을 쓰고 책을 만들면서 살아온 필자에게는 그렇게 보배로울 수가 없었다. 더구나 최근에는 시력 관계로 종이로 만든 사전보다 전자사전을 선호하는 경향이고, 컴퓨터 앞에 앉아서 키보드의 자판을 눌러가면서 모니터에다 글을 쓰는 관계로 국립국어연구원의 전자화 된 표준국어대사전을 즐겨 사용하는 관계로 여간 해서는 종이로 만든 사전을 잘 뒤적거리지 않는 것이 버릇이 되고 말았다.

특히 이번에 북한 법전의 112개 법령 문장 속의 복합어나 다음절 전문 용어, 특이 문구의 띄어쓰기 용례를 국립국어연구원이 펴낸 〈표준국어대사전〉 띄어쓰기 규범과 일치시키기 위해 수없이 〈표준국어대사전〉을 드나들었는데 필자는 그때마다 우리나라의 국문학자들을 원망했다. 말과 글은 세종 임금이 훈민정음을 반포할 때 하신 말씀처럼 "모든 사람으로 하여금 쉽게 깨우쳐 날로 씀에 편하게 하고자 할 따름이니라" 하는 창제 정신을 저버리지 않아야 하는데 1933년 〈한글 마춤법 통일안〉이 공포된 이후 다섯 차례에 걸쳐 개정된 한글 언어 규범이 〈훈민정음〉 창제 정신과는 달리 자꾸 어려워지고 있는 것에 대해 화가 난 것이다.

조선어학회가 1933년 〈한글 마춤법 통일안〉을 공포할 때만 해도 우리말의 띄어쓰기는 참으로 쉬웠는데 1988년 1월 19일 문교부 고시 제88-1호로 공포된 4차 개정본 〈한글 맞춤법〉 띄어쓰기 규정은 생각할수록 내 자신을 초라하게 만든다. 또 내 이웃의 수많은 문인 작가들과 평범한 시민들에게 좌절감을 안겨 주면서 자존심을 짓뭉개고 있다는 생각이 들 때도 많았다.

실례로 한글 맞춤법 제1장 총칙 제2항 "문장의 각 단어는 띄어씀을 원칙으로 한다."라고 규범을 정해놓았으면 그대로 준수해야지 왜 예외 조항을 만들어 〈개인소유〉, 〈개인숭배〉, 〈검찰기관〉 같은 복합어와 전문 용어는 붙여 써야 현행 언어 규범에 맞는가 하는 점이다. 현대인의 언어생활에서 사용 빈도가 높은 말은 "원칙은 띄어 써야 하나 붙여 쓰는 것을 허용한다"는 규정을 몰라서 이러는 것이 아니다.

자, 그렇다면 〈개인소유〉라는 말은 〈개인〉과 〈소유〉라는 낱말 사이를 붙여 쓰는 것을 허용한다면 〈집단소유〉, 〈단체소유〉 〈국가소유〉는 왜 낱말과 낱말 사이를 붙여 쓰는 것을 허용하지 않고 띄어 써야만 현행 언어 규범에 맞도록 해놓았으며, 건국 이후 최고로 잘 만든 사전이라고 자타가 공인하는 국립국어원의 〈표준국어대사전〉에는 왜 이런 말의 말뜻을 정확히 알기 위해 검색창을 누르면 "검색된 단어가 없습니다."라는 답변만 나오는가 하는 점이다.

어디 이 말뿐인가. 한때 문교부가 펴낸 초등 학교와 중고등 학생용 국정 교과서의 운문과 산문 문장 속에 나오는 〈우리나라〉라는 낱말은 〈우리〉라는 명사와 〈나라〉라는 명사가 합쳐진 합성명사로 〈한글 맞춤법〉 규정으로는 붙여 써야 바른 표기법이 된다. 개인적으로는 도무지 납득이 되지 않는 말이지만 악법도 법이니까 〈한글 맞춤법〉 규정상 붙여 써야 한다면 도리 없이 지켜야 한다.

그런데 〈한글 맞춤법〉 규정에 따라 〈우리나라〉 〈우리말〉 〈우리글〉은 붙여 써야 한다고 규정을 만들었으면 〈우리∨ 집〉 〈우리∨ 마을〉 〈우리∨ 학교〉 〈우리∨ 회사〉는 왜 띄어 써야 맞는 표기법이 되며 평범한 시민들이 무엇을 근거로 〈우리나라〉 〈우리말〉 〈우리글〉은 낱말과 낱말 사이를 붙여 써야 바른 표기법이 되고 그 외 〈우리∨ 집〉 〈우리∨ 마을〉 〈우리∨ 학교〉 〈우리∨ 회사〉는 띄어 써야 바른 표기법이 된다는 것을 알 수 있겠는가?

　　실례로 〈남북한 한글 맞춤법 통일을 위한 사회주의 헌법 문장 연구〉와 〈남북한 한글 맞춤법 통일을 위한 조선로동당 규약 문장 연구〉 속에 나오는 법령 문장 속의 복합어나 다음절 한자어 낱말의 띄어쓰기 문제를 해결하기 위해 필자가 국립국어원이 펴낸 〈표준국어대사전〉을 이용하여 하나하나 검색해 본 결과 다음과 같은 다음절 용어는 낱말과 낱말 사이를 반드시 붙여 써야 하거나 붙여 쓰는 것을 허용하는 말들이다. 독자 제현은 잘 기억해 두었다 〈한글 맞춤법〉 규정에 위배되는 일이 없도록 지혜롭게 활용하기 바란다.

5. 낱말 사이를 붙여 써야 하거나
　　붙여 쓰는 것을 허용하는 말들

개인소유	개인숭배	검찰기관	경영관리	경쟁운동	경제계획
경제법칙	경제사업	경제생활	경제투쟁	경제형태	경제형태
경제활동	계급교양	계급의식	계급투쟁	계획경제	공동소유
공산혁명	공업관리	과학교육	관병일치	교양기관	교육기관
교통수단	국가계획	국가관리	국가권력	국가기관	국가기구
국가사회보험	국가주권	국민소득	군사간부	군사동원	
군사사업	군사작전	군사정책	군사훈련	군중로선	권력기관
근로계약	근로대중	기본법령	기술혁명	기술혁신	노농동맹
노동계급	노동계약	노동능력	노동단체	노동대상	노동시간
노동조건	노동조직	당기관	대중운동	무장투쟁	문화생활
문화생활	문화혁명	물리치료	민족간부	민족경제	민족국가
민족문화	반동사상	법무생활	보조동사	보통법령	보호기관
본위주의	봉건시대	비밀투표	사대사상	사법기관	사법제도

사상교양　　사상사업　　사상투쟁　　사상혁명　　사업작풍　　사유재산
사회계층　　사회단체　　사회보장　　사회보장제도　　사회보험
사회생활　　사회제도　　상임위원회　　생산관계　　생산능률
생산문화　　생산수단　　생산조직　　생활문화　　생활양식　　시장경제
식사요법　　왕조시대　　외곽단체　　외교특권　　위계질서　　유아교육
유일사상　　육체노동　　의무교육　　인민경제　　인민대중　　인민정권
인사관계　　일반교육　　일제시대　　입법기관　　자연부원　　자연치료
자유사상　　적대계급　　적대분자　　전진운동　　전진운동　　전투태세
정신노동　　정신세계　　정치군인　　정치의식　　정치체제　　정치투쟁
제일주의　　조기교육　　주권국가　　주체사상　　주체시대　　준비교육
중등교육　　중심고리　　중앙검찰소　　중앙위원회　　지도사상
지도체계　　지방예산　　지방조직　　지방주권기관　　집단생활
착취계급　　체육교육　　최고주권기관　　통일전선　　학교전교육
행동준칙　　행정구역　　행정기관　　행정단위　　혁명운동　　협동경리
협동단체　　형사재판　　형사책임　　후방사업

　　다음은 한글 맞춤법 제1장 총칙 제2항 "문장의 각 단어는 띄어 씀을 원칙으로 한다."는 규정에 따라 낱말과 낱말 사이를 띄어 써야 하는 말들 중 국립국어원의 〈표준국어대사전〉에서 검색되지 않는 말들이다. 독자　제현은 이 말들도 잘 기억해 두었다 〈한글 맞춤법〉 규정에 위배되는 일이 없도록 지혜롭게 활용하시기 바란다.

6. 낱말 사이를 반드시 띄어 써야 하는 말 중
국립국어원 〈표준국어대사전〉 검색창에 뜨지 않는 말들

가내∨ 부업   가치∨ 체계   개발∨ 시대   개인∨ 생활
개인∨ 재산   개조∨ 운동   건설∨ 사업   건설∨ 현장
격리∨ 지역   결근∨ 투쟁   경리∨ 운영   경영∨ 활동
경제∨ 건설   경제∨ 단체   경제∨ 발전   경제∨ 원리
경제∨ 제도   계급∨ 구조   공공∨ 기관   공중∨ 사업
과학∨ 기술   교양∨ 운동   교육∨ 단체   교육∨ 사업
교육∨ 사업   교통∨ 운수   국가∨ 비용   국가∨ 소유
국가∨ 표창   국가∨ 활동   군사∨ 요새   군사∨ 용어
군인∨ 일치   권력∨ 기구   권력∨ 집단   기본∨ 원칙
기술∨ 교육   기술∨ 발전   기술∨ 분야   기술∨ 수준
기층∨ 조직   내각∨ 성원   노동∨ 교화   노동∨ 동맹
노동∨ 생활   노동∨ 치료   노력∨ 동원   노력∨ 자원
단체∨ 생활   대외∨ 경제   대중∨ 동원   대표∨ 기관
독신∨ 생활   독재∨ 체제   문화∨ 수준   물신∨ 사상
민간∨ 기관   민주∨ 시대   발전∨ 계획   법제∨ 위원회
보건∨ 기관   보건∨ 시책   봉사∨ 활동   부부∨ 관계
북한∨ 지역   사상∨ 의식   사상∨ 의지   사상∨ 철학
사상∨ 체계   사상∨ 학습   사업∨ 체계   사업∨ 현장
사회∨ 기관   사회∨ 발전   사회∨ 집단   사회∨ 활동
상급∨ 기관   상무∨ 회의   생산∨ 대중   생산∨ 시설
생산∨ 활동   생활∨ 규범   서행∨ 투쟁   수정∨ 보충
실천∨ 목표   실천∨ 활동   실행∨ 성과   알곡∨ 생산
애국∨ 교양   애국∨ 사상   애정∨ 생활   양성∨ 사업
영도∨ 계급   예산∨ 위원회   예술∨ 작품   외곽∨ 조직
요양∨ 시설   유교∨ 사상   이상∨ 사회   인간∨ 생활
인류∨ 사회   일반∨ 대중   자유∨ 시대   자주∨ 의식

재외∨단체	쟁취∨운동	적대∨세력	전문∨용어
전문∨위원회	전시∨상태	전제∨조건	전투∨군인
정권∨수립	정당∨단체	정서∨생활	정치∨사업
정치∨활동	종교∨단체	주권∨기관	주민∨대표
중심∨과업	중앙∨기관	중앙∨단체	중앙∨조직
지배∨세력	지배∨체제	진군∨운동	집단∨소유
체육∨치료	충효∨사상	통신∨시설	통일∨단결
통일∨투쟁	특수∨용어	특이∨문장	파업∨투쟁
하급∨기관	학술∨용어	합작∨기업	행정∨분야
혁명∨과업	혁명∨군대	혁명∨무력	혁명∨사상
혁명∨전사	혁명∨정신	혁명∨투쟁	혁명∨학설
혁신∨운동	활동∨방식		

7. 국립국어원과
겨레말큰사전남북공동편찬사업회에 드리는 제언

　시중에 판매되는 국어사전 중 일부 종이로 만든 사전에는 〈낱말과 낱말 사이를 반드시 띄어 써야 하거나 표준국어대사전에서 검색되지 않는 말들〉이 몇 개씩 올림말로 올려진 사전들도 있었으나 대개가 사전에조차 나오지 않는 말들이다. 이렇게 사전에조차 나오지 않는 말들은 한글 맞춤법 제1장 총칙 제2항 "문장의 각 단어는 띄어씀을 원칙으로 한다."라는 규정에 따라 특이한 사항이 없는 한 낱말과 낱말 사이를 띄어 쓰면 한글 맞춤법 규정에 위배되지 않는 정서법이 된다. 하지만 앞의 〈낱말과 낱말 사이를 붙여 써야 하거나 붙여 쓰는 것을 허용하는 말들〉은 전자사전이나 종이로 만든 사전이 없으면 어디다 기준을 두고 한글 맞춤법 규정에 위배되지 않는 정서법을 준수하며 고등 교육 이상을 받은 고학력 층답게 자존심과 긍지를 느끼며 언어 생활을 해 나갈 수 있다는 말인가?

필자는 1976년 중편소설 〈갱(坑)〉으로 문단에 등단한 이후 국가기관, 방송국, 신문사, 잡지사, 출판사 등에서 글을 쓰면서 책을 만드는 편집 책임자로 재직하면서 30년이 넘도록 한글 맞춤법을 끼고 살아왔지만 신문 지면이나 책자의 문장 교정과 교열을 보는 일이 가장 힘들고 두렵다.

그런데 전문 직업인도 아닌 평범한 시민들이 일상적으로 사용하는 언어를 적거나 직장에서 공문서나 기타 문서를 작성할 때 한글 맞춤법 규정에 위배되지 않게 어문 생활을 해나가기란 보통 어려운 일이 아니다. 문단의 선후배들도 한글 맞춤법이 왜 이렇게 어려운가? 세종 임금이 한글을 창제할 때는 중국의 어려운 한자어를 모르는 평범한 백성들이 누구나 쉽게 사용할 수 있도록 하기 위해 한글을 창제했는데 오늘날의 남북한 국문학자들과 관계 당국자들은 서로가 미로 찾기를 하듯 언어 규범을 어렵게 만들어 놓아서 대학이나 대학원을 나온 최고 학부 졸업자들도 졸업 논문이나 학위 논문을 쓰기 위해 한글 맞춤법과 마주치면 자기 자신이 한없이 초라해지는 패배감과 좌절감을 느낀다는 하소연을 늘어놓는다. 심지어 2007년 2월 6일 열린 〈겨레말큰사전 국제학술회의〉에 참석한 겨레말큰사전남북공동편찬사업회의 책임 간부 겸 국문학자들도 사이시옷이나 띄어쓰기 규정에 많은 불편과 불만을 느끼고 있으나 개인적으로는 어쩔 수 없이 참고 지낸다는 말을 공식 석상에서 한 바 있다.

당대의 시민들이 수시로 펼쳐보는 〈국어사전〉이란 뜻이 불명확한 낱말이 나타날 때마다 펼치면 전문 사전처럼 깊이 있는 뜻풀이는 해놓지 않더라도 궁금증은 해소할 수 있도록 찾아보고자 하는 말이 올림말로 등재되어 있어야만 사전으로서의 1차적 기능을 하게 되는 것이다. 그런데 건국 이후 국내에서 가장 잘 만들고 어휘가 많이 수록되어 있다는 국립국어원의 〈표준국어대사전〉마저 위에서 살펴본 〈낱말 사이를 반드시 띄어

써야 하는 말 중 국립국어원 표준국어대사전 검색창에 뜨지 않는 말들〉
은 올림말로 등재되어 있지 않다. 그러니 10여 개의 전문 사전을 마련하
지 못한 평범한 시민들은 통일부가 홈페이지를 통해 소개하는 북한 법전
(대중용)에 실린 법령 문장을 정확히 이해할 수가 없는 것이다.

2,300만 북한 동포들보다 월등하게 학문의 자유가 보장되고 자신이 노
력만 한다면 도서관이나 서점을 통해 그 어떤 책도 다 구해 볼 수 있는
남한의 국민들도 사회가 다양해지다 보니 새롭게 생겨나는 언어와 일상
적으로 사용해 온 생활용어마저 올림말로 등재되지 않는 국내의 국어사
전에 대해 숱한 갈증을 느끼는데 북한 동포들은 오죽하겠는가? 그들도
새로운 말을 들으면 그 뜻을 속 시원히 알고 싶어하는 지적 욕구가 있고
또 새로운 문물과 지식을 받아들이고자 하는 지식 탐구 욕구도 있는데
어찌 〈겨레말큰사전〉에 관심이 없겠는가?

국립국어원과 겨레말큰사전남북공동편찬사업회는 2012년에 발간 예정인
《겨레말큰사전》 편찬 사업에 7,000만 민족의 이런 염원을 두루 반영하여 세
종 임금의 한글 창제 정신을 잊지 말아 달라는 의미에서 훈민정음의 첫 구절
을 한번 더 인용해 본다.

"우리나라의 말이 중국말과 달라서, 한자와는 서로 통하지 아니하므로,
이런 까닭에 어진 백성들이 말하고 싶은 것이 있어도, 그 뜻을 담아서
나타내지 못하는 사람이 많으니라. 내가 이것을 딱하게 여겨 새로 스물
여덟 글자를 만들어 내놓으니, 모든 사람으로 하여금 쉽게 깨우쳐 날로
씀에 편하게 하고자 할 따름이니라. (國之語音異乎中國 與文子不相流通
故愚民有所欲言而 終不得伸其情者多矣 予爲此憫然 新制二十八字 欲使人人
易習便於日用耳)"

부록

1. 한글맞춤법

문교부 고시 제88-1 호(1988. 1. 19.)

2. 조선말규범집

조선민주주의인민공화국 내각 직속 국어사정위원회(1987년)

한글 맞춤법

문교부 고시 제88-1 호(1988. 1. 19.)

제1장   총 칙

제1항   한글 맞춤법은 표준어를 소리대로 적되, 어법에 맞도록 함을 원칙으로 한다.
제2항   문장의 각 단어는 띄어 씀을 원칙으로 한다.
제3항   외래어는 '외래어 표기법'에 따라 적는다.

제2장   자 모

제4항   한글 자모의 수는 스물넉 자로 하고, 그 순서와 이름은 다음과 같이 정한다.
　　　ㄱ(기역)　　ㄴ(니은)　　ㄷ(디귿)　　ㄹ(리을)　　ㅁ(미음)　　ㅂ(비읍)
　　　ㅅ(시옷)　　ㅇ(이응)　　ㅈ(지읒)　　ㅊ(치읓)　　ㅋ(키읔)　　ㅌ(티읕)
　　　ㅍ(피읖)　　ㅎ(히읗)
　　　ㅏ(아)　　ㅑ(야)　　ㅓ(어)　　ㅕ(여)　　ㅗ(오)　　ㅛ(요)　　ㅜ(우)
　　　ㅠ(유)　　ㅡ(으)　　ㅣ(이)
　[붙임 1]   위의 자모로써 적을 수 없는 소리는 두 개 이상의 자모를 어울러서 적되,
　그 순서와 이름은 다음과 같이 정한다.
　　　ㄲ(쌍기역)　　ㄸ(쌍디귿)　　ㅃ(쌍비읍)　　ㅆ(쌍시옷)　　ㅉ(쌍지읒)
　　　ㅐ(애)　　ㅒ(얘)　　ㅔ(에)　　ㅖ(예)　　ㅘ(와)　　ㅙ(왜)
　　　ㅚ(외)　　ㅝ(워)　　ㅞ(웨)　　ㅟ(위)　　ㅢ(의)
　[붙임 2]   사전에 올릴 적의 자모 순서는 다음과 같이 정한다.
　　　자 음 : ㄱ　ㄲ　ㄴ　ㄷ　ㄸ　ㄹ　ㅁ　ㅂ　ㅃ
　　　　　　　ㅅ　ㅆ　ㅇ　ㅈ　ㅉ　ㅊ　ㅋ　ㅌ　ㅍ　ㅎ

모음 : ㅏ   ㅐ   ㅑ   ㅒ   ㅓ   ㅔ   ㅕ   ㅖ   ㅗ   ㅘ
        ㅙ   ㅚ   ㅛ   ㅜ   ㅝ   ㅞ   ㅟ   ㅠ   ㅡ   ㅢ   ㅣ

제3장   소리에 관한 것

제1절   된소리

제5항   한 단어 안에서 뚜렷한 까닭 없이 나는 된소리는 다음 음절의 첫소리를 된소리로 적는다.

  1. 두 모음 사이에서 나는 된소리

     소쩍새   어깨   오빠   으뜸   아끼다

     기쁘다   깨끗하다   어떠하다   해쓱하다   가끔

     거꾸로   부썩   어찌   이따금

  2. 'ㄴ, ㄹ, ㅁ, ㅇ' 받침 뒤에서 나는 된소리

     산뜻하다   잔뜩   살짝훨   씬담뿍

     움찔   몽땅   엉뚱하다

  다만, 'ㄱ, ㅂ' 받침 뒤에서 나는 된소리는, 같은 음절이나 비슷한 음절이 겹쳐 나는 경우가 아니면 된소리로 적지 아니한다.

     국수   깍두기   딱지   색시   싹둑(~싹둑)   법석   갑자기   몹시

제2절   구개음화

제6항   'ㄷ, ㅌ' 받침 뒤에 종속적 관계를 가진 '-이(-)'나 '-히-'가 올 적에는, 그 'ㄷ, ㅌ'이 'ㅈ, ㅊ'으로 소리나더라도 'ㄷ, ㅌ'으로 적는다.(ㄱ을 취하고, ㄴ을 버림.)

ㄱ	ㄴ		ㄱ	ㄴ
맏이	마지		핥이다	할치다
해돋이	해돋이		걷히다	거치다
굳이	구지		닫히다	다치다
같이	가치		묻히다	무치다

끝이   끄치

제3절   'ㄷ' 소리 받침

제7항 'ㄷ' 소리로 나는 받침 중에서 'ㄷ'으로 적을 근거가 없는 것은 'ㅅ'으로 적는다.
　　덧저고리   돗자리   엇셈   웃어른   핫옷   무릇   사뭇
　　얼핏   자칫하면   뭇[衆]   옛첫헛

제4절   모 음

제8항 '계, 례, 몌, 폐, 혜'의 'ㅖ'는 'ㅔ'로 소리나는 경우가 있더라도 'ㅖ'로 적는다.
　　(ㄱ을 취하고, ㄴ을 버림.)

ㄱ	ㄴ	ㄱ	ㄴ
계수(桂樹)	게수	혜택(惠澤)	헤택
사례(謝禮)	사레	계집	게집
연몌(連袂)	연메	핑계	핑게
폐품(廢品)	페품	계시다	게시다

　　다만, 다음 말은 본음대로 적는다.
　　게송(偈頌)   게시판(揭示板)   휴게실(休憩室)

제9항 '의'나, 자음을 첫소리로 가지고 있는 음절의 'ㅢ'는 'ㅣ'로 소리나는 경우가
　　있더라도 'ㅢ'로 적는다.(ㄱ을 취하고, ㄴ을 버림.)

ㄱ	ㄴ	ㄱ	ㄴ
의의(意義)	의이	닁큼	닝큼
본의(本義)	본이	띄어쓰기	띠어쓰기
무늬[紋]	무니	씌어	씨어
보늬	보니	틔어	티어
오늬	오니	희망(希望)	히망
하늬바람	하니바람	희다	히다
늴리리	닐리리	유희(遊戱)	유히

제5절   두음 법칙

제10항   한자음 '녀, 뇨, 뉴, 니'가 단어 첫머리에 올 적에는, 두음 법칙에 따라
'여, 요, 유, 이'로 적는다.(ㄱ을 취하고, ㄴ을 버림.)

ㄱ	ㄴ	ㄱ	ㄴ
여자(女子)	녀자	유대(紐帶)	뉴대
연세(年歲)	년세	이토(泥土)	니토
요소(尿素)	뇨소	익명(匿名)	닉명

다만, 다음과 같은 의존 명사에서는 '냐, 녀' 음을 인정한다.

냥(兩)   냥쭝(兩-)   년(年)   (몇 년)

[붙임 1]   단어의 첫머리 이외의 경우에는 본음대로 적는다.

남녀(男女)   당뇨(糖尿)   결뉴(結紐)   은닉(隱匿)

[붙임 2]   접두사처럼 쓰이는 한자가 붙어서 된 말이나 합성어에서, 뒷말의
첫소리가 'ㄴ' 소리로 나더라도 두음 법칙에 따라 적는다.

신여성(新女性)   공염불(空念佛)   남존여비(男尊女卑)

[붙임 3]   둘 이상의 단어로 이루어진 고유 명사를 붙여 쓰는 경우에도 붙임 2에
준하여 적는다.

한국여자대학   대한요소비료회사

제11항   한자음 '랴, 려, 레, 료, 류, 리'가 단어의 첫머리에 올 적에는, 두음 법칙에 따라
'야, 여, 예, 요, 유, 이'로 적는다.(ㄱ을 취하고, ㄴ을 버림.)

ㄱ	ㄴ	ㄱ	ㄴ
양심(良心)	량심	용궁(龍宮)	룡궁
역사(歷史)	력사	유행(流行)	류행
예의(禮儀)	례의	이발(理髮)	리발

다만, 다음과 같은 의존 명사는 본음대로 적는다.

리(里) : 몇 리냐?

리(理) : 그럴 리가 없다.

[붙임 1]   단어의 첫머리 이외의 경우에는 본음대로 적는다.

개량(改良)	선량(善良)	수력(水力)	협력(協力)
사례(謝禮)	혼례(婚禮)	와룡(臥龍)	쌍룡(雙龍)
하류(下流)	급류(急流)	도리(道理)	진리(眞理)

다만, 모음이나 'ㄴ' 받침 뒤에 이어지는 '렬, 률'은 '열, 율'로 적는다.
(ㄱ을 취하고, ㄴ을 버림.)

ㄱ	ㄴ	ㄱ	ㄴ
나열(羅列)	나렬	분열(分裂)	분렬
치열(齒列)	치렬	선열(先烈)	선렬
비열(卑劣)	비렬	진열(陳列)	진렬
규율(規律)	규률	선율(旋律)	선률
비율(比率)	비률	전율(戰慄)	전률
실패율(失敗率)	실패률	백분율(百分率)	백분률

[붙임 2]   외자로 된 이름을 성에 붙여 쓸 경우에도 본음대로 적을 수 있다.
　　　신립(申砬)　　최린(崔麟)　　채륜(蔡倫)　　하륜(河崙)

[붙임 3]   준말에서 본음으로 소리나는 것은 본음대로 적는다.
　　　국련(국제연합)　　대한교련(대한교육연합회)

[붙임 4]   접두사처럼 쓰이는 한자가 붙어서 된 말이나 합성어에서, 뒷말의 첫소리가
　　　　'ㄴ' 또는 'ㄹ' 소리로 나더라도 두음 법칙에 따라 적는다.
　　　역이용(逆利用)　　연이율(年利率)　　열역학(熱力學)　　해외여행(海外旅行)

[붙임 5]   둘 이상의 단어로 이루어진 고유 명사를 붙여 쓰는 경우나 십진법에 따라 쓰
　　　　는 수(數)도 붙임 4에 준하여 적는다.
　　　서울여관　　신흥이발관　　육천육백육십육(六千六百六十六)

제12항   한자음 '라, 래, 로, 뢰, 루, 르'가 단어의 첫머리에 올 적에는, 두음 법칙에 따라
　　　　'나, 내, 노, 뇌, 누, 느'로 적는다.(ㄱ을 취하고, ㄴ을 버림.)

ㄱ	ㄴ	ㄱ	ㄴ
낙원(樂園)	락원	뇌성(雷聲)	뢰성
내일(來日)	래일	누각(樓閣)	루각
노인(老人)	로인	능묘(陵墓)	룽묘

[붙임 1]   단어의 첫머리 이외의 경우에는 본음대로 적는다.

쾌락(快樂)	극락(極樂)	거래(去來)	왕래(往來)
부로(父老)	연로(年老)	지뢰(地雷)	낙뢰(落雷)
고루(高樓)	광한루(廣寒樓)	동구릉(東九陵)	가정란(家庭欄)

[붙임 2]   접두사처럼 쓰이는 한자가 붙어서 된 단어는 뒷말을 두음 법칙에 따라
　　　　적는다.

내내월(來來月)   상노인(上老人)   중노동(重勞動)   비논리적(非論理的)

제6절   겹쳐 나는 소리

제13항 한 단어 안에서 같은 음절이나 비슷한 음절이 겹쳐 나는 부분은 같은 글자로 적
는다.(ㄱ을 취하고, ㄴ을 버림.)

ㄱ	ㄴ	ㄱ	ㄴ
딱딱	딱닥	꼿꼿하다	꼿곳하다
쌕쌕	쌕색	놀놀하다	놀롤하다
씩씩	씩식	눅눅하다	눙눅하다
똑딱똑딱	똑딱똑딱	밋밋하다	민밋하다
쓱싹쓱싹	쓱싹쓱싹	싹싹하다	싹삭하다
연연불망(戀戀不忘)	연련불망	쌉쌀하다	쌉살하다
유유상종(類類相從)	유류상종	씁쓸하다	씁슬하다
누누이(屢屢-)	누루이	짭짤하다	짭짤하다

제4장   형태에 관한 것

제1절   체언과 조사

제14항 체언은 조사와 구별하여 적는다.

떡이	떡을	떡에	떡도	떡만
손이	손을	손에	손도	손만
팔이	팔을	팔에	팔도	팔만
밤이	밤을	밤에	밤도	밤만
집이	집을	집에	집도	집만
옷이	옷을	옷에	옷도	옷만
콩이	콩을	콩에	콩도	콩만
낮이	낮을	낮에	낮도	낮만

꽃이	꽃을	꽃에	꽃도	꽃만
밭이	밭을	밭에	밭도	밭만
앞이	앞을	앞에	앞도	앞만
밖이	밖을	밖에	밖도	밖만
넋이	넋을	넋에	넋도	넋만
흙이	흙을	흙에	흙도	흙만
삶이	삶을	삶에	삶도	삶만
여덟이	여덟을	여덟에	여덟도	여덟만
곬이	곬을	곬에	곬도	곬만
값이	값을	값에	값도	값만

제2절　어간과 어미

제15항　용언의 어간과 어미는 구별하여 적는다.

먹다	먹고	먹어	먹으니
신다	신고	신어	신으니
믿다	믿고	믿어	믿으니
울다	울고	울어	(우니)
넘다	넘고	넘어	넘으니
입다	입고	입어	입으니
웃다	웃고	웃어	웃으니
찾다	찾고	찾아	찾으니
좇다	좇고	좇아	좇으니
같다	같고	같아	같으니
높다	높고	높아	높으니
좋다	좋고	좋아	좋으니
깎다	깎고	깎아	깎으니
앉다	앉고	앉아	앉으니
많다	많고	많아	많으니
늙다	늙고	늙어	늙으니
젊다	젊고	젊어	젊으니

넓다	넓고	넓어	넓으니
훑다	훑고	훑어	훑으니
읊다	읊고	읊어	읊으니
옳다	옳고	옳아	옳으니
없다	없고	없어	없으니
있다	있고	있어	있으니

[붙임 1] 두 개의 용언이 어울려 한 개의 용언이 될 적에, 앞말의 본뜻이 유지되고 있는 것은 그 원형을 밝히어 적고, 그 본뜻에서 멀어진 것은 밝히어 적지 아니한다.

(1) 앞말의 본뜻이 유지되고 있는 것

넘어지다   늘어나다   늘어지다   돌아가다   되짚어가다
들어가다   떨어지다   벌어지다   엎어지다   접어들다
틀어지다   흩어지다

(2) 본뜻에서 멀어진 것

드러나다   사라지다   쓰러지다

[붙임 2] 종결형에서 사용되는 어미 '—오'는 '요'로 소리나는 경우가 있더라도 그 원형을 밝혀 '오'로 적는다.(ㄱ을 취하고, ㄴ을 버림.)

ㄱ	ㄴ
이것은 책이오.	이것은 책이요.
이리로 오시오.	이리로 오시요.
이것은 책이 아니오.	이것은 책이 아니요.

[붙임 3] 연결형에서 사용되는 '이요'는 '이요'로 적는다.(ㄱ을 취하고, ㄴ을 버림.)

ㄱ	ㄴ
이것은 책이요, 저것은 붓이요, 또 저것은 먹이다.	이것은 책이오, 저것은 붓이오, 또 저것은 먹이다.

제16항   어간의 끝음절 모음이 'ㅏ, ㅗ'일 때에는 어미를 '—아'로 적고, 그 밖의 모음일 때에는 '—어'로 적는다.

1. '—아'로 적는 경우

나아   나아도   나아서
막아   막아도   막아서
얇아   얇아도   얇아서

　돌아　　　　돌아도　　　　돌아서
　보아　　　　보아도　　　　보아서
2. '—어'로 적는 경우
　개어　　　　개어도　　　　개어서
　겪어　　　　겪어도　　　　겪어서
　되어　　　　되어도　　　　되어서
　베어　　　　베어도　　　　베어서
　쉬어　　　　쉬어도　　　　쉬어서
　저어　　　　저어도　　　　저어서
　주어　　　　주어도　　　　주어서
　피어　　　　피어도　　　　피어서
　희어　　　　희어도　　　　희어서

제17항　어미 뒤에 덧붙는 조사 '—요'는 '—요'로 적는다.
　읽어　　　읽어요
　참으리　　참으리요
　좋지　　　좋지요

제18항　다음과 같은 용언들은 어미가 바뀔 경우, 그 어간이나 어미가 원칙에 벗어나면
벗어나는 대로 적는다.
　1. 어간의 끝 'ㄹ'이 줄어질 적
　　갈다 : 가니　간　갑니다　가시다　가오
　　놀다 : 노니　논　놉니다　노시다　노오
　　불다 : 부니　분　붑니다　부시다　부오
　　둥글다 : 둥그니　둥근　둥급니다　둥그시다　둥그오
　　어질다 : 어지니　어진　어집니다　어지시다　어지오
　[붙임] 다음과 같은 말에서도 'ㄹ'이 준 대로 적는다.
　　마지못하다　　마지않다　　(하)다마다　　(하)자마자
　　(하)지 마라　　(하)지 마(아)
　2. 어간의 끝 'ㅅ'이 줄어질 적
　　긋다 : 그어　그으니　그었다
　　낫다 : 나아　나으니　나았다

잇다 : 이어   이으니   이었다

짓다 : 지어   지으니   지었다

3. 어간의 끝 'ㅎ'이 줄어질 적

그렇다 : 그러니   그럴   그러면   그러오

까맣다 : 까마니   까말   까마면   까마오

동그랗다 : 동그라니   동그랄   동그라면   동그라오

퍼렇다 : 퍼러니   퍼럴   퍼러면   퍼러오

하얗다 : 하야니   하얄   하야면   하야오

4. 어간의 끝 'ㅜ, ㅡ'가 줄어질 적

푸다 : 퍼펐다	뜨다 : 떠떴다
끄다 : 꺼껐다	크다 : 커컸다
담그다 : 담가담갔다	고프다 : 고파고팠다
따르다 : 따라따랐다	바쁘다 : 바빠바빴다

5. 어간의 끝 'ㄷ'이 'ㄹ'로 바뀔 적

걷다[步] : 걸어   걸으니   걸었다

듣다[聽] : 들어   들으니   들었다

묻다[問] : 물어   물으니   물었다

싣다[載] : 실어   실으니   실었다

6. 어간의 끝 'ㅂ'이 'ㅜ'로 바뀔 적

깁다 : 기워   기우니   기웠다

굽다[炙] : 구워   구우니   구웠다

가깝다 : 가까워   가까우니   가까웠다

괴롭다 : 괴로워   괴로우니   괴로웠다

맵다 : 매워   매우니   매웠다

무겁다 : 무거워   무거우니   무거웠다

밉다 : 미워   미우니   미웠다

쉽다 : 쉬워   쉬우니   쉬웠다

다만, '돕-, 곱-'과 같은 단음절 어간에 어미 '-아'가 결합되어 '와'로 소리나는 것은 '-와'로 적는다.

돕다[助] : 도와   도와서   도와도   도왔다

곱다[麗] : 고와   고와서   고와도   고왔다

7. '하다'의 활용에서 어미 '-아'가 '-여'로 바뀔 적

하다 : 하여   하여서   하여도   하여라   하였다

8. 어간의 끝음절 '르' 뒤에 오는 어미 '-어'가 '-러'로 바뀔 적

이르다[至] : 이르러   이르렀다

노르다 : 노르러   노르렀다

누르다 : 누르러   누르렀다

푸르다 : 푸르러   푸르렀다

9. 어간의 끝음절 '르'의 'ㅡ'가 줄고, 그 뒤에 오는 어미 '-아 / -어'가
'-라 / -러'로 바뀔 적

가르다 : 갈라   갈랐다   부르다 : 불러   불렀다

거르다 : 걸러   걸렀다   오르다 : 올라   올랐다

구르다 : 굴러   굴렀다   이르다 : 일러   일렀다

벼르다 : 별러   별렀다   지르다 : 질러   질렀다

제3절   접미사가 붙어서 된 말

제19항   어간에 '-이'나 '-음 / -ㅁ'이 붙어서 명사로 된 것과 '-이'나 '-히'가 붙어서
부사로 된 것은 그 어간의 원형을 밝히어 적는다.

1. '-이'가 붙어서 명사로 된 것

길이   깊이   높이   다듬이   땀받이   달맞이

먹이   미닫이   벌이   벼훑이   살림살이   쇠붙이

2. '-음/-ㅁ'이 붙어서 명사로 된 것

걸음   묶음   믿음   얼음   엮음   울음

웃음   졸음   죽음   앎   만듦

3. '-이'가 붙어서 부사로 된 것

같이   굳이   길이   높이   많이   실없이   좋이   짓궂이

4. '-히'가 붙어서 부사로 된 것

밝히   익히   작히

다만, 어간에 '-이'나 '-음'이 붙어서 명사로 바뀐 것이라도 그 어간의 뜻과 멀
어진 것은 원형을 밝히어 적지 아니한다.

굽도리   다리[髢]   목거리(목병)   무너리

코끼리   거름(비료)   고름[膿]   노름(도박)

[붙임]   어간에 '―이'나 '―음' 이외의 모음으로 시작된 접미사가 붙어서 다른 품사로
바뀐 것은 그 어간의 원형을 밝히어 적지 아니한다.
    (1) 명사로 바뀐 것
        귀머거리   까마귀   너머   뜨더귀   마감   마개
        마중   무덤   비렁뱅이   쓰레기   올가미   주검
    (2) 부사로 바뀐 것
        거뭇거뭇   너무   도로   뜨덤뜨덤   바투   불긋불긋
        비로소   오긋오긋   자주   차마
    (3) 조사로 바뀌어 뜻이 달라진 것
        나마   부터   조차

제20항   명사 뒤에 '―이'가 붙어서 된 말은 그 명사의 원형을 밝히어 적는다.
    1. 부사로 된 것
        곳곳이   낱낱이   몫몫이   샅샅이   앞앞이   집집이
    2. 명사로 된 것
        곰배팔이   바둑이   삼발이   애꾸눈이   육손이
        절뚝발이 / 절름발이
[붙임]   '―이' 이외의 모음으로 시작된 접미사가 붙어서 된 말은 그 명사의 원형을
밝히어 적지 아니한다.
        꼬락서니   끄트머리   모가치   바가지   바깥   사타구니
        싸라기   이파리   지붕   지푸라기   짜개

제21항   명사나 혹은 용언의 어간 뒤에 자음으로 시작된 접미사가 붙어서 된 말은 그 명
사나 어간의 원형을 밝히어 적는다.
    1. 명사 뒤에 자음으로 시작된 접미사가 붙어서 된 것
        값지다   홑지다   넋두리   빛깔   옆댕이   잎사귀
    2. 어간 뒤에 자음으로 시작된 접미사가 붙어서 된 것
        낚시   늙정이   덮개   뜯게질
        갉작갉작하다   갉작거리다   뜯적거리다   뜯적뜯적하다
        굵다랗다   굵직하다   깊숙하다   넓적하다
        높다랗다   늙수그레하다   얽죽얽죽하다
    다만, 다음과 같은 말은 소리대로 적는다.

    (1) 겹받침의 끝소리가 드러나지 아니하는 것

       할짝거리다   널따랗다   널찍하다   말끔하다

       말쑥하다   말짱하다   실쭉하다   실큼하다

       얄따랗다   얄팍하다   짤따랗다   짤막하다

       실컷

    (2) 어원이 분명하지 아니하거나 본뜻에서 멀어진 것

       넙치   올무   골막하다   납작하다

제22항 용언의 어간에 다음과 같은 접미사들이 붙어서 이루어진 말들은 그 어간을 밝히어 적는다.

    1.'－기－, －리－, －이－, －히－, －구－, －우－, －추－, －으키－, －이키－, －애－'가 붙는 것

       맡기다   옮기다   웃기다   쫓기다   뚫리다

       울리다   낚이다   쌓이다   핥이다   굳히다

       굽히다   넓히다   앉히다   얽히다   잡히다

       돋구다   솟구다   돋우다   갖추다   곧추다

       맞추다   일으키다   돌이키다   없애다

    다만, '－이－, －히－, －우－'가 붙어서 된 말이라도 본뜻에서 멀어진 것은 소리대로 적는다.

       도리다(칼로 ∼)   드리다(용돈을 ∼)   고치다

       바치다(세금을 ∼)   부치다(편지를 ∼)   거두다

       미루다   이루다

    2. '－치－, －뜨리－, －트리－'가 붙는 것

       놓치다   덮치다   떠받치다   받치다   밭치다

       부딪치다   뻗치다   엎치다   부딪뜨리다/부딪트리다

       쏟뜨리다/쏟트리다   젖뜨리다/젖트리다

       찢뜨리다/찢트리다   흩뜨리다/흩트리다

    [붙임] '－업－, －읍－, －브－'가 붙어서 된 말은 소리대로 적는다.

       미덥다   우습다   미쁘다

제23항 '－하다'나 '－거리다'가 붙는 어근에 '－이'가 붙어서 명사가 된 것은 그 원형을 밝히어 적는다.(ㄱ을 취하고, ㄴ을 버림.)

ㄱ	ㄴ	ㄱ	ㄴ
깔쭉이	깔쭈기	살살이	살사리
꿀꿀이	꿀꾸리	쌕쌕이	쌕쌔기
눈깜짝이	눈깜짜기	오뚝이	오뚜기
더펄이	더퍼리	코납작이	코납자기
배불뚝이	배불뚜기	푸석이	푸서기
삐죽이	삐주기	홀쭉이	홀쭈기

[붙임] '-하다'나 '-거리다'가 붙을 수 없는 어근에 '-이'나 또는 다른 모음으로
　　　　시작되는 접미사가 붙어서 명사가 된 것은 그 원형을 밝히어 적지 아니한다.

개구리	귀뚜라미	기러기	깍두기	꽹과리
날라리	누더기	동그라미	두드러기	딱따구리
매미	부스러기	뻐꾸기	얼루기	칼싹두기

제24항 '-거리다'가 붙을 수 있는 시늉말 어근에 '-이다'가 붙어서 된 용언은
　　　　그 어근을 밝히어 적는다.(ㄱ을 취하고, ㄴ을 버림.)

ㄱ	ㄴ	ㄱ	ㄴ
깜짝이다	깜짜기다	속삭이다	속사기다
꾸벅이다	꾸버기다	숙덕이다	숙더기다
끄덕이다	끄더기다	울먹이다	울머기다
뒤척이다	뒤처기다	움직이다	움지기다
들먹이다	들머기다	지껄이다	지꺼리다
망설이다	망서리다	퍼덕이다	퍼더기다
번득이다	번드기다	허덕이다	허더기다
번쩍이다	번쩌기다	헐떡이다	헐떠기다

제25항 '-하다'가 붙는 어근에 '-히'나 '-이'가 붙어서 부사가 되거나, 부사에 '-이'가
　　　　붙어서 뜻을 더하는 경우에는 그 어근이나 부사의 원형을 밝히어 적는다.
　　　　1. '-하다'가 붙는 어근에 '-히'나 '-이'가 붙는 경우
　　　　　　급히　　　꾸준히　　　도저히　　　딱히　　　어렴풋이　　　깨끗이
[붙임] '-하다'가 붙지 않는 경우에는 소리대로 적는다.
　　　　　　갑자기　　　반드시(꼭)　　　슬며시
　　　　2. 부사에 '-이'가 붙어서 역시 부사가 되는 경우

곰곰이   더욱이   생긋이   오뚝이   일찍이   해죽이

제26항 '−하다'나 '−없다'가 붙어서 된 용언은 그 '−하다'나 '−없다'를 밝히어 적는다.
    1. '−하다'가 붙어서 용언이 된 것
        딱하다   숱하다   착하다   텁텁하다   푹하다
    2. '−없다'가 붙어서 용언이 된 것
        부질없다   상없다   시름없다   열없다   하염없다

제4절   합성어 및 접두사가 붙은 말

제27항 둘 이상의 단어가 어울리거나 접두사가 붙어서 이루어진 말은 각각 그 원형을
    밝히어 적는다.
        국말이   꺾꽂이   꽃잎   끝장   물난리
        밑천   부엌일   싫증   웃안   웃옷
        젖몸살   첫아들   칼날   팥알   헛웃음
        홀아비   홑몸   흙내
        값없다   겉늙다   굶주리다   낮잡다   맞먹다
        받내다   벋놓다   빗나가다   빛나다   새파랗다
        샛노랗다   시꺼멓다   싯누렇다   엇나가다   엎누르다
        엿듣다   옻오르다   짓이기다   헛되다
    [붙임 1] 어원은 분명하나 소리만 특이하게 변한 것은 변한 대로 적는다.
        할아버지   할아범
    [붙임 2] 어원이 분명하지 아니한 것은 원형을 밝히어 적지 아니한다.
        골병   골탕   끌탕   며칠   아재비
        오라비   업신여기다   부리나케
    [붙임 3]'이[齒, 虱]'가 합성어나 이에 준하는 말에서 '니' 또는 '리'로 소리날 때에는
    '니'로 적는다.
        간니   덧니   사랑니   송곳니   앞니
        어금니   윗니   젖니   톱니   틀니
        가랑니   머릿니

제28항 끝소리가 'ㄹ'인 말과 딴 말이 어울릴 적에 'ㄹ' 소리가 나지 아니하는 것은 아니
나는 대로 적는다.

다달이(달-달-이)   따님(딸-님)   마되(말-되)
마소(말-소)   무자위(물-자위)   바느질(바늘-질)
부나비(불-나비)   부삽(불-삽)   부손(불-손)
소나무(솔-나무)   싸전(쌀-전)   여닫이(열-닫이)
우짖다(울-짖다)   화살(활-살)

제29항 끝소리가 'ㄹ'인 말과 딴 말이 어울릴 적에 'ㄹ' 소리가 'ㄷ' 소리로 나는 것은
'ㄷ'으로 적는다.

반짇고리(바느질~)   사흗날(사흘~)   삼짇날(삼질~)
섣달(설~)   숟가락(술~)   이튿날(이틀~)
잗주름(잘~)   푿소(풀~)   섣부르다(설~)
잗다듬다(잘~)   잗다랗다(잘~)

제30항 사이시옷은 다음과 같은 경우에 받치어 적는다.

    1. 순 우리말로 된 합성어로서 앞말이 모음으로 끝난 경우
      (1) 뒷말의 첫소리가 된소리로 나는 것

              고랫재   귓밥   나룻배   나뭇가지   냇가
              댓가지   뒷갈망   맷돌   머릿기름   모깃불
              못자리   바닷가   뱃길   볏가리   부싯돌
              선짓국   쇳조각   아랫집   우렁잇속   잇자국
              잿더미   조갯살   찻집   쳇바퀴   킷값
              핏대   햇볕   혓바늘

      (2) 뒷말의 첫소리 'ㄴ, ㅁ' 앞에서 'ㄴ' 소리가 덧나는 것

              멧나물   아랫니   텃마당   아랫마을   뒷머리
              잇몸   깻묵   냇물   빗물

      (3) 뒷말의 첫소리 모음 앞에서 'ㄴㄴ' 소리가 덧나는 것

              도리깻열   뒷윷   두렛일   뒷일   뒷입맛
              베갯잇   욧잇   깻잎   나뭇잎   댓잎

    2. 순 우리말과 한자어로 된 합성어로서 앞말이 모음으로 끝난 경우
      (1) 뒷말의 첫소리가 된소리로 나는 것

귓병	머릿방	뱃병	봇둑	사잣밥
샛강	아랫방	자릿세	전셋집	찻잔
찻종	촛국	콧병	탯줄	텃세
핏기	햇수	횟가루	횟배	

(2) 뒷말의 첫소리 'ㄴ, ㅁ' 앞에서 'ㄴ' 소리가 덧나는 것

곗날	제삿날	훗날	툇마루	양칫물

(3) 뒷말의 첫소리 모음 앞에서 'ㄴㄴ' 소리가 덧나는 것

가욋일	사삿일	예삿일	훗일

3. 두 음절로 된 다음 한자어

곳간(庫間)	셋방(貰房)	숫자(數字)
찻간(車間)	툇간(退間)	횟수(回數)

제31항 두 말이 어울릴 적에 'ㅂ' 소리나 'ㅎ' 소리가 덧나는 것은 소리대로 적는다.

1. 'ㅂ' 소리가 덧나는 것

댑싸리(대ㅂ싸리)	멥쌀(메ㅂ쌀)	볍씨(벼ㅂ씨)
입때(이ㅂ때)	입쌀(이ㅂ쌀)	접때(저ㅂ때)
좁쌀(조ㅂ쌀)	햅쌀(해ㅂ쌀)	

2. 'ㅎ' 소리가 덧나는 것

머리카락(머리ㅎ가락)	살코기(살ㅎ고기)	수캐(수ㅎ개)
수컷(수ㅎ것)	수탉(수ㅎ닭)	안팎(안ㅎ밖)
암캐(암ㅎ개)	암컷(암ㅎ것)	암탉(암ㅎ닭)

제5절 준 말

제32항 단어의 끝모음이 줄어지고 자음만 남은 것은 그 앞의 음절에 받침으로 적는다.

(본말)	(준말)
기러기야	기럭아
어제그저께	엊그저께
어제저녁	엊저녁
가지고, 가지지	갖고, 갖지
디디고, 디디지	딛고, 딛지

제33항   체언과 조사가 어울려 줄어지는 경우에는 준 대로 적는다.

(본말)	(준말)
그것은	그건
그것이	그게
그것으로	그걸로
나는	난
나를	날
너는	넌
너를	널
무엇을	뭣을 / 무얼 / 뭘
무엇이	뭣이 / 무에

제34항   모음 'ㅏ, ㅓ'로 끝난 어간에 '—아 / —어, —았— / —었—'이 어울릴 적에는 준 대로 적는다.

(본말)	(준말)	(본말)	(준말)
가아	가	가았다	갔다
나아	나	나았다	났다
타아	타	타았다	탔다
서어	서	서었다	섰다
켜어	켜	켜었다	켰다
펴어	펴	펴었다	폈다

[붙임 1]   'ㅐ, ㅔ' 뒤에 '-어, -었-'이 어울려 줄 적에는 준 대로 적는다.

(본말)	(준말)	(본말)	(준말)
개어	개	개었다	갰다
내어	내	내었다	냈다
베어	베	베었다	벴다
세어	세	세었다	셌다

[붙임 2]   '하여'가 한 음절로 줄어서 '해'로 될 적에는 준 대로 적는다.

(본말)	(준말)	(본말)	(준말)
하여	해	하였다	했다
더하여	더해	더하였다	더했다
흔하여	흔해	흔하였다	흔했다

제35항 모음 'ㅗ, ㅜ'로 끝난 어간에 '−아/−어, −았−/−었−'이 어울려
        'ㅘ / ㅝ, 왔 / 웠'으로 될 적에는 준 대로 적는다.

(본말)	(준말)	(본말)	(준말)
꼬아	꽈	꼬았다	꽜다
보아	봐	보았다	봤다
쏘아	쏴	쏘았다	쐈다
두어	둬	두었다	뒀다
쑤어	쒀	쑤었다	쒔다
주어	줘	주었다	줬다

 [붙임 1] '놓아'가 '놔'로 줄 적에는 준 대로 적는다.

 [붙임 2] 'ㅚ' 뒤에 '−어, −었−'이 어울려 'ㅙ, 왰'으로 될 적에도 준 대로 적는다.

(본말)	(준말)	(본말)	(준말)
괴어	괘	괴었다	괬다
되어	돼	되었다	됐다
뵈어	봬	뵈었다	뵀다
쇠어	쇄	쇠었다	쇘다
쐬어	쐐	쐬었다	쐤다

제36항 'ㅣ' 뒤에 '−어'가 와서 'ㅕ'로 줄 적에는 준 대로 적는다.

(본말)	(준말)	(본말)	(준말)
가지어	가져	가지었다	가졌다
견디어	견뎌	견디었다	견뎠다
다니어	다녀	다니었다	다녔다
막히어	막혀	막히었다	막혔다
버티어	버텨	버티었다	버텼다
치이어	치여	치이었다	치였다

제37항 'ㅏ, ㅕ, ㅗ, ㅜ, ㅡ'로 끝난 어간에 '−이−'가 와서 각각 'ㅐ, ㅖ, ㅚ,
        ㅟ, ㅢ'로 줄 적에는 준 대로 적는다.

(본말)	(준말)	(본말)	(준말)
싸이다	쌔다	누이다	뉘다
펴이다	폐다	뜨이다	띄다

보이다   뵈다   쓰이다   씌다

제38항 'ㅏ, ㅗ, ㅜ, ㅡ' 뒤에 'ㅡ이어'가 어울려 줄어질 적에는 준 대로 적는다.

(본말)	(준말)		(본말)	(준말)	
싸이어	쌔어	싸여	뜨이어	띄어	
보이어	뵈어	보여	쓰이어	씌어	쓰여
쏘이어	쐬어	쏘여	트이어	틔어	트여
누이어	뉘어	누여			

제39항 어미 'ㅡ지' 뒤에 '않ㅡ'이 어울려 'ㅡ잖ㅡ'이 될 적과 'ㅡ하지' 뒤에
'않ㅡ'이 어울려 'ㅡ찮ㅡ'이 될 적에는 준 대로 적는다.

(본말)	(준말)	(본말)	(준말)
그렇지 않은	그렇잖은	만만하지 않다	만만찮다
적지 않은	적잖은	변변하지 않다	변변찮다

제40항 어간의 끝음절 '하'의 'ㅏ'가 줄고 'ㅎ'이 다음 음절의 첫소리와 어울려
거센소리로 될 적에는 거센소리로 적는다.

(본말)	(준말)	(본말)	(준말)
간편하게	간편케	다정하다	다정타
연구하도록	연구토록	정결하다	정결타
가하다	가타	흔하다	흔타

[붙임 1] 'ㅎ'이 어간의 끝소리로 굳어진 것은 받침으로 적는다.

않다	않고	않지	않든지
그렇다	그렇고	그렇지	그렇든지
아무렇다	아무렇고	아무렇지	아무렇든지
어떻다	어떻고	어떻지	어떻든지
이렇다	이렇고	이렇지	이렇든지
저렇다	저렇고	저렇지	저렇든지

[붙임 2] 어간의 끝음절 '하'가 아주 줄 적에는 준 대로 적는다.

(본말)	(준말)	(본말)	(준말)
거북하지	거북지	넉넉하지 않다	넉넉지 않다
생각하건대	생각건대	못하지 않다	못지않다

| 생각하다 못해 | 생각다 못해 | | 섭섭하지 않다 | 섭섭지 않다 |
| 깨끗하지 않다 | 깨끗지 않다 | | 익숙하지 않다 | 익숙지 않다 |

[붙임 3] 다음과 같은 부사는 소리대로 적는다.

| 결단코 | 결코 | 기필코 | 무심코 | 아무튼 | 요컨대 |
| 정녕코 | 필연코 | 하마터면 | 하여튼 | 한사코 | |

제5장   띄어쓰기

제1절   조 사

제41항   조사는 그 앞말에 붙여 쓴다.

꽃이	꽃마저	꽃밖에	꽃에서부터	꽃으로만
꽃이나마	꽃이다	꽃입니다	꽃처럼	어디까지나
거기도	멀리는	웃고만		

제2절   의존 명사, 단위를 나타내는 명사 및 열거하는 말 등

제42항   의존 명사는 띄어 쓴다.

아는 것이 힘이다.	나도 할 수 있다.
먹을 만큼 먹어라.	아는 이를 만났다.
네가 뜻한 바를 알겠다.	그가 떠난 지가 오래다.

제43항   단위를 나타내는 명사는 띄어 쓴다.

한 개차 한 대금 서 돈소 한 마리

옷 한 벌열 살조기 한 손연필 한 자루

버선 한 죽집 한 채신 두 켤레북어 한 쾌

다만, 순서를 나타내는 경우나 숫자와 어울리어 쓰이는 경우에는 붙여 쓸 수 있다.

| 두시 삼십분 오초 | 제일과 | 삼학년 | 육층 |
| 1446년 10월 9일 | 2대대 | 16동 502호 | 제1실습실 |

       80원　　　　　　　　　10개　　　　　7미터

제44항　수를 적을 적에는 '만(萬)' 단위로 띄어 쓴다.
　　　　십이억 삼천사백오십육만 칠천팔백구십팔
　　　　12억 3456만 7898

제45항　두 말을 이어 주거나 열거할 적에 쓰이는 다음의 말들은 띄어 쓴다.
　　　　국장 겸 과장　　　　　　　　　열 내지 스물
　　　　청군 대 백군　　　　　　　　　책상, 걸상 등이 있다
　　　　이사장 및 이사들　　　　　　　사과, 배, 귤 등등
　　　　사과, 배 등속　　　　　　　　　부산, 광주 등지

제46항　단음절로 된 단어가 연이어 나타날 적에는 붙여 쓸 수 있다.
　　　　그때 그곳　　　좀더 큰것　　　이말 저말　　　한잎 두잎

제3절　보조 용언

제47항　보조 용언은 띄어 씀을 원칙으로 하되, 경우에 따라 붙여 씀도 허용한다.
　　　　(ㄱ을 원칙으로 하고, ㄴ을 허용함.)

ㄱ	ㄴ
불이 꺼져 간다.	불이 꺼져간다.
내 힘으로 막아 낸다.	내 힘으로 막아낸다.
어머니를 도와 드린다.	어머니를 도와드린다.
그릇을 깨뜨려 버렸다.	그릇을 깨뜨려버렸다.
비가 올 듯하다.	비가 올듯하다.
그 일은 할 만하다.	그 일은 할만하다.
일이 될 법하다.	일이 될법하다.
비가 올 성싶다.	비가 올성싶다.
잘 아는 척한다.	잘 아는척한다.

　　다만, 앞말에 조사가 붙거나 앞말이 합성 동사인 경우, 그리고 중간에 조사가
들어갈 적에는 그 뒤에 오는 보조 용언은 띄어 쓴다.

잘도 놀아만 나는구나!   책을 읽어도 보고…….
네가 덤벼들어 보아라.   강물에 떠내려가 버렸다.
그가 올 듯도 하다.   잘난 체를 한다.

제4절 고유 명사 및 전문 용어

제48항   성과 이름, 성과 호 등은 붙여 쓰고, 이에 덧붙는 호칭어, 관직명 등은
　　　　 띄어 쓴다.
　　　　 김양수(金良洙)　　　서화담(徐花潭)　　　채영신 씨
　　　　 최치원 선생　　　　박동식 박사　　　　충무공 이순신 장군
　　　다만, 성과 이름, 성과 호를 분명히 구분할 필요가 있을 경우에는 띄어 쓸 수 있다.
　　　　 남궁억/남궁 억　　　독고준/독고 준　　　황보지봉(皇甫芝峰)/황보 지봉

제49항   성명 이외의 고유 명사는 단어별로 띄어 씀을 원칙으로 하되, 단위별로
　　　　 띄어 쓸 수 있다.(ㄱ을 원칙으로 하고, ㄴ을 허용함.)
　　　　　　　　ㄱ　　　　　　　　　　ㄴ
　　　　 대한 중학교　　　　　　　대한중학교
　　　　 한국 대학교 사범 대학　　　한국대학교 사범대학

제50항   전문 용어는 단어별로 띄어 씀을 원칙으로 하되, 붙여 쓸 수 있다.
　　　　 (ㄱ을 원칙으로 하고, ㄴ을 허용함.)
　　　　　　　　ㄱ　　　　　　　　　　ㄴ
　　　　 만성 골수성 백혈병　　　　만성골수성백혈병
　　　　 중거리 탄도 유도탄　　　　중거리탄도유도탄

제6장 그 밖의 것

제51항   부사의 끝음절이 분명히 '이'로만 나는 것은 '−이'로 적고, '히'로만 나거나
　　　　 '이'나 '히'로 나는 것은 '−히'로 적는다.

1. '이'로만 나는 것

가붓이	깨끗이	나붓이	느긋이	둥긋이
따뜻이	반듯이	버젓이	산뜻이	의젓이
가까이	고이	날카로이	대수로이	번거로이
많이	적이	헛되이	겹겹이	번번이
일일이	집집이	틈틈이		

2. '히'로만 나는 것

극히	급히	딱히	속히	작히
족히	특히	엄격히	정확히	

3. '이, 히'로 나는 것

솔직히	가만히	간편히	나른히	무단히
각별히	소홀히	쓸쓸히	정결히	과감히
꼼꼼히	심히	열심히	급급히	답답히
섭섭히	공평히	능히	당당히	분명히
상당히	조용히	간소히	고요히	도저히

제52항 한자어에서 본음으로도 나고 속음으로도 나는 것은 각각 그 소리에 따라 적는다.

(본음으로 나는 것)	(속음으로 나는 것)
승낙(承諾)	수락(受諾), 쾌락(快諾), 허락(許諾)
만난(萬難)	곤란(困難), 논란(論難)
안녕(安寧)	의령(宜寧), 회령(會寧)
분노(忿怒)	대로(大怒), 희로애락(喜怒哀樂)
토론(討論)	의논(議論)
오륙십(五六十)	오뉴월, 유월(六月)
목재(木材)	모과(木瓜)
십일(十日)	시방정토(十方淨土), 시왕(十王), 시월(十月)
팔일(八日)	초파일(初八日)

제53항 다음과 같은 어미는 예사소리로 적는다.(ㄱ을 취하고, ㄴ을 버림.)

ㄱ	ㄴ
―(으)ㄹ거나	―(으)ㄹ꺼나

―(으)ㄹ걸	―(으)ㄹ껄
―(으)ㄹ게	―(으)ㄹ께
―(으)ㄹ세	―(으)ㄹ쎄
―(으)ㄹ세라	―(으)ㄹ쎄라
―(으)ㄹ수록	―(으)ㄹ쑤록
―(으)ㄹ시	―(으)ㄹ씨
―(으)ㄹ지	―(으)ㄹ찌
―(으)ㄹ지니라	―(으)ㄹ찌니라
―(으)ㄹ지라도	―(으)ㄹ찌라도
―(으)ㄹ지어다	―(으)ㄹ찌어다
―(으)ㄹ지언정	―(으)ㄹ찌언정
―(으)ㄹ진대	―(으)ㄹ찐대
―(으)ㄹ진저	―(으)ㄹ찐저
―올시다	―올씨다

다만, 의문을 나타내는 다음 어미들은 된소리로 적는다.

―(으)ㄹ까?	―(으)ㄹ꼬?-(스)ㅂ니까?
―(으)리까?	―(으)ㄹ쏘냐?

제54항   다음과 같은 접미사는 된소리로 적는다.(ㄱ을 취하고, ㄴ을 버림.)

ㄱ	ㄴ	ㄱ	ㄴ
심부름꾼	심부름군	귀때기	귓대기
익살꾼	익살군	볼때기	볼대기
일꾼	일군	판자때기	판잣대기
장꾼	장군	뒤꿈치	뒷굼치
장난꾼	장난군	팔꿈치	팔굼치
지게꾼	지겟군	이마빼기	이맛배기
때깔	땟갈	코빼기	콧배기
빛깔	빛갈	객쩍다	객적다
성깔	성갈	겸연쩍다	겸연적다

제55항   두 가지로 구별하여 적던 다음 말들은 한 가지로 적는다.(ㄱ을 취하고, ㄴ을 버림.)

ㄱ	ㄴ

맞추다(입을 맞춘다. 양복을 맞춘다.)   마추다
뻗치다(다리를 뻗친다. 멀리 뻗친다.)   뻐치다

제56항 '－더라, －던'과 '－든지'는 다음과 같이 적는다.
  1. 지난 일을 나타내는 어미는 '－더라, －던'으로 적는다.
      (ㄱ을 취하고, ㄴ을 버림.)

ㄱ	ㄴ
지난 겨울은 몹시 춥더라.	지난 겨울은 몹시 춥드라.
깊던 물이 얕아졌다.	깊든 물이 얕아졌다.
그렇게 좋던가?	그렇게 좋든가?
그 사람 말 잘하던데!	그 사람 말 잘하든데!
얼마나 놀랐던지 몰라.	얼마나 놀랐든지 몰라.

  2. 물건이나 일의 내용을 가리지 아니하는 뜻을 나타내는 조사와 어미는
      '(－)든지'로 적는다.(ㄱ을 취하고, ㄴ을 버림.)

ㄱ	ㄴ
배든지 사과든지 마음대로 먹어라.	배던지 사과던지 마음대로 먹어라.
가든지 오든지 마음대로 해라.	가던지 오던지 마음대로 해라.

제57항 다음 말들은 각각 구별하여 적는다.

가름	둘로 가름.
갈음	새 책상으로 갈음하였다.

거름	풀을 썩인 거름.
걸음	빠른 걸음.

거치다	영월을 거쳐 왔다.
걷히다	외상값이 잘 걷힌다.

걷잡다	걷잡을 수 없는 상태.
겉잡다	겉잡아서 이틀 걸릴 일.

그러므로(그러니까)	그는 부지런하다. 그러므로 잘 산다.

그럼으로(써)   그는 열심히 공부한다. 그럼으로(써)
(그렇게 하는 것으로)   은혜에 보답한다.

노름   노름판이 벌어졌다.
놀음(놀이)   즐거운 놀음.

느리다   진도가 너무 느리다.
늘이다   고무줄을 늘인다.
늘리다   수출량을 더 늘린다.

다리다   옷을 다린다.
달이다   약을 달인다.

다치다   부주의로 손을 다쳤다.
닫히다   문이 저절로 닫혔다.
닫치다   문을 힘껏 닫쳤다.

마치다   벌써 일을 마쳤다.
맞히다   여러 문제를 더 맞혔다.

목거리   목거리가 덧났다.
목걸이   금 목걸이, 은 목걸이.

바치다   나라를 위해 목숨을 바쳤다.
받치다   우산을 받치고 간다.
                            책받침을 받친다.

받히다   쇠뿔에 받혔다.
밭치다   술을 체에 밭친다.

반드시   약속은 반드시 지켜라.
반듯이   고개를 반듯이 들어라.

부딪치다   차와 차가 마주 부딪쳤다.
부딪히다   마차가 화물차에 부딪혔다.

부치다   힘이 부치는 일이다.
편지를 부친다.
논밭을 부친다.
빈대떡을 부친다.
식목일에 부치는 글.
회의에 부치는 안건.
인쇄에 부치는 원고.
삼촌 집에 숙식을 부친다.

붙이다   우표를 붙인다.
책상을 벽에 붙였다.
흥정을 붙인다.
불을 붙인다.
감시원을 붙인다.
조건을 붙인다.
취미를 붙인다.
별명을 붙인다.

시키다   일을 시킨다.
식히다   끓인 물을 식힌다.

아름   세 아름 되는 둘레.
알음   전부터 알음이 있는 사이.
앎   앎이 힘이다.

안치다   밥을 안친다.
앉히다   윗자리에 앉힌다.
어름   두 물건의 어름에서 일어난 현상.
얼음   얼음이 얼었다.

이따가   이따가 오너라.
있다가   돈은 있다가도 없다.

저리다   다친 다리가 저린다.
절이다   김장 배추를 절인다.

조리다   생선을 조린다. 통조림, 병조림.
졸이다   마음을 졸인다.

주리다   여러 날을 주렸다.
줄이다   비용을 줄인다.

하노라고   하노라고 한 것이 이 모양이다.
하느라고   공부하느라고 밤을 새웠다.

−느니보다(어미)   나를 찾아오느니보다 집에 있거라.
−는 이보다(의존명사)   오는 이가 가는 이보다 많다.

−(으)리만큼(어미)   나를 미워하리만큼 그에게 잘못한 일이 없다.
−(으)ㄹ 이만큼(의존 명사)   찬성할 이도 반대할 이만큼이나 많을 것이다.

−(으)러(목적)   공부하러 간다.
−(으)려(의도)   서울 가려 한다.

−(으)로서(자격)   사람으로서 그럴 수는 없다.
−(으)로써(수단)   닭으로써 꿩을 대신했다.

−(으)므로(어미)   그가 나를 믿으므로 나도 그를 믿는다.
(−ㅁ, -음)으로(써)(조사)   그는 믿음으로(써) 산 보람을 느꼈다.

문장 부호

문장 부호의 이름과 그 사용법은 다음과 같이 정한다.

Ⅰ. 마침표[終止符]

1. 온점(.), 고리점(˛)
가로쓰기에는 온점, 세로쓰기에는 고리점을 쓴다.
  (1) 서술, 명령, 청유 등을 나타내는 문장의 끝에 쓴다.
    젊은이는 나라의 기둥이다.
    황금 보기를 돌같이 하라.
    집으로 돌아가자.
  다만, 표제어나 표어에는 쓰지 않는다.
    압록강은 흐른다(표제어)
    꺼진 불도 다시 보자(표어)
  (2) 아라비아 숫자만으로 연월일을 표시할 적에 쓴다.
    1919. 3. 1. (1919년 3월 1일)
  (3) 표시 문자 다음에 쓴다.
    1. 마침표　　ㄱ. 물음표　　가. 인명
  (4) 준말을 나타내는 데 쓴다.
    서. 1987. 3. 5. (서기)

2. 물음표(?)
의심이나 물음을 나타낸다.
  (1) 직접 질문할 때에 쓴다.
    이제 가면 언제 돌아오니?
    이름이 뭐지?
  (2) 반어나 수사 의문(修辭疑問)을 나타낼 때 쓴다.

제가 감히 거역할 리가 있습니까?

이게 은혜에 대한 보답이냐?

남북 통일이 되면 얼마나 좋을까?

(3) 특정한 어구 또는 그 내용에 대하여 의심이나 빈정거림, 비웃음 등을 표시할 때, 또는 적절한 말을 쓰기 어려운 경우에 소괄호 안에 쓴다.

그것 참 훌륭한(?) 태도야.

우리 집 고양이가 가출(?)을 했어요.

[붙임 1] 한 문장에서 몇 개의 선택적인 물음이 겹쳤을 때에는 맨 끝의 물음에만 쓰지만, 각각 독립된 물음인 경우에는 물음마다 쓴다.

너는 한국인이냐, 중국인이냐?

너는 언제 왔니? 어디서 왔니? 무엇하러?

[붙임 2] 의문형 어미로 끝나는 문장이라도 의문의 정도가 약할 때에는 물음표 대신 온점(또는 고리점)을 쓸 수도 있다.

이 일을 도대체 어쩐단 말이냐.

아무도 그 일에 찬성하지 않을 거야. 혹 미친 사람이면 모를까.

3. 느낌표(!)

감탄이나 놀람, 부르짖음, 명령 등 강한 느낌을 나타낸다.

(1) 느낌을 힘차게 나타내기 위해 감탄사나 감탄형 종결 어미 다음에 쓴다.

앗!

아, 달이 밝구나!

(2) 강한 명령문 또는 청유문에 쓴다.

지금 즉시 대답해!

부디 몸조심하도록!

(3) 감정을 넣어 다른 사람을 부르거나 대답할 적에 쓴다.

춘향아!

예, 도련님!

(4) 물음의 말로써 놀람이나 항의의 뜻을 나타내는 경우에 쓴다.

이게 누구야!

내가 왜 나빠!

[붙임] 감탄형 어미로 끝나는 문장이라도 감탄의 정도가 약할 때에는 느낌표 대신 온점(또는 고리점)을 쓸 수도 있다.

개구리가 나온 것을 보니, 봄이 오긴 왔구나.

Ⅱ. 쉼표[休止符]

1. 반점(,), 모점(,)

가로쓰기에는 반점, 세로쓰기에는 모점을 쓴다.

문장 안에서 짧은 휴지를 나타낸다.

(1) 같은 자격의 어구가 열거될 때에 쓴다.

근면, 검소, 협동은 우리 겨레의 미덕이다.

충청도의 계룡산, 전라도의 내장산, 강원도의 설악산은 모두 국립 공원이다.

다만, 조사로 연결될 적에는 쓰지 않는다.

매화와 난초와 국화와 대나무를 사군자라고 한다.

(2) 짝을 지어 구별할 필요가 있을 때에 쓴다.

닭과 지네, 개와 고양이는 상극이다.

(3) 바로 다음의 말을 꾸미지 않을 때에 쓴다.

슬픈 사연을 간직한, 경주 불국사의 무영탑.

성질 급한, 철수의 누이동생이 화를 내었다.

(4) 대등하거나 종속적인 절이 이어질 때에 절 사이에 쓴다.

콩 심으면 콩 나고, 팥 심으면 팥 난다.

흰 눈이 내리니, 경치가 더욱 아름답다.

(5) 부르는 말이나 대답하는 말 뒤에 쓴다.

애야, 이리 오너라.

예, 지금 가겠습니다.

(6) 제시어 다음에 쓴다.

빵, 빵이 인생의 전부이더냐?

용기, 이것이야말로 무엇과도 바꿀 수 없는 젊은이의 자산이다.

(7) 도치된 문장에 쓴다.

이리 오세요, 어머님.

다시 보자, 한강수야.

(8) 가벼운 감탄을 나타내는 말 뒤에 쓴다.

아, 깜빡 잊었구나.

(9) 문장 첫머리의 접속이나 연결을 나타내는 말 다음에 쓴다.

첫째, 몸이 튼튼해야 된다.

아무튼, 나는 집에 돌아가겠다.

다만, 일반적으로 쓰이는 접속어(그러나, 그러므로, 그리고, 그런데 등) 뒤에는 쓰지 않음을 원칙으로 한다.

그러나 너는 실망할 필요가 없다.

(10) 문장 중간에 끼어든 구절 앞뒤에 쓴다.

나는, 솔직히 말하면, 그 말이 별로 탐탁하지 않소.

철수는 미소를 띠고, 속으로는 화가 치밀었지만, 그들을 맞았다.

(11) 되풀이를 피하기 위하여 한 부분을 줄일 때에 쓴다.

여름에는 바다에서, 겨울에는 산에서 휴가를 즐겼다.

(12) 문맥상 끊어 읽어야 할 곳에 쓴다.

갑돌이가 울면서, 떠나는 갑순이를 배웅했다.

갑돌이가, 울면서 떠나는 갑순이를 배웅했다.

철수가, 내가 제일 좋아하는 친구이다.

남을 괴롭히는 사람들은, 만약 그들이 다른 사람에게 괴롭힘을 당해 본다면,

남을 괴롭히는 일이 얼마나 나쁜 일인지 깨달을 것이다.

(13) 숫자를 나열할 때에 쓴다.

1, 2, 3, 4

(14) 수의 폭이나 개략의 수를 나타낼 때에 쓴다.

5, 6 세기   6, 7 개

(15) 수의 자릿점을 나타낼 때에 쓴다.

14,314

2. 가운뎃점(·)

열거된 여러 단위가 대등하거나 밀접한 관계임을 나타낸다.

(1) 쉼표로 열거된 어구가 다시 여러 단위로 나누어질 때에 쓴다.

철수 · 영이, 영수 · 순이가 서로 짝이 되어 윷놀이를 하였다.

공주 · 논산, 천안 · 아산 · 천원 등 각 지역구에서 2 명씩 국회 의원을 뽑는다.

시장에 가서 사과 · 배 · 복숭아, 고추 · 마늘 · 파, 조기 · 명태 · 고등어를 샀다.

(2) 특정한 의미를 가지는 날을 나타내는 숫자에 쓴다.

3 · 1 운동   8 · 15 광복

(3) 같은 계열의 단어 사이에 쓴다.

경북 방언의 조사 · 연구

충북 · 충남 두 도를 합하여 충청도라고 한다.

동사 · 형용사를 합하여 용언이라고 한다.

3. 쌍점(:)

(1) 내포되는 종류를 들 적에 쓴다.

문장 부호: 마침표, 쉼표, 따옴표, 묶음표 등.

문방 사우: 붓, 먹, 벼루, 종이.

(2) 소표제 뒤에 간단한 설명이 붙을 때에 쓴다.

일시: 1984년 10월 15일 10시.

마침표: 문장이 끝남을 나타낸다.

(3) 저자명 다음에 저서명을 적을 때에 쓴다.

정약용: 목민심서, 경세유표.

주시경: 국어 문법, 서울 박문 서관, 1910.

(4) 시(時)와 분(分), 장(章)과 절(節) 따위를 구별할 때나, 둘 이상을 대비할 때에
쓴다.

오전 10:20 (오전 10시 20분)

요한 3:16 (요한 복음 3장 16절)

대비 65:60 (65 대 60)

4. 빗금(/)

(1) 대응, 대립되거나 대등한 것을 함께 보이는 단어와 구, 절 사이에 쓴다.

남궁만/남궁 만   백이십오 원/125원

착한 사람/악한 사람   맞닥뜨리다/맞닥트리다

(2) 분수를 나타낼 때에 쓰기도 한다.

3/4 분기   3/20

Ⅲ. 따옴표[引用符]

1. 큰따옴표(" "),   겹낫표(「 」)

가로쓰기에는 큰따옴표, 세로쓰기에는 겹낫표를 쓴다.

대화, 인용, 특별 어구 따위를 나타낸다.

(1) 글 가운데서 직접 대화를 표시할 때에 쓴다.

"전기가 없었을 때는 어떻게 책을 보았을까?"

"그야 등잔불을 켜고 보았겠지."

(2) 남의 말을 인용할 경우에 쓴다.

예로부터 "민심은 천심이다."라고 하였다.

"사람은 사회적 동물이다."라고 말한 학자가 있다.

2. 작은따옴표(' '), 낫표(「 」)

가로쓰기에는 작은따옴표, 세로쓰기에는 낫표를 쓴다.

(1) 따온 말 가운데 다시 따온 말이 들어 있을 때에 쓴다.

"여러분! 침착해야 합니다. '하늘이 무너져도 솟아날 구멍이 있다.'고 합니다."

(2) 마음 속으로 한 말을 적을 때에 쓴다.

'만약 내가 이런 모습으로 돌아간다면, 모두들 깜짝 놀라겠지.'

[붙임] 문장에서 중요한 부분을 두드러지게 하기 위해 드러냄표 대신에 쓰기도 한다.

지금 필요한 것은 '지식'이 아니라 '실천'입니다.

'배부른 돼지'보다는 '배고픈 소크라테스'가 되겠다.

Ⅳ. 묶음표[括弧符]

1. 소괄호(( ))

(1) 원어, 연대, 주석, 설명 등을 넣을 적에 쓴다.

커피(coffee)는 기호 식품이다.

3·1 운동(1919) 당시 나는 중학생이었다.

'무정(無情)'은 춘원(6·25 때 납북)의 작품이다.

니체(독일의 철학자)는 이렇게 말했다.

(2) 특히 기호 또는 기호적인 구실을 하는 문자, 단어, 구에 쓴다.

(1) 주어   (ㄱ) 명사   (라) 소리에 관한 것

(3) 빈 자리임을 나타낼 적에 쓴다.

우리나라의 수도는 (   )이다.

2. 중괄호({   })

여러 단위를 동등하게 묶어서 보일 때에 쓴다.

<table>
<tr><td></td><td>이</td><td></td><td></td><td>국토</td></tr>
<tr><td>주격 조사</td><td></td><td></td><td>국가의 3 요소</td><td>국민</td></tr>
<tr><td></td><td>가</td><td></td><td></td><td>주권</td></tr>
</table>

3. 대괄호([ ])

(1) 묶음표 안의 말이 바깥 말과 음이 다를 때에 쓴다.

　　나이[年歲]　　낱말[單語]　　手足[손발]

(2) 묶음표 안에 또 묶음표가 있을 때에 쓴다.

　　명령에 있어서의 불확실[단호(斷乎)하지 못함]은 복종에 있어서의
　　불확실[모호(模糊)함]을 낳는다.

Ⅴ. 이음표[連結符]

1. 줄표 (―)

이미 말한 내용을 다른 말로 부연하거나 보충함을 나타낸다.

(1) 문장 중간에 앞의 내용에 대해 부연하는 말이 끼여들 때 쓴다.

　　그 신동은 네 살에 ― 보통 아이 같으면 천자문도 모를 나이에 ― 벌써 시를
　　지었다.

(2) 앞의 말을 정정 또는 변명하는 말이 이어질 때 쓴다.

　　어머님께 말했다가 ― 아니, 말씀드렸다가 ― 꾸중만 들었다.

　　이건 내 것이니까 ― 아니, 내가 처음 발견한 것이니까 ― 절대로 양보할 수가
　　없다.

2. 붙임표(―)

(1) 사전, 논문 등에서 합성어를 나타낼 적에, 또는 접사나 어미임을 나타낼 적에

쓴다.

겨울—나그네   불—구경   손—발

휘—날리다   슬기—롭다   —(으)ㄹ걸

(2) 외래어와 고유어 또는 한자어가 결합되는 경우에 쓴다.

나일론—실   디—장조   빛—에너지   염화—칼륨

3. 물결표(~)

(1) '내지'라는 뜻에 쓴다.

9월 15일 ~ 9월 25일

(2) 어떤 말의 앞이나 뒤에 들어갈 말 대신 쓴다.

새마을— : ~ 운동~ 노래

—가(家) : 음악~미술~

VI. 드러냄표[顯在符]

1. 드러냄표(˙ , ˚)

˙이나 ˚을 가로쓰기에는 글자 위에, 세로쓰기에는 글자 오른쪽에 쓴다.

문장 내용 중에서 주의가 미쳐야 할 곳이나 중요한 부분을 특별히 드러내 보일 때
쓴다.

한글의 본 이름은 훈민정음이다.

중요한 것은 왜 사느냐가 아니라 어떻게 사느냐 하는 문제이다.

[붙임] 가로쓰기에서는 밑줄(______ , ______)을 치기도 한다.

다음 보기에서 명사가 아닌 것은?

VII. 안드러냄표[潛在符]

1. 숨김표(×× , ○○)

알면서도 고의로 드러내지 않음을 나타낸다.

(1) 금기어나 공공연히 쓰기 어려운 비속어의 경우, 그 글자의 수효만큼 쓴다.

배운 사람 입에서 어찌 ○○○란 말이 나올 수 있느냐?

그 말을 듣는 순간 ×××란 말이 목구멍까지 치밀었다.
(2) 비밀을 유지할 사항일 경우, 그 글자의 수효만큼 쓴다.
　육군 ○○부대 ○○○ 명이 작전에 참가하였다.
　그 모임의 참석자는 김×× 씨, 정×× 씨 등 5명이었다.

2. 빠짐표(□)

글자의 자리를 비워 둠을 나타낸다.
(1) 옛 비문이나 서적 등에서 글자가 분명하지 않을 때에 그 글자의 수효만큼 쓴다.
　大師爲法主□□賴之大□薦 (옛 비문)
(2) 글자가 들어가야 할 자리를 나타낼 때 쓴다.
　훈민정음의 초성 중에서 아음(牙音)은 ㅁㅁㅁ의 석 자다.

3. 줄임표(……)

(1) 할 말을 줄였을 때에 쓴다.
　"어디 나하고 한번…….."
　하고 철수가 나섰다.
(2) 말이 없음을 나타낼 때에 쓴다.
　"빨리 말해!"
　"……."

조선말규범집

조선민주주의인민공화국 내각 직속 국어사정위원회(1987)

맞 춤 법

경애하는 수령 김일성동지께서는 다음과 같이 교시하시였다.

≪우리의 언어학자들은 글자개혁안을 연구하는 한편 지금의 넓적글자를 가지고도 보기 헐하도록 하기 위하여 적극 힘써야 합니다.≫ (≪김일성저작집≫ 20권, 351페지)

총 칙

조선말맞춤법은 단어에서 뜻을 가지는 매개 부분을 언제나 같게 적는 원칙을 기본으로 하면서 일부 경우 소리나는대로 적거나 관습을 따르는것을 허용한다.

제1장 조선어자모의 차례와 그 이름

제1항 조선어자모의 차례와 그 이름은 다음과 같다.

ㄱ ㄴ ㄷ ㄹ ㅁ ㅂ ㅅ

(기윽) (니은) (디으드) (리을) (미음) (비읍) (시읏)

ㅇ	ㅈ	ㅊ	ㅋ	ㅌ	ㅍ	ㅎ
(이응)	(지읒)	(치읓)	(키읔)	(티읕)	(피읖)	(히읗)

ㄲ	ㄸ	ㅃ	ㅆ	ㅉ
(된기윽)	(된디으ㄷ)	(된비읍)	(된시읏)	(된지읒)

ㅏ	ㅑ	ㅓ	ㅕ	ㅗ	ㅛ	ㅜ
(아)	(야)	(어)	(여)	(오)	(요)	(우)

ㅠ	ㅡ	ㅣ	ㅐ	ㅒ	ㅔ	ㅖ
(유)	(으)	(이)	(애)	(얘)	(에)	(예)

ㅚ	ㅟ	ㅢ	ㅘ	ㅝ	ㅙ	ㅞ
(외)	(위)	(의)	(와)	(워)	(왜)	(웨)

자음글자의 이름은 각각 다음과 같이 부를수도 있다.

(그)	(느)	(드)	(르)	(므)	(브)	(스)	(옹)	(즈)	(츠)
(크)	(트)	(프)	(호)	(끄)	(뜨)	(쁘)	(쓰)	(쯔)	

제2장   형태부의 적기

제2항 조선어의 글에서 쓰는 받침은 다음과 같다.

    ㄱ – 책(책이, 책을, 책에)

        먹다(먹으니, 먹어, 먹지)

    ㄳ – 몫(몫이, 몫을, 몫에)

    ㄴ – 논(논이, 논을, 논에)

        안다(안으니, 안아, 안지)

    ㄵ – 앉다(앉으니, 앉아, 앉지)

    ㄶ – 많다(많으니, 많아, 많지)

    ㄷ – 낟알(낟알이, 낟알을, 낟알에)

        굳다(굳으니, 굳어, 굳지)

        듣다(들으니, 들어, 듣지)

    ㄹ – 길(길이, 길을, 길에)

        멀다(머니, 멀어, 멀지)

ㄺ - 닭(닭이, 닭을, 닭에)
　　맑다(맑으니, 맑아, 맑지)

ㄻ - 삶(삶이, 삶을, 삶에)
　　젊다(젊으니, 젊어, 젊지)

ㄼ - 여덟(여덟이, 여덟을, 여덟에)
　　넓다(넓으니, 넓어, 넓지)

ㄽ - 돐(돐이, 돐을, 돐에)

ㄾ - 훑다(훑으니, 훑어, 훑지)

ㄿ - 읊다(읊으니, 읊어, 읊지)

ㅀ - 옳다(옳으니, 옳아, 옳지)

ㅁ - 밤(밤이, 밤을, 밤에)
　　심다(심으니, 심어, 심지)

ㅂ - 집(집이, 집을, 집에)
　　곱다(곱으니, 곱아, 곱지)
　　굽다(구우니, 구워어, 굽지)

ㅄ - 값(값이, 값을, 값에)
　　없다(없으니, 없어, 없지)

ㅅ - 옷(옷이, 옷을, 옷에)
　　솟다(솟으니, 솟아, 솟지)
　　잇다(이으니, 이어, 잇지)

ㅇ - 땅(땅이, 땅을, 땅에)
　　동이다(동이니, 동여, 동이지)

ㅈ - 낮(낮이, 낮을, 낮에)
　　맞다(맞으니, 맞아, 맞지)

ㅊ - 빛(빛이, 빛을, 빛에)
　　쫓다(쫓으니, 쫓아, 쫓지)

ㅋ - 부엌(부엌이, 부엌을, 부엌에)

ㅌ - 밭(밭이, 밭을, 밭에)
　　맡다(맡으니, 맡아, 맡지)

ㅍ - 숲(숲이, 숲을, 숲에)
　　높다(높으니, 높아, 높지)

ㅎ - 히읗(히읗이, 히읗을, 히읗에)

        좋다(좋으니, 좋아, 좋지)
ㄲ — 밖(밖이, 밖을, 밖에)
        엮다(엮으니, 엮어, 엮지)
ㅆ — 있다(있으니, 있어, 있지)

제3항 받침 ≪ㄷ, ㅌ, ㅅ, ㅆ, ㅈ, ㅊ≫가운데서 어느 하나로 적어야 할 까닭이 없는 것은 관습대로 ≪ㅅ≫으로 적는다.

례 : 무릇, 빗나가다, 사뭇, 숫돌, 첫째, 헛소리, 햇곡식, 얼핏, 읽으렷다

제4항 한 형태부안의 두 모음사이에서 나는 자음은 혀옆소리가 아닌 한에서 받침으로 적지 않는다.

례 : 1)

(옳음)	(그름)
겨누다	견우다
디디다	딛이다
미덥다	믿업다
메추리	멧추리
비치다	빛이다
소쿠리	속후리
시키다	식히다
지키다	직히다
여기다	역이다

례 : 2)

(옳음)	(그름)
기쁘다	깃브다
바싹	밧삭
부썩	붓석
해쓱하다	햇슥하다
이끼다	앗기다
여쭈다	엿주다
오빠	옵바
우뚝	웃둑
으뜸	웃듬

제5항 한 형태부안의 두 모음사이에서 나는 혀옆소리는 ≪ㄹㄹ≫로 적는다.

례 :　　　　　（옳음）　　　　　（그름）

걸레　　　　　걸네

놀라다　　　　놀나다

벌레　　　　　벌네

실룩실룩　　　실눅실눅

빨래　　　　　빨내

알락달락　　　알낙달낙

얼른　　　　　얼는

제6항　한 형태부안에서 받침 《ㄴ, ㄹ, ㅁ, ㅇ》 다음의 소리가 된소리로 나는 경우에
는 그것을 된소리로 적는다.

례 :　　　　　（옳음）　　　　　（그름）

걸써　　　　　걸서

말씀　　　　　말슴

뭉뚝하다　　　뭉둑하다

반짝반짝　　　반작반작

벌써　　　　　벌서

활짝　　　　　활작

훨씬　　　　　훨신

알뜰살뜰　　　알들살들

옴짝달싹　　　옴작달삭

그러나 토에서는 《ㄹ》뒤에서 된소리가 나더라도 된소리로 적지 않는다.

례 :　　　　　（옳음）　　　　　（그름）

∼ㄹ가　　　　∼ㄹ까

∼ㄹ수록　　　∼ㄹ쑤록

∼ㄹ지라도　　∼ㄹ찌라도

∼올시다　　　∼올씨다

제7항　형태부의 소리가 줄어진 경우에는 준대로 적되 본래형태를 잘 파악할수 있도록
받침을 바로잡아 적는다.

례 :　　　　　（옳음）　　　　　　（그름）

갖가지(가지가지)　　　갓가지

갖고(가지고) 　　　　갓고

기럭아(기러기야) 　　기러가

딛고(디디고) 　　　　닷고

엊저녁(어제저녁) 　　엇저녁

온갖(온가지) 　　　　온갓

제3장 말줄기와 토의 적기

제8항 말줄기와 토가 어울릴적에는 각각 그 본래형태를 밝혀 적는것을 원칙으로 한다.

례 : 같다, 　　같으니, 　　같아, 　　　같지

　　낳다, 　　낳으니, 　　낳아, 　　　낳지

　　삶다, 　　삶으니, 　　삶아, 　　　삶지

　　집이, 　　집을, 　　　집에

　　팥이, 　　팥을, 　　　팥에

　　흙이, 　　흙을, 　　　흙에

　　입다, 　　입으니, 　　입어, 　　　입지

제9항 오늘날 말줄기에 토가 붙은것으로 인정되기 어려운 경우에는 그것들을 밝혀적지 않는다.

례 : (옳음) 　　　　　(그름)

　　고치다 　　　　　곧히다

　　나타나다 　　　　낱아나다

　　바라보다 　　　　발아보다

　　바치다 　　　　　받히다

　　부러지다 　　　　불어지다

　　사라지다 　　　　살아지다

　　자라나다 　　　　잘아나다

　　자빠뜨리다 　　　잡바뜨리다

말줄기에 토가 붙은것으로 인정되는 경우에도 뜻이 딴 단어로 바뀐것은 그 말줄
기와 토를 밝히지 않는다.

례 :   (옳음)   (그름)

        드러나다   들어나다
        스무나문   스물남은
        쓰러지다   쓸어지다
        (열흘)나마   (열흘)남아
        (고개)너머   (고개)넘어

제10항   일부 형용사, 동사에서 말줄기와 토가 어울릴적에 말줄기의 끝소리가 일정하게
        바뀌여지는것은 바뀐대로 적는다.

    1) 말줄기의 끝을 ≪ㄹ≫로 적거나 적지 않는 경우

        례 : 갈다 - 갈고, 갈며, 갈아

                    가니, 갑니다, 가시니, 가오

            돌다 - 돌고, 돌며, 돌아

                    도니, 돕니다, 도시니, 도오

            불다 - 불고, 불며, 불어

                    부니, 붑니다, 부시니, 부오

    2) 말줄기의 끝을 ≪ㅅ≫으로 적거나 적지 않는 경우

        례 : 낫다 - 낫고, 낫지

                    나으니, 나아

            짓다 - 짓고, 짓지

                    지으니, 지어

            잇다 - 잇고, 잇지

                    이으니, 이어

    3) 말줄기의 끝을 ≪ㅎ≫으로 적거나 적지 않는 경우

        례 : 벌겋다 - 벌겋고, 벌겋지

                    벌거오, 벌거니, 벌겋니다

                    걸개서, 벌거리

            커다랗다 - 커다랗고, 커다랗지

                        커다라오, 커다라니, 커다랗니다

                        커다래서

허옇다 ― 허옇고, 허옇지

허여오, 허여니, 허엽니다, 허여리

[붙임] ≪ㅎ≫받침으로 끝난 본래의 말줄기가 두 소리마디이상으로 된 형용사, 동사는 모두 여기에 속한다.

　4) 말줄기의 끝 ≪ㄷ≫를 ≪ㄹ≫로도 적는 경우

　례 : 걷다 ― 걷고, 걷지, 걸으니, 걸어

　듣다 ― 듣고, 듣지, 들으니, 들어

　묻다 ― 묻고, 묻지, 물으니, 물어

　5) 말줄기의 끝 ≪ㅂ≫을 ≪오(우)≫로도 적는 경우

　례 : 고맙다 ― 걷고, 걷지, 걸으니, 걸어

　곱다 ― 곱고, 곱지, 고우니, 고와

　춥다 ― 춥고, 춥지, 추우니, 추워

　6) 말줄기의 끝 ≪ㄹ≫를 ≪르ㄹ≫로도 적는 경우

　례: 누르다 ― 누르고, 누르지, 누르러, 누르렀다

　푸르다 ― 푸르고, 푸르지, 푸르러, 푸르렀다

　이르다 ― 이르고, 이르지, 이르러, 이르렀다

　7) 말줄기의 끝 ≪르≫를 ≪ㄹㄹ≫로도 적는 경우

　례 : 기르다 ― 기르고, 기르지, 길러, 길렀다

　빠르다 ― 빠르고, 빠르지, 빨라, 빨랐다

　8) 말줄기의 끝을 ≪ㅡ≫로 적거나 적지 않는 경우

　례 : 고프다 ― 고프고, 고프지, 고파, 고팠다

　부르트다 ― 푸르트고, 푸르트지, 푸르터, 푸르텄다

　뜨다 ― 뜨고, 뜨지, 떠, 떴다

　9) 말줄기의 끝을 ≪ㅜ≫로 적거나 적지 않는 경우

　례 : 푸다 ― 푸고, 푸지, 퍼, 펐다

제11항　말줄기가 ≪아, 어, 여≫ 또는 ≪았, 었, 였≫과 어울릴적에는 그 말줄기의 모음의 성질에 따라 각각 다음과 같이 구별하여 적는다.

　1) 말줄기의 모음이 ≪ㅏ, ㅑ, ㅗ, ㅏㅡ, ㅗㅡ≫인 경우에는 ≪아, 았≫으로 적는다.

　례 : 막다 　 ― 막아, 막았다

　따르다 ― 따라, 따랐다

얇다   - 얇아, 얇았다

오다   - 와, 왔다

오르다 - 올라, 올랐다

[붙임] 말줄기의 모음이 ≪ㅏㅡ, ㅗㅡ≫인것이라도 합친말줄기인 경우에는 ≪어, 었≫
    으로 적는다.

      례 : 곱들다 - 곱들어, 곱들었다

        받들다 - 받들어, 받들었다

        올들다 - 올들어, 올들었다

2) 말줄기의 모음이 ≪ㅓ, ㅕ, ㅜ, ㅓㅡ, ㅜㅡ, ㅡㅡ, ㅣㅡ≫인 경우에는
    ≪어, 었≫으로 적는다.

      례 : 거들다 - 거들어, 거들었다

        겪다 - 겪어, 겪었다

        넣다 - 넣어, 넣었다

        두다 - 두어, 두었다

        부르다 - 불러, 불렀다

        치르다 - 치러, 치렀다

        크다 - 커, 컸다

        흐르다 - 흘러, 흘렀다

3) 말줄기의 모음이 ≪ㅣ, ㅐ, ㅔ, ㅚ, ㅟ, ㅢ≫인 경우와 줄기가 ≪하≫인
    경우에는 ≪여, 였≫으로 적는다.

      례 : 기다 - 기여, 기였다

        개다 - 개여, 개였다

        베다 - 베여, 베였다

        되다 - 되여, 되였다

        쥐다 - 쥐여, 쥐였다

        하다 - 하여, 하였다

        희다 - 희여, 희였다

    그러나 말줄기의 끝소리마디에 받침이 있을 때에는 ≪어, 었≫으로 적는다.

      례 : 길다 - 길어, 길었다

        심다 - 심어, 심었다

        짓다 - 지어, 지었다

[붙임] 부사로 된 다음과 같은 단어들은 말줄기와 토를 갈라 적지 않는다.

	(옳음)	(그름)
례 :	구태여	구태어
	도리여	도리어
	드디여	드디어

제12항   모음으로 끝난 말줄기와 모음으로 시작한 토가 어울릴적에 소리가 줄어든것은
준대로 적는다.

1)
⌈ 가지다 — 가지여, 가지였다
⌊ 가지다 — 가져, 가졌다

⌈ 고이다 — 고이여, 고이였다
⌊ 괴다 — 괴여, 괴였다

⌈ 모이다 — 모이여, 모이였다
⌊ 뫼다 — 뫼여, 뫼였다, 모여, 모였다

⌈ 보다 — 보아, 보았다
⌊ 보다 — 봐, 봤다

⌈ 주다 — 주어, 주었다
⌊ 주다 — 줘, 줬다

⌈ 꾸다 — 꾸어, 꾸었다
⌊ 꾸다 — 꿔, 꿨다

⌈ 뜨다 — 뜨이다, 뜨이여, 뜨이였다
⌊ 뜨다 — 띄다, 띄여, 띄였다

⌈ 쏘다 — 쏘아, 쏘았다
⌊ 쏘다 — 쏴, 쐈다

⌈ 쏘이다 — 쏘이여, 쏘이였다
⌊ 쐬다 — 쐬여, 쐬였다

⌈ 쓰다 — 쓰이다, 쓰이여, 쓰이였다
⌊ 쓰다 — 씌다, 씌여, 씌였다

⌈ 쪼이다 — 쪼이여, 쪼이였다
⌊ 쬐다 — 쬐여, 쬐였다

2)
⌈ 되다 — 되여서, 되였다
⌊ 되다 — 돼서, 됐다

3) ┌ 개다 － 개여서, 개였다
    └ 개다 － 개서, 갰다
    ┌ 메다 － 메여서, 메였다
    └ 메다 － 메서, 갰다

그러나 다음과 같은 단어들은 줄어든대로 적는다.

례 : 1)   살찌다 － 살쪄, 살쪘다

        지다 － 져, 졌다

        치다 － 쳐, 쳤다

        찌다 － 쪄, 쪘다

례 : 2)   건느다 － 건너, 건넜다

        잠그다 － 잠가, 잠갔다

        치르다 － 치러, 치렀다

        크다 － 커, 컸다

        쓰다 － 써, 썼다

례 : 3)   가다 － 가, 갔다

        사다 － 사, 샀다

        서다 － 서, 섰다

        켜다 － 켜, 켰다

제13항 말줄기의 끝소리마디 ≪하≫의 ≪ㅏ≫가 줄어지면서 다음에 온 토의 첫 소리
     자음이 거세게 될 때에는 거센소리로 적는다.

례 :   (본말)   (준말)

        가하다   가타

        다정하다   다정타

        례하건대   례컨대

        발명하게   발명케

        선선하지 못하다   선선치 못하다

        시원하지 못하다   시원치 못하다

그러나 ≪아니하다≫가 줄어든 경우에는 ≪않다≫로 적는다.

례 :   (본말)   (준말)

        넉넉하지 아니하다   넉넉치 않다

        서슴지 아니하다   서슴지 않다

주저하지 아니하다   주저치 않다

[붙임] 이와 관련하여 ≪않다≫, ≪못하다≫의 앞에 오는 ≪하지≫를 줄인 경우에는
≪치≫로 적는다.

례 : 고려치 않다, 괜치 않다, 넉넉치 않다, 만만치 않다, 섭섭치 않다,
편안치 못하다, 풍부치 못하다, 똑똑치 않다, 우연치 않다.

제4장   합친말의 적기

제14항   합친말은 매개 말뿌리의 본래형태를 각각 밝혀 적는것을 원칙으로 한다.

례 : 1)   걷잡다, 낯보다, 눈웃음, 돋보다, 물오리,
밤알, 손아귀, 철없다, 꽃철, 끝나다

2)   값있다, 겉늙다, 몇날, 빛나다, 칼날, 팥알, 흙내

그러나 오늘날 말뿌리가 뚜렷하지 않은것은 그 본래형태를 밝혀 적지 않는다.

례 : 며칠, 부랴부랴, 오라버니, 이틀, 이태

제15항   합친말을 이룰적에 ≪ㅂ≫이 덧나거나 순한소리가 거센소리로 바뀌여나는 것은
덧나고 바뀌여나는대로 적는다.

례 : 마파람, 살코기, 수캐, 수퇘지, 좁쌀, 휘파람, 안팎

[붙임] 소리같은 말인 다음의 고유어들은 혼동을 피하기 위하여 아래와 같이 적는다.

례 : 샛별 － 새 별(새로운 별)
빗바람(비가 오면서 부는 바람)
비바람(비와 바람)

제16항   합친말을 이룰적에 빠진 소리는 빠진대로 적는다.

례 : 다달이, 마소, 무넘이, 부나비, 부넘이, 부삽, 부손, 소나무, 수저, 화살,
여닫이

제17항   합친말에서 앞말뿌리의 끝소리 ≪ㄹ≫이 닫김소리로 된것은 ≪ㄷ≫으로 적는다.

례 : 나흗날, 사흗날, 섣달, 숟가락, 이튿날

제5장   앞붙이와 말뿌리의 적기

제18항 앞붙이와 말뿌리가 어울릴적에는 각각 그 본래형태를 밝혀적는것을 원칙으로
　　　　한다.
　　　　례:　－ 갓풀, 덧신, 뒷일 맏누이, 선웃음, 참외, 햇가지, 아랫집, 웃집, 옛말
　　　　　　　－ 빗보다, 싯허옇다, 짓밟다, 헛디디다

제6장   말뿌리와 뒤붙이(또는 일부 토)의 적기

제19항 자음으로 시작한 뒤붙이가 말뿌리와 어울릴적에는 각각 그 형태를 밝혀적는것을
　　　　원칙으로 한다.
　　　　1) 새 단어를 새끼치는 뒤붙이
　　　　　　례 : － 곧추, 날치, 덮개, 돋보기, 셋째, 잎사귀
　　　　　　　　　 － 꽃답다, 뜯적뜯적하다, 의롭다
　　　　2) 동사의 사역, 피동의 기능을 나타내는 ≪이, 히, 기, 리, 우, 구, 추≫
　　　　　　례 :　감기다, 걷히다, 놓이다, 담기다, 돋구다, 막히다, 맞추다, 맡기다,
　　　　　　　　　살리다, 세우다, 꽂히다, 뽑히다, 앉히다, 옮기다, 웃기다, 익히다,
　　　　　　　　　입히다
　　　　3) 힘줌을 나타내는 ≪치≫
　　　　　　례 : 놓치다, 덮치다, 받치다, 뻗치다, 엎치다
　　　　4) 형용사를 동사로 만드는 ≪추≫, ≪히≫
　　　　　　례 : － 낮추다, 늦추다
　　　　　　　　　－ 굳히다, 넓히다, 밝히다
　　　　5) ≪하다≫가 붙어서 형용사로 될수 있는 말뿌리와 어울려 부사를 만드는
　　　　　　뒤붙이 ≪히≫
　　　　　　례 : 넉넉히, 답답히, 미끈히, 꾸준히, 똑똑히, 빤히, 씨원히

제20항 말뿌리와 뒤붙이가 어울려 파생어를 이룰적에 빠진 소리는 빠진대로 적는다.

례 : 가으내, 겨우내, 무질(물속에 잠기는것), 바느질

제21항 ≪ㄺ, ㄻ, ㄼ, ㅀ≫ 등의 둘받침으로 끝난 말뿌리에 뒤붙이가 어울릴적에
그 둘받침중의 한 소리가 따로 나지 않는것은 안나는대로 적는다.
례 : 말끔하다, 말쑥하다, 실쭉하다, 할짝할짝하다, 얄팍하다

제22항 말뿌리와 뒤붙이가 어울리여 아주 다른 뜻으로 바뀐것은 그 말뿌리와 뒤붙이를
밝혀적지 않는다.
례 : 거두다, 기르다, 도리다, 드리다, 만나다, 미루다, 부치다, 이루다

제23항 모음으로 된 뒤붙이가 말뿌리와 어울릴적에는 다음과 같이 갈라 적는다.
1) 말뿌리와 뒤붙이를 밝혀 적는 경우
(1) 명사나 부사를 만드는 뒤붙이 ≪이≫
례 : ① 길이, 깊이, 높이, 미닫이, 벼훑이, 살림살이, 손잡이, 해돋이
② 네눈이, 삼발이
③ 같이, 굳이, 깊이, 많이, 좋이
④ 곳곳이, 낱낱이, 샅샅이, 집집이
그러나 본딴말에 붙어서 명사를 이루는것은 밝혀 적지 않는다.
례 : 누더기, 더퍼리, 두드러기, 무더기, 매미, 깍두기, 딱따기
(2) 명사를 만드는 뒤붙이 ≪음≫
례 : 갚음, 걸음, 물음, 믿음, 졸음, 죽음, 꽃묶음, 엮음, 웃음, 이음
그러나 다음과 같은 단어들은 말뿌리와 뒤붙이를 밝혀 적지 않는다.
례 : 거름(거름을 내다)
고름(고름을 짜다)
마름(한마름, 두마름)
주검(주검을 다루다)
(3) 동사의 상을 나타내거나 형용사를 동사로 만드는 ≪이≫, ≪우≫,
≪으키≫, ≪이키≫, ≪애≫
례 : 높이다, 놓이다, 돋우다, 들이키다, 먹이다, 쌓이다, 없애다, 일으키다
(4) ≪하다≫가 붙어서 형용사로 될수 있는 ≪ㅅ≫받침으로 끝난 말뿌리와
어울려서 부사를 만드는 뒤붙이 ≪이≫
례 : 반듯이(반듯하게 펴놓다), 꼿꼿이, 깨끗이, 따뜻이, 뚜렷이,

　　　　　빵긋이, 뿌듯이, 어렴풋이
　　(5) 형용사를 만드는 ≪없≫
　　　　례 : 객없다, 덧없다, 부질없다, 시름없다
　　(6) ≪거리≫와 어울릴수 있는 말뿌리에 붙어서 동사를 만드는 뒤붙이 ≪이≫
　　　　례 : 반짝이다, 번득이다, 번쩍이다, 속삭이다, 움직이다

　2) 말뿌리와 뒤붙이를 밝혀 적지 않는 경우
　　(1) 말뿌리에 ≪이≫, ≪음≫ 이외의 뒤붙이가 붙어서 이루어진 명사나 부사
　　　　례 : ① 나머지, 마감, 마개, 마중, 바깥, 지붕, 지푸래기, 끄트머리,
　　　　　　　　뜨더귀, 싸래기, 쓰레기, 올가미
　　　　　　② 너무, 도로, 바투, 비로소, 자주, 뜨덤뜨덤
　　　　　　③ 거뭇거뭇, 나붓나붓, 쫑긋쫑긋, 오긋오긋, 울긋불긋
　　(2) 어떤 토나 ≪하다≫가 붙어서 단어를 이루는 일이 없는 말뿌리에 뒤붙이
　　　　≪이≫, ≪애기≫, ≪어기(에기)≫, ≪아기≫가 붙어서 된 명사나 부사
　　　　례 : 갑가기, 동그라미, 반드시, 슬며시, 흐르래기, 부스레기
　　(3) 뒤붙이 ≪아ㅎ, 어ㅎ≫ 또는 ≪업≫, ≪읍≫이 붙어서 이루어진 형용사
　　　　례 : 가맣다, 간지럽다, 누렇다, 둥그렇다, 미덥다, 발갛다, 부드럽다,
　　　　　　　시끄럽다, 징그럽다, 파랗다, 싸느랗다, 어지럽다, 우습다

제24항　부사에서 뒤붙이 ≪이≫나 ≪히≫가 그 어느 하나로만 소리나는것은 그 소리대
　　　로 적는다.
　　1) ≪히≫로 적는것(주로 ≪하다≫를 붙일수 있는것)
　　　　례 : 고요히, 덤덤히, 마땅히, 빈번히, 지극히, 뻔히
　　2) ≪이≫로 적는것(주로 ≪하다≫를 붙일수 없는것)
　　　　례 : 간간이, 고이, 기어이, 객적이, 뿔뿔이, 짬짬이

　　3) 말뿌리에 직접 ≪하다≫를 붙일수 없으나 ≪히≫로만 소리나는것은 ≪히≫로
　　　적으며 말뿌리에 직접 ≪하다≫를 붙일수 있으나 ≪이≫로만 소리나는것은 ≪
　　　이≫로 적는다.
　　　　례 : － 거연히, 도저히, 자연히, 작히
　　　　　　　－ 큼직이, 뚜렷이

제7장   한자말의 적기

제25항   한자말은 소리마디마다 해당 한자음대로 적는것을 원칙으로 한다.

　　　례 : 국가, 녀자, 뇨소, 당, 락원, 로동, 례외, 천리마, 풍모

　그러나 아래와 같은 한자말은 변한 소리대로 적는다.

(옳음)	(그름)
궁냥	궁량
나사	라사
나팔	라팔
류월	륙월
시월	십월
오뉴월	오류월, 오륙월
요기	료기

제26항   한자말에서 모음 ≪ㅖ≫가 들어있는 소리마디로는 ≪계≫, ≪례≫, ≪혜≫, ≪예≫만을 인정한다.

　　　례 : 계산, 계획, 례절, 례의, 실례, 세계, 혜택, 연예대, 은혜, 예술, 예지, 예약

　그러나 그 본래소리가 ≪게≫인 한자는 그대로 적는다.

　　　례 : 게시판, 게재, 게양대

제27항   한자말에서 모음 ≪ㅢ≫가 들어있는 소리마디로는 ≪희≫, ≪의≫만을 인정한다.

　　　례 : 순희, 회의, 희망, 유희, 의견, 의의

띄 여 쓰 기

경애하는 수령 김일성동지께서는 다음과 같이 교시하시였다.

≪띄여쓰는것과 붙여쓰는것을 잘 조절하면 우리의 글도 훨씬 보기 쉽게 될것입니다. 타자를 칠 때도 반드시 한 단어는 붙여쓰도록 하고 단어와 단어사이에는 일정한 사이를 두어야 합니다.≫ (≪김일성저작집≫ 18권 24~25페지)

총 칙

조선어의 글에서는 단어를 단위로 하여 띄여쓰는것을 원칙으로 하되 자모를 소리마디 단위로 묶어쓰는 특성을 고려하여 특수한 어휘부류는 붙여쓰도록 한다.

제1장   명사와 관련한 띄여쓰기

제1항 토가 붙은 명사는 뒤의 자립적인 명사와 띄여쓴다.

    례 : ― 사상에서 주체, 정치에서 자주, 경제에서 자립, 국방에서 자위

         당과 수령의 배려

         숨은 영웅들의 모범

      ― 당의 유일사상체계

         주체위업을 만대에

         온 사회의 주체사상화

제2항 명사들이 토없이 직접 어울린 경우에는 하나의 개념을 가지고 하나의 대상으로
묶어지는 덩이를 단위로 띄여쓴다.

1) 일반적인 대상을 나타내는 경우

(1) 기관이름이나 ≪국, 처, 과…≫ 등의 조직기구체계의 이름과 그 직명사이
는 줄어들지 않는 경우에 띄여쓴다.

례 : 조직계획처 처장, 강연과 과장, 당위원회 지도원,

행정 및 경제지도위원회 지도원

그러나 기관, 부서의 이름과 직무사이가 줄어든 경우에는 그것들을 붙여쓴다.

례 : 정무원총리, 도당책임비서, 조직계획처장, 연구실장, 군당조직비서,

인쇄직장장, 상점책임자, 출판사장, 갱구장

(2) 일정한 단계를 이루면서 련달아 결합된 단위는 단계적으로 내려가면서
띄여쓴다.

례 : ― 지난해 늦가을 어느날 이른새벽에

○○사범대학 력지학부 지리과 2학년 1반

1986년 10월 10일 금요일 오전

협동농장 1작업반 2분조

― 도당위원회 ○○부 ○○과 지도원

동경 62도 5분

오후 3시 20분, 령하 20도, 기원전 3세기

섭씨 2도

(3) 앞의 명사가 ≪부문, 분야, 기관, 담당, 관계, 이상…≫ 등과 함께 쓰이는
경우에 이 단어들은 앞단위에 붙여쓰며 ≪부문, 분야, 기관, 담당, 관계,
이상…≫의 뒤에 오는 단위는 띄여쓴다.

례 : 관계부문 일군들

농촌경리부문 일군들

행정경제분야 책임일군들

국가기관 지도일군들

사회과학과목관계 교원들

소대장이상 간부들

체육담당 지도원들

그러나 이것들이 딴 단어와 결합되여 하나의 단위로 될 때는 붙여쓴다.

부문위원회, 기관책임자, 관계기관, 담당지도원

(4) 개념상 ≪하나의 대상으로 묶어지는 덩이≫인 일반명사에서 앞에 ≪년(년
도)≫이 오는 경우에는 그것을 뒤의 단어와 띄여쓴다.
례 : 1985년 인민경제 및 사회발전계획 초안
　　　1985년 국가예산
　　　1986년도 1.4분기 세부계획
(5) 명사들이 토없이 련달아 어울리는 경우에는 하나의 대상으로 묶어지는
　　단위별로 띄여쓴다.
례 : 우리 나라 사회주의건설 장성속도 시위
　　　우리 당 언어정책 관철정형에 대한 서술
　　　전공지식 습득정형 료해장악과 관련
　　　하루 평균생산실적 부쩍 장성
　　　도내 제철공장 콕스 7억여톤 절약
　　　이웃집 마루방벽에 걸린 그림
　　　15세기중엽 우리 나라 사회경제형편
(6) 같은 명사끼리 토없이 어울린 경우에 하나의 개념을 가지고 하나의
　　대상으로 묶어지는 덩이는 붙여쓴다.
례 : - 사회의주건설, 물고기잡이전투, 사회주의농촌,
　　　　강철공업, 사회주의농촌건설, 국제로동운동
　　　- 어업로동자, 국어교원, 단행본편집원,
　　　　농업근로자, 철도로동자
(7) 명사가 토없이 수사나 부사와 어울려 하나의 대상을 나타내는 단위는
　　붙여쓴다.
례: - 2중영웅, 2중3대혁명붉은기, 백날기침, 7개년계획
　　　3개년인민경제계획, 열두삼천리벌
　　　- 세벌김, 네발짐승, 1년열두달, 3년석달
　　　- 척척박사 산들바람
2) 고유한 대상을 나타내는 경우
　(1) 단계적으로 내려가면서 이루어지는 정식으로 되는 기관, 부서, 직무는
　　각각 띄여쓴다.
례 : 조선로동당 중앙위원회 ○○부 부장
　　　조선민주주의인민공화국 정무원 총리
　　　조선민주주의인민공화국 최고인민회의 상설회의 의원

사회과학원 과학지도국 국장

○○공산대학 학장(강좌장)

○○제1사범대학 도서관 관장(부관장)

3.8유치원 원장

조선민주주의인민공화국 정부대표단 단장

[붙임] 고유명칭에서 차례, 등급, 특징, 돐 등을 따로 드러나게 할 때에는 이에
준한다.

례 : − 자유독립훈장 제1급

조선민주주의인민공화국창건 20주년 기념훈장

전사의 영예훈장 제1급

제3차 7개년계획, 제2차 세계대전

제1차 원수폭금지세계대회

사회주의10월혁명 60돐 기념행사

(2) 단계적으로 마디를 이루는 회의, 사변, 기념일 등은 그 매개 단위를
띄여쓰되 마지막의 명칭은 그앞의 단위에 붙여쓴다.

례 : − 화룡현 홍기하전투

조선로동당 중앙위원회 제6기 제10차전원회의

평양시 농촌경리부문 책임일군협의회

− 공화국정부성명지지 ○○시군중대회

보천보전투승리기념 사회과학원토론회

− 조선인민군창건 ○○돐기념 평양시경축대회

보천보전투승리 ○○돐 사회과학토론회

꾸바혁명승리 ○○돐 7월26일대회

[붙임] 이 경우에 기념대상, 기시, 주최자 등의 일부가 줄어들 때는 한 단위 또는
두 단위로 띄여쓸 수 있다.

례 : − 공화국정부성명 ○○시지지대회

공화국창건 20돐기념

− 보천보전투승리 기념강연회

인민군창건기념일

(3) 고유한 명칭이 한덩어리로 붙지 못하고 떨어지는 경우는 단어들의
결합관계를 고려하여 다음과 같은 형식으로 띄여쓴다.

례 : 조선통일짖 라오스위원회

　　　　주체사상연구 부르끼나파쏘위원회
　　　　주체사상연구 마다가스까르 프로레타리아운동 전국위원회
　　　　조선민주주의인민공화국주재 독일민주주의공화국대사관
　　　　오끼나와주둔 미해병대소속 고용병놈
(4) 기념상 ≪하나의 대상으로 묶어지는 덩이≫를 이루는 고유명칭은
　　붙여쓰는것을 원칙으로 한다.
　　　례 : － 조선로동당, 조선민주주의인민공화국, 김일성종합대학,
　　　　　　타도제국주의동맹, 조선사회주의로동청년동맹,
　　　　　　재일본조선인총련합회, 새날협동농장,
　　　　　　김종태사범대학, 서남아프리카인민조직, 평양제1고등학교,
　　　　　　사리원제1사범대학, 개성학생소년궁전
　　　　－ 김혁, 차광수, 리보배, 김한길, 황보노을, 독고영숙
　　　　－ 김일성저작집, 김일성훈장, 자유독립훈장, 주체사상탑, 개선문,
　　　　　　≪승리－58≫형, ≪만경봉≫호, ≪자주≫호
그러나 외국의 나라이름이나 고유대상이름, 사변이름, 사람이름 등은 그 나라에
서 하는대로 따른다.
　　　례 : 세인트 루씨아
　　　　　산토메 프린시페
　　　　　싼 마리노
　　　　　에르네스또 체 게바라
　　　　　크라스나야 즈베즈다
(5) 주요 사변, 운동, 회의, 조약, 기념일, 공식대표, 강령, 선언 등의 이름은
　　하나로 붙여쓴다.
　　　례 : － 4.15명절, 4월15일명절, 2.16명절, 2월16일명절, 평양선언,
　　　　　　7.4공동성명, 9.9절, 남호두군정간부회의, 동년현성진공전투,
　　　　　　3대혁명붉은기쟁취운동, 3.1인민봉기, 독일민주주의공화국대표단,
　　　　　　3.8국제부녀절, 전국어머니대회, 조국광복회10대강령,
　　　　　　2월17일과학자, 기술자돌격대
(6) ≪쏘련, 중국, 민주예멘, 영국, 프랑스, 일본…≫ 등은 국가의 정식이름이
　　줄어든 형태로 보고 그 뒤에 오는 단위는 붙여쓴다.
　　　례 : 쏘련외무성 부상
　　　　　중국문화부장 도착

프랑스정부 각료
3) 고유한 명칭의 앞뒤에 보통명사적인것이 어울린 경우
  (1) 고유한 명칭의 앞뒤에 오는 보통명사적인것은 원칙으로 띄여쓴다.
    례 : - 최고인민회의 대의원, 조선중앙방송위원회 탁구선수
         량강도 지방공업, 평양시 건설, 청진시 근로자들
      - 창성군내 인민들, 함흥경기장 앞마당, 2.8문화회관 뒤면
      - 중앙인민위원회 정령, 로동행정부 지시, 국영 제ㅇㅇ농장 종업원
      - 조선민주주의인민공화국 정부성명, 조선로동당 친선참관단,
        조선중앙통신사 대변인성명, 일본사회당 특별성명
  (2) 동격어나 이에 준하는 단위는 띄여쓴다.
    례 : - 항일혁명투쟁참가자 오중흡, 공화국영웅 안영애, 박사 김준식,
        인민배우 김인덕, 원사, 박사 김경남, 공훈예술가 리익성,
        외교부장 ㅇㅇㅇㅇㅇㅇ각하, 본사기자 황병희
      - 당보 ≪로동신문≫, 당기관잡지 ≪근로자≫, 영웅도시 평양,
        천하명승 금강산, 로씨야작가 레브. 똘스또이의
        ≪전쟁과 평화≫, 소설가 에틸리온 보이니츠의 ≪등에≫
  (3) 칭호, 직명 등이 뒤에 올적에는 그것을 앞에 붙인다.
    례 : - 김철수동지, 옥희아주머니, 리수복영웅, 성희누나, 소창길부장,
        순철로인, 김춘식박사, 김일순선생님, 안영철아바이,
        죠리오큐리녀사
      - 위노그라노브원사, 사스뜨라 아미죠오각하, ㅇㅇ부장동무
      - 한일권대의원선생, 김철이박사선생
그러나 뒤에 오는 칭호나 직명을 붙여씀으로써 달리 리해될수 있는 경우에는
띄여쓸수 있다.
    례 : 김철 부부장, 장욱 총국장
  (4) 고유한 명칭의 중간에 끼는 ≪직속, 부속, 소속, 산하, 아래…≫ 등은
    앞단위에 붙여쓰며 그 뒤단위는 띄여쓴다.
    례 : ㅇㅇㅇ사범대학부속 ㅇㅇㅇ고등중학교, ㅇㅇ동무소속 해안포중대,
        채취공업위원회 산하 광산, 탄광, 과학원아래 각 연구소들
[붙임] 그러나 이것들이 일반적인 대상과 어울릴적에는 뒤단위에 붙여쓴다.
    례 : 직속기관, 부속인민학교, 산하기업소, 소속구분대, 아래기관
  (5) 기관, 부서, 행정단위 등의 이름앞에 ≪3대혁명붉은기, 근위, 천리마…≫와

기타 칭호들이 오는 경우에 칭호는 뒤단위와 띄여서 쓴다.

례 : － 천리마 ○○○일용품공장, 3대혁명붉은기 ○○탄광기계공장,

근위1급 ○○군 ○○협동농장

－ 천리마 청년작업반, 평안북도 ○○군 ○○협동농장 천리마

제1작업반 3분조

그러나 이것들이 뒤에 오는 단위와 결합되여 하나의 단위로 될 때에는
붙여쓴다.

3대혁명붉은기공장, 천리마작업반

4) 나란히 어울린것에 공통적으로 걸리는 단위가 온 경우

(1) 자립적으로 쓰이면서 두 단위에 각각 공통적으로 걸리는 단위는 모은
경우에 띄여쓴다.

례 : － 해주와 사리원 지방

사상혁명, 기술혁명, 문화혁명 수행

－ 세계각국 국회 및 국회의원들

축구와 배구 및 롱구 경기

(2) 다른 명사의 앞에서 그것과 붙여서 쓰는 ≪국제, 선진, 원시, 원생…≫
등이 공통적인것의 앞에 올 때는 띄여쓴다.

례 : － 국제 공산주의운동과 로동운동

선진 기술과 리론

원시 유적과 유물

원생 식물과 동물

(3) 반점(,)과 같은 부호를 찍어서 명사들이 렬거된 경우에는 앞뒤에 오는
공통적 단위는 띄여쓴다.

례 : 교원, 학생, 사무원 협의회

대학내 교원, 학생 사무원

세멘트, 강철, 석탄 생산실적

사진, 도서 전람회

국영 공장, 농장, 사무원들

[붙임] 뒤에 공통적으로 걸리는 칭호, 직명 같은것도 앞명사와 띄여쓴다.

례 : 김정법, 박곰손, 황영순 동무들

김한길, 리순이, 정일모 연구사들

(4) 공통적으로 걸리는 단위로 보아도 불합리하고 공통적으로 걸리지 않는

단위로 보아도 불합리한 경우에는 다 띄여쓰는것을 원칙으로 한다.

례 : 당, 국가, 경제 기관 일군들

국영농장, 협동농장, 개인부업 경리

(5) 호상관계가 두번이상 이루어지는 단위를 나타내는 말마디나 단어
≪사이≫는 띄여쓰는것을 원칙으로 한다.

례 : ─ 국영, 협동단체 및 합영기관 공업총생산액

학교, 마을 그리고 가정 위생상태

─ 협동적 소유와 협동적 소유, 전인민적 소유와 전인민적 소유,

협동적 소유와 전인민적 소유 사이

(6) 두개 또는 그이상의 명사가 아무런 부호없이 같은 자격으로 어울리는것의
뒤에 공통적인것이 올 때는 붙여쓴다.

례 : 사상기술문화혁명을 수행한다.

대외대내정세의 연구

아침저녁식사를 여기서 한다.

교원학생궐기모임이 있었다.

조직정치사업에 뒤이어

사회정치활동 진행정형을 총화한다.

(7) 공통적으로 걸리는 단위가 하나의 소리마디로 되였거나 ≪하다, 되다,
시키다…≫ 등이 오는 경우에는 그 앞단위에 붙여쓰는것을 원칙으로 한다.

례 : 각 도, 시, 군당 책임비서

창성, 피현, 대관군 소재지

기술신비주의, 보신주의적 태도

계속혁신, 계속전진하는 집단

5) 앞명사를 다시 받는다고 할수 있는 ≪자신, 자체, 전체, 전부, 전원, 일행,
일가, 일동, 일체, 모두…≫ 등은 그 앞단위에 붙여쓰는것을 원칙으로 한다.

례 : 기사장자신이 만들었다.

지구자체도 돈다.

로동자전체가 일떠섰다.

학생전원이 참가했다.

려행자일행은 휴식도 없이 걸어갔다.

박사일가는 오늘도 모여앉았다.

아들딸모두가 행복하게 자랐다.

[붙임] ≪스스로≫도 이에 준하여 처리한다.

　　　례 : 참가자스스로가 이야기의 참뜻을 깨달았다. 학생스스로가 대답하였다.

제3항　불완전명사와 이에 준하는 단위들은 원칙적으로 앞단어에 붙여쓰며 일부 경우에
　　　띄여쓰는것으로 조절한다.

　　1) 순수한 불완전명사는 앞단어가 어떤 품사이건, 이떤 형태에 놓여있건 언제나
　　　그것에 붙여쓴다.

　　례 : － 분…그분, 어느분, 걸어가고있는분

　　　　　　　탓…아이탓, 누구탓

　　　　　　　것…좋은것, 나의것, 갈것

　　　　　　　나위…말할나위가 없다

　　　　　　　녘…해질녘, 날이 샐녘

　　　　　　　지…떠난지, 간지가 오래다

　　　　　　　때문…그때문에, 가기때문이다

　　　　　　　리…갈리 없다, 모를리가 없다

　　　　　　　번…이번 전람회

　　　　　　　양…아는양을 한다

　　　　　－ 걷거나 앉아있는분

　　　　　　　좋고나쁜것, 말하거나 쓸나위가 없다, 날이 새고 동틀녘,

　　　　　　　그와 나때문이다, 가거나 올리 없다

　　2) ≪상, 중, 간, 판, 경, 항, 측, 장, 조, 전, 편, 산, 호, 성, 하, 전, 후, 내, 외,
　　　차, 초, 말, 발, 착, 행, 년, 부, 별, 용, 분, 과, 급, 당, 기, 계, 래, 형, 제, 식,
　　　상(모양), 적≫ 등과 같은 한자말이나 불완전명사와 ≪뒤붙이적 단어≫는 그
　　　앞단위에 붙여쓰며 그뒤에 오는 단위는 띄여쓴다.

　　　례 : 상…시간상 제약을 받는다.

　　　　　　　중…회의중 사담을 하지 말것

　　　　　　　간…형제간 의리를 지킨다.

　　　　　　　전…학령전 아동교양문제

　　　　　　　후…전쟁후 6년간의 생활

　　　　　　　내…학교내 위생환경을 변혁

　　　　　　　초…올해초 기후변동은 매우 심했다.

　　　　　　　발…평양발 급행렬차, 보건부발 제00호

부…3일부 신문
분…5월분 강철생산계획
별…개인별 경쟁
용…학생용 책가방
급…대사급 외교관계
과…화본과 식물
당…단위당 생산능률
계…민단계 인사들
차…제20차 올림픽경기대회
조…제1조
행…개성행 렬차
래…몇십년래의 대풍년
착…평양착 2렬차
외…계획외 공사
전…영웅전
말…12월말 생산실적
하…현정세하에서…
기…제1기 졸업생, 최고인민회의 제8기 제1차회의
상…반월상 긴경절
판…제1판
경…12월경
항…제1항
측…우리측 대표
장…제1장
편…제1편
편…≪만경봉호≫편
호…제1호
형…최신형 중거리미싸일
식…중앙련쇄식 계전기련동장치
제…외국제 경기관총
성…만성 진행성 변이성 이발주위염
산…○○○산 닭고기

적…전국적 전력소비실태자료

3) 시간과 동간의 뜻을 추상적으로 나타내는 고유어명사 ≪앞, 옆, 뒤, 끝, 속, 밖, 안, 우, 아래, 밑, 사이(새), 때, 제, 결, 길, 군데, 해, 달, 날, 낮, 밤, 곳, 자리, 고장, 어간, 어구, 가운데, 구석≫ 등은 토없는 명사, 수사, 대명사 뒤에서 붙여쓰며 일부 경우에는 규정형뒤에서도 붙여쓴다.

　　례 : 학교앞에, 말뒤에, 처마끝에, 인민대중속에, 대문밖에, 걸어갈제, 일제때, 이해, 그날, 지난날, 그날밤, 그날낮, 그길로, 제자리, 시는곳, 쉴사이(새)

≪년, 놈, 녀석, 자≫ 등도 이에 준하여 처리한다.

[붙임] 이러한 경우에 ≪들≫은 ≪뒤붙이≫와 같이 처리한다.

　　례 : 인민들속에서, 학생들사이, 집들결에

그러나 이러한 단어들은 다른 단어의 앞뒤에 오면서 자립적인 기능도 수행하며 따라서 띄여쓴다.

　　례 : － 앞 키큰 사람

　　　　밤 10시

　　　　뒤 련합부대

4) ≪등, 대, 겸, 따위≫와 같은 불완전명사는 원칙적으로 띄여쓴다.

　　례 : － 김나리 등이 이겼다. 걷고 뛰고 달리는 등 운동

　　　　－ 의학대학 대 체육대학 축구경기

　　　　공중 대 지상 화력 시험훈련

　　　　대학교원 겸 공장기사

　　　　사과, 배, 감 따위의 과일이 많다.

[붙임] 그러나 ≪대≫, ≪따위≫가 다른 단어와 어울려 하나의 덩이로 됨을 나타낼 때는 붙여쓴다.

　　례 : － 지대공유도탄, 지대지미싸일

　　　　－ 이따위짓, 그따위놈, 제따위

제4항　합친말이나 숙어로 된 명사는 붙여쓴다.

1) 동사나 형용사의 ≪ㄴ≫, ≪ㄹ≫형이 시칭의 뜻이 없이 명사와 어울리면서 그앞에 다시 ≪ㄴ≫, ≪ㄹ≫형의 규정어를 받을수 있는것은 붙여쓴다.

　　례 : － 된장(묽은 된장), 식은땀(심한 식은땀), 작은아버지(키큰 작은아버지, 뜬소문(돌아가는 뜬소문), 들돌(내려놓은 들돌), 잔돈(많은 잔돈)

2) 두개이상의 단어가 어울려서 하나로 녹아붙은 단위처럼 된 명사는 붙여쓴다.

　　　례 : 못할말, 못된놈, 몹쓸일, 여러차례, 하루밤, 한나절
　3) 두개이상의 단어가 겹쳐서 하나로 녹아붙었거나 병렬되는 명사는 붙여쓴다.
　　　례 : － 집집, 사람사람, 순간순간, 구석구석, 가지가지
　　　　　 － 아침저녁, 하루이틀, 밤낮

제2장   수사, 대명사와 관련한 띄여쓰기

제5항　수는 아라비아수자로만 적을수도 있고 순수 우리 글로만 적을수도 있으며 아라비
　　　아수자에 ≪백, 천, 만, 억, 조≫ 등의 단위를 우리 글자와 섞어서 쓸수도 있다.
　　　이때의 띄여쓰기는 다음과 같다.
　　　1) 아라비아수자로 적을 때에는 단의 자리로부터 세자리까지는 반점을 찍지 않고
　　　　 붙여 쓰며 그이상의 자리수에서는 세자리씩 올라가면서 반점(,)을 찍는다.
　　　　　례 : － 12
　　　　　　　　325
　　　　　　　　1,482,522
　　　　　　　　9,372,586,65
　　　　　　 － 23.5
　　　　　　　　1,482.52
　　　2) 수사를 우리 글자로만 적거나 아라비아수자에 ≪백, 천, 만, 억, 조≫ 등의
　　　　 단위를 우리 글자와 섞어 적을 때에는 그것을 단위로 하여 띄여쓴다.
　　　　　례 : － 구십삼억 칠천 이백 오십팔만 륙천 삼백 륙십오
　　　　　　　 － 3만 5천 6백 25
　　　　　　　 － 십삼점 이오(13.25)
　　　　　　　 － 삼과 이분의 일 (3 1/2)
　　　3) 우리 글자로만 수를 적되 ≪십, 백, 천, 만≫ 등의 단위를 표시하지 않고
　　　　 수자의 이름으로만 적을 때는 붙여쓴다.
　　　　　례 : 삼오(35), 삼오삼(353), 이사오륙(2456), 칠구공공찰오(790085)
　　　특별한 목적으로 반점을 찍을 필요가 있을 때에는 아라비아수자로만 적을
　　　때와 같은 자리에(즉 단의 자리로부터 세자리씩 올라가면서) 찍는다.

        례 : 이, 사오륙(2,456)
            칠구공, 공팔오(790,085)

제6항   ≪수≫나 ≪여≫, ≪나마(나문)≫가 수사와 직접 어울려서 대략의 수량을 나타내
        는 것은 붙여쓴다.
        례 : ─ 수십, 수백만, 수십억, 삼백 수십(개), 수백수천(발), 수삼년, 수삼차
            ─ 백여, 50여, 1,000여(톤), 5년여, 3시간여, 수십여(년), 수만수천여(개)
            ─ 100나마, 오백명나마, 석달나마, 스무나문, 여나문

제7항   수사가 토없이 완전명사와 어울린것은 띄여쓰며 단위명사(또는 이에 준하는 명사)
        와 어울린것은 붙여쓰는것을 원칙으로 한다.
        1) 수사가 토없이 완전명사와 어울린것
            례 : 두 공산주의자의 이야기
                세 기술일군의 참관
                일곱 녀학생의 아름다운 소행
        2) 수사가 토없이 단위명사(또는 이에 준하는 명사)와 어울린것
            례 : 50명, 48톤, 5시, 2년, 5일, 두살, 다섯개, 세마리, 한두름, 두벌,
                네말, 여섯컬레, 39분, 28초, 네그릇, 12자, 세묶음, 여덟병, 한길,
                석단, 학생 9명, 1등, 최근 100년간, 실 한토리, 1급, 1항차, 1량
        [붙임] ≪성상, 세월, 나이, 평생, 고개≫ 등과 같은 완전명사도 단위명사에 준하여
                처리한다.
            례 : 15성상, 70나이의 고령, 60평생, 20여성상, 60여평생
                70살나이에, 마흔고개, 칠순고개, 60살고개

제8항   대명사는 원칙적으로 다른 품사와 띄여쓰며 불완전명사(또는 이에 준하는 일부
        명사)와 직접 어울린것만 붙여쓴다.
        례 : ─ 내 조국, 우리 식, 우리 말, 이 나라, 제 땅우에서, 제 힘으로…
                저기 저 바다로 우리 함께 가자.
                내 네 말을 잊지 않고 있다.
            ─ 이것, 그이, 저분, 무엇때문에, 누구것이냐?, 네탓이다, 이해, 이달,
                그밖에, 그곳, 그때, 이때, 저때…
        [붙임] 대명사가 다른 품사와 어울려 하나의 덩이로 굳어졌거나 ≪자신, 자체,

전체, 모두, 스스로≫와 어울리는 경우의 띄여쓰기는 기본적으로 명사의
경우와 같다.

    례 : - 내남없이, 너나들이, 저저마다

        - 나자신, 우리들전체, 그들자체, 우리스스로…

제9항 같은 수사나 대명사가 겹치면서 강조 또는 여럿의 뜻을 나타내는것은 붙여쓴다.

    례 : - 하나하나, 둘둘, 하나씩하나씩, 둘씩둘씩, 열스무(차례), 하나둘(구령)

        - 누구누구, 무엇무엇(뭣뭣)

        - 너도나도, 그나저나, 이곳저곳, 네것내것, 내일네일

제3장   동사, 형용사와 관련한 띄여쓰기

제10항 동사나 형용사끼리 어울렸을 경우의 띄여쓰기는 다음과 같이 한다.

    1) 토가 붙은 자립적인 동사나 형용사가 다른 자립적인 동사나 형용사와
        어울린것은 원칙적으로 띄여쓴다.

        례 : - 들고 가다, 가면서 말한다, 들어서 올리다, 붉게 타다,
            깨끗하여 좋다, 용감하고 지혜롭다.

            - 맑고 아름다운 강산, 슬기롭고 용감한 우리 인민

    2) 토가 있지만 띄여쓰지 않는것은 다음과 같다.

        (1) ≪고≫형의 동사가 다른 동사와 어울려 하나의 동사로 녹아붙은것은 띄여
            쓰지 않는다.

            례 : - 짜고들다, 먹고떨어지다, 밀고나가다, 들고뛰다, 캐고들다,
                타고나다, 놀고먹다, 들고치다, 파고들다, 안고뭉개다

        (2) ≪아, 어, 여≫형의 동사나 형용사가 보조적으로 쓰이는 동사가 직접
            어울린것은 붙여쓴다.

            례 : - 돌아가다, 돌아치다, 몰아내다, 볶아대다, 잡아쥐다

                - 젊어지다, 쓸어버리다, 들어보다, 애써보다, 적어두다

                - 베껴주다, 견디여내다, 버티여내다, 다녀가다

                - 반가와하다, 미워하다, 두려워하다

(3) ≪아, 어, 여≫형이 아닌 다른 형 뒤에서 보조적으로 쓰인 동사나 형용사는
붙여쓴다.

　　례 : − 읽고있다, 쓰고있다, 맡고있다, 쉬고있다,
　　　　　　읽고계시다, 쓰고계시다, 맡고계시다, 쉬고계시다
　　　　　− 읽고싶다, 먹고싶다, 가고싶다, 듣고싶다,
　　　　　　읽는가싶다, 먹는상싶다, 될상싶다, 아시다싶이, 보시다싶이
　　　　　− 하고나서, 끝나고나서, 읽다나니, 늙다나니, 보고나니,
　　　　　　돌아다니다나면
　　　　　− 쓰고말다, 보고말다, 버리고말다, 가고말다, 나가자마자,
　　　　　　들어서자마자, 물어보자마자
　　　　　− 읽는가보다, 올가보다, 왔댔나보다, 알고보니, 써놓고보니,
　　　　　　세워놓고보니

(4) ≪아, 어, 여≫형의 동사나 형용사가 잇달아있을 경우에는 자립적인 행동
의 단위마다 띄여쓴다.

　　　　　− 기여넘어가 살펴보다, 들어가 집어올리다, 만나보아 알고있다,
　　　　　　받아안아 덮어쌓다

(5) 토 ≪나, 디, 고, 도 ㄴ…≫을 사이에 두고 두개의 동사나 형용사가 겹친
것은 붙여쓴다.

　　례 : − 크나큰, 기나긴, 머나먼, 높으나높은, 젊으나젊은,
　　　　　　깊으나깊은, 자나깨나
　　　　　− 달디단, 쓰디쓴, 높디높은, 깊디깊은, 차디찬, 넓디넓은
　　　　　− 넓고넓은, 멀고먼, 부르고부르는, 크고작은, 높고낮은, 주고받는
　　　　　− 가도가도, 오도가도, 길고도긴, 넓고도넓은
　　　　　− 긴긴(밤), 먼먼(옛날)

[붙임] 그밖의 형태의 합친말, 겹친말도 이에 준한다.

　　례 : − 높으락낮으락, 이리쿵저리쿵, 죽을둥살둥, 이러니저러니,
　　　　　　들락날락, 왔다갔다, 들쑥날쑥, 본숭만숭, 앞서거니뒤서거니,
　　　　　　덮어놓고, 묻다못해, 하다못해, 보아하니

(6) ≪듯, 만, 번, 법, 사, 척, 체…≫ 등이 붙은 동사나 형용사가 토없이
≪하다≫와 어울린것은 붙여쓴다.

　　례 : − 올듯하다, 들을만하다, 만날번하다, 갈법하다, 웃을사하다,
　　　　　　가는척하다, 아는체하다

　　　　－ 올듯말듯하다, 웃을사웃을사하다, 아는체마는체하다

그러나 ≪듯, 만, 번, 법, 사, 척, 체…≫뒤에 토가 붙으면 ≪하다≫는 띄여쓰기로
한다.

　　　례 : － 갈듯도 하다, 오를만도 하다, 그럴법도 하다

　　　　　－ 그럴만은 하다, 아는체를 한다, 웃을사는 한다

　　　　　－ 올듯말듯도 하다, 웃을사웃을사는 한다, 아는체마는체를 한다

　　(7) 토 ≪지≫가 붙은 동사나 형용사가 다른 단어와 어울린것은 띄여쓴다.

　　　례 : － 그렇지 않다, 이기지 못하다, 맞갖지 않다, 갈지 모른다

　　　　　－ 마지 못해, 머지 않아, 못지 않다

　　　　　－ 믿어마지 않다 바라마지 않다

　　　　　그리여마지 않다, 존경하여마지 않다

제11항 동사, 형용사가 명사, 부사와 어울린 경우의 띄여쓰기는 다음과 같다.

　　1) 토없는 명사에 ≪하다, 되다, 시키다≫가 직접 붙은것은 붙여쓴다.

　　　례 : － 건설하다, 겨냥하다, 나무하다, 눈짓하다, 바느질하다, 창조하다,

　　　　　　투쟁하다, 이신작칙하다, 영광찬란하다

　　　　　－ 구현되다, 련관되다, 참되다, 창설되다, 영웅되다, 공고발전되다

　　　　　－ 련습시키다, 분리시키다, 숙련시키다, 공고발전시키다, 긍정감화시키다

그러나 ≪하다, 되다, 시키다≫의 앞에 ≪못, 아니, 안≫ 등이 끼일 때에는 앞의
명사단위를 띄여쓴다.

　　례 : 용서하다 － 용서 못하다

　　　　말하다 － 말 못하다

　　　　허용되다 － 허용 안되다

　　　　모순되다 － 모순 안되다

　　　　운동시키다 － 운동 안시키다

　　　　숙련시키다 － 숙련 못시키다

　　2) 명사에 ≪지다≫가 직접 어울린것은 붙여쓴다.

　　　례 : － 값지다, 홑지다, 건방지다, 외지다, 구성지다, 멋지다, 둥글지다,

　　　　　　아롱지다

　　　　　－ 모지다, 살지다, 그늘지다, 굽이지다, 장마지다, 언덕지다, 얼룩지다,

　　　　　　열매지다, 짝지다

　　3) 토없는 명사에 ≪답다, 거리다, 겹다, 맞다, 궂다, 적다, 어리다≫ 등이

직접 어울려서 형용사를 이루는것은 붙여쓴다.

례 : ― 꽃답다, 남자답다, 청년답다, 녀성답다, 인민군대답다
　　　― 홍겹다, 눈물겹다, 정겹다
　　　― 능청맞다, 방정맞다
　　　― 심술궂다, 버릇궂다, 험상궂다
　　　― 멋적다, 맛적다, 열적다
　　　― 지성어리다, 정성어리다, 정기어리다, 피어리다

4) 토없는 명사에 고유어로 된 동사와 형용사가 직접 어울려서 하나의 동사나 형용사를 이루는것은 붙여쓴다.

례 : ― 꿈꾸다, 춤추다, 잠자다, 짐지다, 셈세다, 숨쉬다, 금긋다, 걸음걷다, 뜸뜨다
　　　― 가살부리다, 극성부리다, 심술피우다, 익살피우다, 방정떨다, 엄부럭떨다, 소리치다, 활개치다, 굽이치다, 고동치다, 끝맺다, 시집가다, 맴돌다, 감사납다, 길차다, 힘차다, 주제넘다, 몸풀다, 눈팔다, 낯설다, 일삼다
　　　― 낯익다, 눈멀다, 힘들다, 빛나다, 유별나다, 끝나다, 한결같다, 낯같다, 류다르다, 눈부시다, 때늦다, 움트다, 싹트다, 해지다, 번개치다, 대바르다, 가슴아프다, 심술궂다, 남부럽다, 마음놓다, 의리깊다, 실속있다, 패기있다, 활기있다, 깊이있다, 무게있다, 쉴새없다, 맥없다, 힘없다, 례절없다, 눈치없다, 나많다, 꼴사납다, 나어리다, 발벗다, 수놓다, 마감짓다, 매듭짓다, 손대다, 밥먹다, 발맞추다, 꽃같다, 꿀같다

[붙임] 대명사나 그밖의 품사와 어울려 하나의 동사나 형용사로 쓰이는것도 이에 준한다.

례 : ― 그같은, 이같은, 나보고, 너나들이하면서, 제자리걸음하고…
　　　― 곧이듣다, 내리누르다, 가로채다, 올리번히다, 가로지르다, 냅다지르다, 냅다치다, 기껏해서

5) 동사, 형용사가 명사, 부사와 어울려 잇달아있는 경우에는 행동의 단위에 따라 처리한다.

례 : ― 몸바쳐 일하고있다.
　　　어깨겯고 나아간다.
　　　앞장서 나가고있다.

몸바쳐 투쟁해나가고있다.
— 해빛을 받아안고 솟구쳐나다.
일을 바로잡아 고쳐나갔다.
제품을 만들어 내려보냈다.
물에 씻겨 내려가고있었다.
6) 동사, 형용사의 앞에 오는 명사에 토가 없어도 토를 줄였다는것이 뚜렷하고
끊기여 발음될 때는 띄여쓰는것을 원칙으로 한다.
례 : 은혜로운 해발 안고
사랑의 정 품고
간절한 마음 담아
멸적의 기세 드높은
우리의 정성 담은 선물

제12항 ≪앞, 뒤, 곱, 겹≫ 등이 동사나 형용사와 어울린것은 붙여쓴다.
례 : — 앞서다, 앞지르다, 앞당기다, 앞차다, 앞두르다
— 뒤서다, 뒤늦다, 뒤떨어지다, 뒤쫓다, 뒤돌리다
— 곱먹다, 곱가다, 곱돕다, 곱씹다
— 겹쓰다, 겹쌓다, 겹입다, 겹차다, 겹싸다
[붙임] ≪앞장, 버금, 다음, 으뜸≫과 ≪첫째≫도 이에 준한다.
례 : — 앞장서다, 버금가다, 다음가다, 으뜸가다, 첫째가다

제4장   관형사, 부사, 감동사와 관련한 띄여쓰기

제13항 관형사는 그뒤의 단어와 띄여쓴다.
례 : — 모든 공장, 여려 책, 온갖 문제, 새 규정책, 온 마을, 별의별 이야기,
별 이야기, 각 도서관, 여느 기술자, 제반 사실, 첫 전투,
첫 프로레타리아정권, 맨 웃자리, 현 국제정세, 매 도, 매 군, 무슨 일,
어느 동무, 웬 사람, 순 독학으로, 귀 대표부, 딴 사람, 전(이전) 대통령,
한다는 선수, 이까짓 종이

- 온갖 한다는 선수들, 별 딴 문제, 무슨 별별 이름모를 식물들,
   여러 새 양복, 그까짓 딴 마음, 한다는 여러 인사들, 제반 새 사전들,
  별의별 새 이야기
- 원 이름밑에 새 이름을, 옛 전우들의 모습, 온 정신을 가다듬어,
   각 대학 학생들

이와 관련하여 관형사 ≪첫, 새≫ 등은 일부 합친말의 구성부분으로 된것만을
례외적으로 붙여쓰기로 한다.

   례 : – 첫코, 첫발, 첫맛, 첫날옷, 첫젖, 첫어구, 첫인상, 첫길, 첫더위,
       첫물, 첫울음, 첫술, 첫눈, 첫정, 첫끝, 첫입, 첫날밤, 첫머리, 첫시작,
       첫새벽, 첫추위, 첫아침, 첫인사, 첫출발, 첫국밥, 첫솜씨, 첫마수걸
       이, 첫닭울이, 첫걸음마
      – 새색시, 새각시, 새신랑, 새서방, 새해

그밖의 관형사도 합친말의 구성부분으로 들어간것은 붙여쓴다.

   례 : – 각살림, 온종일, 전당, 별소리, 헌쇠, 딴판, 옛말, 헛물, 맨주먹,
       원가지, 전세계

[붙임] ≪일단≫과 ≪전체, 일부, 소수, 극소수, 력대, 해당≫ 등은 관형사적으로
   처리하여 명사의 앞에서 띄여쓴다.

   례 : – 일단 유사시, 전체 인민, 일부 력량, 해당 력사적 사실
      – 소수 자본가계급, 극소수 특권층, 력대 위정자들

제14항 부사는 기본적으로 띄여쓰되 특수한 경우에 조절하여 붙여쓴다.

   1) 자립적인 모든 부사는 띄여쓴다.
      례 : – 나란히 눕다, 따뜻이 보살피다, 먼저 가다, 무척 애쓰다,
          바로 찌르다, 극력 아껴쓰다, 아까 떠났다, 가까이 접근하다
         – 비교적 높다, 편의상 한곳에 넣어둔다, 사실 알고있었다,
          정말 기적적이다
         – 똑바로 서다, 스스로 물러가다, 더욱 아름답다, 차차 더워지다,
          철렁 떨어지다, 반드시 읽어야 한다, 잘 쓴다, 잘 간다
   2) 일부 부사에 ≪하다, 되다, 시키다≫가 붙어 하나의 동사처럼 된것은
      붙여쓴다.
      례 : 못하다, 잘되다, 안시키다, 덜되다
   3) 부사를 겹쳐쓰거나 잇달아쓸 경우에는 붙여쓴다.

　　　　　례 : ― 가득가득, 서로서로, 거듭거듭, 고루고루(골고루), 어슬렁어슬렁,
　　　　　　　　차츰차츰, 높이높이, 다시다시, 다시금다시금, 두고두고
　　　　　　　　― 더욱더, 더더욱, 이리저리, 울긋불긋, 그럭저럭, 얼기설기, 허둥지둥,
　　　　　　　　올망졸망, 곧이곧대로
　　　　　　　　― 또다시, 한층더, 모두다, 다같이, 똑같이

　　4) 부사가 다른 품사의 단어와 어울린 경우라도 한덩어리로 굳어진것은
　　　　붙여쓴다.
　　　　　례 : ― 가슴깊이, 심장깊이, 가슴뿌듯이, 가슴듬뿍, 하늘높이, 가뭇없이,
　　　　　　　　영낙없이, 난데없이, 끝없이, 한량없이, 한없이, 한결같이, 감쪽같이,
　　　　　　　　불같이, 벼락같이, 꿈결같이
　　　　　　　　― 더없이, 꼼짝없이, 덧없이, 다시없이, 하염없이, 두말없이
　　　　　　　　― 꼼짝못하게, 쥐죽은듯이
　　　　　　　　― 왜냐하면, 다시말하여, 아닌게아니라, 다름아니라

　　5) 이음부사 《및, 또, 또한, 또는》 등이 두개 이상의 단어를 련결할 때에는
　　　　그 앞뒤단위를 언제나 띄여쓴다.
　　　　　례 : ― 조선민주주의인민공화국 당 및 정부대표단
　　　　　　　　로동자, 농민, 근로인테리 및 군인들
　　　　　　　　평양시행정 및 경제지도위원회
　　　　　　　　화학 및 경공업위원회
　　　　　　　　― 전진, 전진, 투쟁 또 투쟁
　　　　　　　　사과와 배 또는 복숭아와 감
　　　　　　　　솜씨있는데다가 또한 용단도 있다

제15항　두개이상의 서로 다른 품사가 하나로 녹아붙어 한마디의 부사와 같이 된 경우는
　　　　붙여쓴다.
　　　　　례 : ― 간밤에, 오는해에, 지난해에, 지난달에, 이른봄에, 이른아침에, 낮은가을에
　　　　　　　　― 여름날에, 봄날에
　　　　　　　　― 이다음, 요사이, 이해에, 그해에, 이달에, 그날에, 그사이, 그동안

제16항　감동사나 느낌을 나타내는 말마디들은 소리와 뜻을 고려하여 따로 띄여쓴다.
　　　　　례 : ― 아아 아!
　　　　　　　　― 아 아아!

　　이뿔사, 열쇠를 잊었군!
　─ 여, 빨리 끝내세, 박동무!
　　응, 곧 끝내겠네.
　　좋소! 기다리지
　─ 얼씨구 절씨구 얼싸 둥둥
　　얼씨구절씨구 얼싸둥둥

제5장　　특수한 말, 특수한 어울림에서의 띄여쓰기

제17항　글의 론리적 련관에 따라 붙여쓰고 띄여쓰는 경우는 다음과 같다.
　　1) 동격어를 받는 단어의 뒤에 온 명사는 띄여쓴다.
　　　례 : 신문 ≪민주조선≫ 창간
　　　　　박사 김준석동지 집필원고
　　　　　작가 리기영선생 창작사업
　　2) 런달아서 명사들이 토없이 어울릴 때 그 명사들사이를 떼고 붙이는것은
　　　앞에 놓인 단위와의 론리적 련관에 따른다.
　　　례 : ─ 우리 당 정책 관철에서
　　　　　　우리 집 문제, 새 전망계획 기간
　　　　　　낡은 사상 잔재, 낡은 사상 독소
　　　　　　사상, 기술, 문화의 3대혁명 수행
　　　　　　여러가지 광물 생산실적
　　　　　　우리 나라 주재 ○○대사관
　　　　　─ 김 아무개 청년을 포함한 대표단성원(대표단성원 전체)
　　　　　　김 아무개 청년을 단장으로 하는 대표단 성원(대표단의 한 성원)
　　　　　─ 새 전쟁 도발책동(새 전쟁)
　　　　　　새 전쟁도발책동(새 책동)

제18항　고유어로 된 차례수사가 규정어로 될 때는 그 뒤 단위를 띄여쓴다.
　　　례 : ─ 첫째 문제, 둘째 강의, 셋째 주, 넷째 손잡이

이에 준해서 ≪첫번째, 두번째…≫ 등도 같이 처리한다.

  례 : 첫번째 교실

      두번째 집

      다섯번째 공격

제19항   명사와 토없이 직접 어울린 ≪너머, 따라, 건너, 걸러≫는 붙여쓴다.

  례 : 산너머 외가집에 갔다.

      오늘따라 바람이 세군.

      바다건너 먼 대륙에서 왔다.

      두달걸러 받았다.

제20항   여러가지 부호 다음에 오는 토는 그 부호뒤에 붙여쓴다.

  례 : ― ≪가≫에서 ≪ㅏ≫가 모음이다.

      X는 모르는 수이다.

      ― 그는 ≪불이야≫라고 웨쳤다.

제21항   학술용어, 전문용어의 띄여쓰기는 다음과 같다.

  1) 하나의 대상, 하나의 개념을 나타내는 용어는 품사소속과 형태에는 관계없이
붙여쓰는것을 원칙으로 한다.

    례 : ― 난바다, 먼바다, 먼거리수송대, 나도국수나무, 꿩의밥풀,
굳은넓은잎나무

      ― 나무타르, 변형이음률, 세마치장단, 끝소리법칙, 한곬빠지기현상

  2) 규정어, 보어, 상황어로서의 구획이 뚜렷한 대상의 이름은 원칙적으로 그 규정
어, 보어, 상황어 단위로 띄여쓴다.

    례 : ― 모뜨는 기계, 모내는 기계, 벼베는 기계, 풀베는 기계, 벼가을하는
기계, 강냉이영양단지모 옮겨심는 기계, 짐싣고부리는 기계

      ― 키큰 나무, 키작은 나무, 떨어진 과일, 물얕은 바다

제22항   성구나 속담 등의 띄여쓰기는 다음과 같다.

  1) 단어들이 토없이 어울려 이루어진 속담이나 고유어성구는 원칙적으로
붙여쓴다.

    례 : ― 곁불맞다, 량다리치기, 식은죽먹기, 수박겉핥기

    ― 이웃사촌, 오누이쌍둥이, 부엉이셈, 토끼잠
    ― 두루미꽁지같다, 선손쓰다, 코떼우다
2) 토가 줄어진 속담이나 성구는 원칙적으로 단어 또는 단어화된것을 단위로
   띄여쓴다.
   례 : ― 소 닭보듯
        고양이 쥐생각하듯
        꿩구워먹는 자리

문장부호법

경애하는 수령 김일성동지께서는 다음과 같이 교시하시였다.

≪…단어형태를 고정시키는 문제는 아마 남북이 통일된 다음에 해결해야 할것입니다. 이 문제에 대해서는 지금부터 잘 연구해두는것이 좋습니다.

지금과 같은 네모글자를 가지고라도 어느 정도 풀릴수 있을것 같습니다.≫ (≪김일성저작집≫ 18권, 24페지)

총   칙

현대조선말의 문장부호는 문장들, 문장안의 각 단위들을 뜻과 기능에 따라 갈라주기 위하여 친다.

제1항 우리 글에서 쓰는 부호의 종류와 이름

. 점	! 느낌표
: 두점	- 이음표
, 반점	― 풀이표
; 반두점	… 줄임표
? 물음표	…… 밑점
≪ ≫ 인용표	○○○, ×××, □□□ 숨김표
〈 〉 거듭인용표	″ 같음표
( ) 쌍괄호	∼ 물결표
[ ] 꺾쇠괄호	

제2항 점(.)

1) 문장(감탄문과 의문문 제외)이 끝났을 때 문장끝의 오른편 아래쪽에 친다.(이 부호의 이름은 ≪끝점≫이라 할수 있다.)

례 : 우리 시대는 위대한 주체시대이다.

2) 략자나 줄임말임을 보여주기 위하여 오른편 아래쪽에 친다.

　(1) 년, 월, 일을 줄인 경우에는 그 수의 오른편 아래쪽에 치는것을 원칙으로 한다.

　　례 : 1985. 10. 10

　　　　1948. 9.

　　　　1945.

　　　　1985－1986.

　(2) 략자나 달과 날의 수자가 합쳐서 ≪명사화≫되였거나 그뒤에 자립적인 단어가 올 때에는 그 말마디의 사이에 친다.

　례 : － ≪ㅌ.ㄷ≫

　　　－ 4.25 축구팀

　　　　민족최대의 명절 4.15

　　　　9.9절

　　　－ 레. 브. 똘스또이

3) 대목이나 장, 절을 가르는 표식에 괄호나 동그라미가 없을적에 그뒤에 친다.

　례 : － 제1장. 제1절. 제1조. 제6항.

　　　－ I. 1. 3. ㄱ.

　　　－ 그림 1. 모내는 기계의 구조 그림2. 꿀벌의 구조

그러나 다음과 같은 경우에는 점을 치지 않는다.

　　례 : 도표 1-2

　　　　그림 2-1

　　　　1-씨, 2-잎, 3-꽃

제3항 두점(:)

1) 뒤에 설명을 보라는것을 밝히는 단어나 말마디 뒤에 친다.

　례 : － 례 :

　　　－ 물음 :

　　　　대답 :

　　　　－ 김은덕동무의 토론 :

　　　　－ 주의 :

　　　　　순이의 야무진 말 :

　　　　　비고 :

　　　　－ 열매의 종류 :

　　　　－ 실험조건 :

2) 한 문장이 대체로 끝나면서 뒤에 오는 말들이 앞문장을 설명하거나 보충할 때
　그 앞문장의 끝에 칠수 있다.

　　례 : ○ 장내는 바야흐로 흥성거렸다: 손님들이 밀려들고 아이들이 뛰놀고 풍악소리
　　　　　가 들리고 하면서…

　　　　○ 우리 공장에서는 여러가지 제품들을 만들고있다: 옷장, 책장, 걸상, 신발장,
　　　　　밥상 등

제4항　반두점(;)

앞 문장안에 이미 반점(,)으로 구분된 말이 여러개 잇달아있고 다음에 다른 측면에서의
말이 련달아 올 때 더 크게 묶어지는 단위를 구분하기 위하여 칠수 있다.

　　례 : － 상점에는 무우, 배추, 시금치, 쑥갓 등과 같은 남새; 물고기, 미역, 젓갈 등
　　　　　과 같은 갖가지 수산물; 그리고 여러가지 과실들이 차있었다.

　　　　－ 공장에서는 종업원들의 기술기능수준을 높이는데 많은 힘을 돌렸다.
　　　　　로동자들의 기술적 자질, 생산장성, 공장의 발전전망 등을 고려하여 이 사
　　　　　업을 계획성있게 끌고나갔으며; 직종, 소질, 작업조건 등을 잘 타산하여 양
　　　　　성반을 조직하여 운영하였으며; 기능이 높고 낮은 로동자들을 잘 배합하여
　　　　　개별전습을 잘하도록 하였다.

제5항　반점(,)

1) 복합문에서 이음토가 없이 문장들이 이어질 때 단일문들사이에 친다.

　　례 :　나는 로동자, 너는 농장원.

2) 어떤 문장이나 말마디가 련결되거나 맺음토로 끝났다 하더라도 뒤의 문장이나 말마
　디와 밀접히 련관되여 있을적에는 그 맺음토의 뒤에 친다.

　　례 : － 왔거나, 왔거나, 혁명이 왔거나.

　　　　－ 바람이 세다, 창문을 주의해라.

　　　　－ 어제도 좋았고, 오늘도 좋고, 래일은 더욱 좋을 우리 생활!

3) 죽 들어 말한 단어들사이를 갈라주기 위하여 친다.

례 : — 도시와 농촌에서, 일터와 마을에서, 학교와 가정에서 생활은 약동하고있다.

　　— 우리는 영화에서 높은 혁명성, 당성, 계급성, 인민성의 본보기를 충분히 받아 안았다.

4) 문장의 첫머리나 가운데에 들어있는 부름말, 끼움말, 느낌말 같은것을 구분하기 위하여 친다.

례 : — 동무들아, 이 기세로 굳게 뭉치여 인민경제계획을 승리로 맺자.

　　— 우리는 그때에도, 다시말해서 전쟁때도 책을 놓지 않았다.

　　— 아, 우리 조국은 얼마나 아름다운가!

5) 제시어뒤에 친다.

례 : — 당, 그가 있음으로 하여 오늘의 승리가 있다.

　　— 혁명적 예술인이 되는것, 이것은 사회주의, 공산주의 문화예술을 창조하는 작가, 예술인들에게 있어서 가장 중요한 임무로 된다.

　　— 우리 당의 령도밑에 민족간부, 그가운데서도 기술간부가 많이 자랐다.

6) 동격어뒤에도 칠수 있다.

례 : 영광스러운 우리 조국, 조선민주주의인민공화국

7) 문장성분의 차례를 바꾸어 한 부분을 특별히 힘주어 나타낼 때에는 그 힘준 말뒤에 친다.

례 : — 나가자, 판가리싸움에

　　　　나가자, 유격전으로

　　— 그가 왔답니다, 전쟁때 우리 집에 얼마간 묵어갔던 그 군관아저씨가…

8) 하나의 피규정어에 동시에 관계하는 두개이상의 규정어가 잇달을 때 그것들을 구분하기 위하여 친다.

례 : — 한데 뭉친, 아무도 꺾을수 없는 우리 인민의 힘

　　— 인민들이 살기 좋은, 번영하는 새 조선을 건설하기 위하여 투쟁하였다.

9) 문장에서 단어들의 관계가 섞갈릴수 있을 경우에는 그것을 구분하기 위하여 찍는다.

례 : — 세계 혁명적 인민들은, 새 세계대전을 일으키고 인류에게 헤아릴수 없는 참화를 들씌우며 새로 독립한 나라들을 내부로부터 와해시키고 책동하는 미제국주의를 반대하여 견결히 싸워나가야 한다.

　　— 그는 재빨리, 달리는 차를 잡아탔다.

　　— 인민들의 정성이 깃든, 사랑의 위문품을 가득 실어왔다.

제6항 물음표(?)

1) 물음을 나타내는 문장의 끝에 친다.

　례 : － 사회주의, 공산주의 건설에서 청년들이 하여야 할 임무는 무엇인가?

　　　　－ 차는 몇시에 떠났어?

2) 의심쩍거나 망설이게 됨을 나타낼 때 친다.

　례 : － 박선생이 왔다?

　　　　－ 어떻게 할가? 이것도 가져간다?

【붙임】《수사학적 물음》으로 된 문장이 끝났을 때에는 점을 치는것을 원칙으로 한다.

례 : 동무가 그래서 되겠는가. 대오의 앞장에 서야 할 동무가 말이요.

제7항 느낌표(!)

1) 느낌을 나타내는 문장끝에 친다.

　례 : － 여기에 한 당원의 충성의 기록장이 있다!

　　　　－ 아, 금강산은 참말 아름답구나!

2) 부름말, 느낌말, 제시어 등이 센 감동적 어조를 가지고있을 때 그뒤에 칠수 있다.

　례 : － 동무들! 우리의 생활이 행복할수록 남녘땅 형제들을 잊지 맙시다.

　　　　－ 백두산! 너는 혁명의 뿌리가 내린 조종의 산, 조선의 넋이여라.

제8항 이음표(-)

두개이상의 단어가 어울리여 하나의 통일된 개념을 나타낼 때 칠수 있다.

　례 : ○ 조선-꾸바친선협회

　　　　맑스-레닌주의

　　　○ 굳은-넓은잎나무

　　　　구조-문법적 특성

　　　○ 물리-화학적 성질

제9항 풀이표(－)

1) 같은 종류의 문장성분들과 그것에 대한 묶음말사이에 친다.

　례 : 벼, 보리, 밀, 강냉이—이런 알곡들은…

　　　　이런 알곡들—벼, 보리, 밀, 강냉이 등은…

2) 동격어의 뒤에 칠수 있다.

 례 :   영광스러운 우리 조국－조선민주주의인민공화국

    렬사들이 걸어온 길－혁명의 길은 간고하고도 영예로운 길이였다.

3) ≪에서－까지≫의 뜻을 나타내기 위하여 칠수 있다.

 례 : 평양－신의주, 아침－점심

4) 제시어의 뒤에 칠수 있다.

 례 : 우리 생활－그것은 곧 예술이다.

5) 서로 맞서거나 대응하는 관계를 나타낼 때 칠수 있다.

 례 : 공대－의대 축구경기

6) 특수한 글에서 주어와 술어가 토없이 맞물렸을 때 그사이에 칠수 있다.

 례 : ㅇ 나－≪갈매기≫호 선장,

    ㅇ 철호－통신병

    ㅇ 순이－간호원

제10항 줄임표(…)

1) 문장 또는 문장안의 일부 말마디가 줄어진것을 나타내기 위하여 그 줄어진 부분이
 석점을 찍는다.

 례 : － ≪…갑문건설에서 또다시 조선사람의 본때를 보입시다.≫

    － 그때 박동무가 있기는 했습니다만…

【붙임】 인용하는 글에서 번호 한개, 단어 하나, 문장이나 단락 하나, 표현의 일부를 줄여
   도 석점(…)으로 표시하는것을 원칙으로 한다.

2) 제목이나 차례의 뒤에 보충하는 설명을 붙일 때 칠수 있다. 이때의 점의 수는 제한
 이 없다.

 례 : － 머리글……편집위원회

    ≪우리 말 강좌≫……언어학연구소

    학계소식……편집부

제11항 인용표(≪ ≫)

1) 이미 이루어진 말이나 대화를 인용할 때 그 문장의 앞뒤에 친다.

 례 : ≪야, 백두산이 보인다!≫

    박동무는 ≪내가 이겼지.≫라고 힘주어 말하였다.

2) 어떤 말마디나 표현을 특별히 드러내서 나타낼적에 그것의 앞뒤에 친다.

례 : − ≪김일성저작집≫

≪영화예술론≫

− ≪80년대속도≫

혁명소설 ≪백두산기슭≫

3) ≪이른바≫라는 뜻을 가지고 따온 일반적인 말마디나 부정적인 표현의 앞뒤에 친다.

례 : − ≪바다의 왕≫이라는 고래

≪하늘의 독수리≫라는 비행사

− 미제는 ≪원조≫를 미끼로 남의 나라를 침략한다.

제12항 거듭인용표(〈 〉)

인용한 말 안에 또 다른 인용표안에 들어간 말이 인용될 때에 친다.

례 : − ≪영철동무는 〈하자고 결심만 하면 못할 일이 없습니다.〉라고 하면서 계획
된 대로 내밀자.≫고 토론했다.

− ≪우리 분조에는 〈천리마〉호가 3대나 배정되였습니다.≫−분조장의 말

그리고 인용표안에 들어가는 모든 인용표는 거듭인용표를 친다.

례 : ≪우리의 투쟁목표는 〈다시한번 〈평양속도〉를 창조하자.〉 이것입니다.≫ 그는
힘있게 말하였다.

제13항 쌍괄호와 꺾쇠괄호(( ), [ ])

1) 본문을 보충하기 위하여 붙인 말의 앞뒤에 쌍괄호(( ))를 친다.

례 : − 내가 대학에 입학하던 해였다. (그래도 풍년이 들었었다.) 어머니는 집을
떠나는 나에게 훌륭한 농업전문가가 되여 돌아오라고 당부하였다.

− 밀영안에서 무슨 일이 일어난것이 분명했다. (무슨 일일가?)

− 전보미동무(로력영웅이다.)는 오늘도 자기 계획을 2배로 넘쳐하였다.

2) 인용하는 말이 나온곳을 밝히는 말마디의 앞뒤에 쌍괄호(( ))를 친다.

례 : − ≪인적드문 심산유곡에 구차한 생을 도모하고있는 이 늙은 백성이 오매불망
그리워하던 장군님의 존안을 이렇게 문득 뵈옵게 되니 황송하기가 그지 없
습니다.≫ (총서 ≪불멸의 력사≫중 장편소설 ≪고난의 행군≫에서)

3) 괄호안에 또 다른 괄호 또는 쌍괄호나 인용표가 있을 때 바깥것은
꺾쇠괄호([ ])로 묶는다.

례 : − ≪근대철학의 큰 기본문제는 존재에 대한 사유의 관계여하의 문제이다.≫

　　　　[≪루드위히 프이에트바흐와 독일고전철학의 종말≫(에프. 엥겔스) 조선로동
　　　　당출판사 1957년판, 25페지]

　【붙임】꺾쇠괄호는 여러가지 형태로 쓸수 있다.

　　례 : [   ], 【　　】, …

제14항　인용표와 괄호 안에서의 부호사용법

　1) 인용표나 괄호안의 말이 문장인 경우에는 거기에 해당한 부호를 친다.

　　례 : － ≪올해도 거름을 많이 냅시다! 정당 20톤은 문제없습니다.≫라고 분조장은
　　　　　신이 나서 말한다.

　　　　－ 우리는 매우 긴장한 투쟁을 하고 있었다. (상반년계획을 4.15전으로 끝내야
　　　　　했었다.)

　【붙임】≪〈…〉라고≫로 끝나는 경우에 ≪라고≫의 뒤에는 해당한 부호를 치는것을
　　　　　원칙으로 한다.

　　례 : ≪50톤은 문제없습니다.≫라고,

　　　　≪빨리 서둘자요!≫라고…

　　　　≪번개≫라고?

　2) 인용표나 괄호 안의 말이 문장이 아닐 때에는 아무 부호도 치지 않는다.

　　례 : － 다시한번 ≪80년대속도≫를 창조하자!

　　　　－ 학생들(다섯사람)은 노래부르며 마을앞을 지나갔다.

　【붙임】　그러나 인용표나 괄호 안의 말이 여러 마디일적에는 그것들사이에 구별하는
　　　　　부호를 친다.

　　례 : － ≪견주다, 겨누다, 겨루다≫는 소리가 비슷하나 뜻이 다른 딴 단어들이다.

　　　　－ 같이 있던 네사람(작업반장, 분조장, 태식아바이, 성숙)이 달려왔다.

　3) 괄호안의 말이 전체 문장의 끝에 있는 경우는 괄호뒤에 아무 부호도 치지 않는다.

　　례 : － 공든 탑이 무너지랴? (속담)

　　　　－ 우리는 몹시 기뻤다. (분기계획을 넘쳐수행한것으로 하여)

　　　　－ 눈접방법(그림 5)

　4) 인용표안에 있는 문장의 끝에서 전체 문장도 끝나는 경우는 끝맺는 부호를 다음과
　　같이 친다.

　　례 : － ≪애, 주의해. 〈낮말은 새가 듣고 밤말은 쥐가 듣는다.〉≫

　　　　－ ≪속담에도 있지만 〈때지 않은 굴뚝에서 연기날가?〉≫

　　　　－ ≪동무들! 〈생산도 학습도 생활도 항일유격대식으로!〉≫

제15항 밑점(· · ·)

　문장안에서 특별히 중점을 두고 힘주어말하는 부분이나 읽는 사람의 주의를 끌기 위한 부분에 찍되 점의 수는 글자의 수에 따른다.

【붙임】중점을 두어 강조하는 부분을 드러내기 위하여서는 밑줄(　　)이나 물결(~~~) 같은것도 쓸수도 있다.

제16항 숨김표(××× , □□□ , ○○○ 등)

　문장에서 글자로 나타낼 필요성이 없을 때 그 글자수만큼 둔다.

　례 : 아프리가의 일부 지방에 들이닥친 무데기비로 ×××에서는 약 ○○○정도의

　　　 재산 피해를 보았다.

【붙임】숨김표는 출판물의 성격에 따라 동일한것을 쓸수도 있고 서로 다른것을 쓸수도

　　　 있다.

　숨김표의 구체적인 이름은 다음과 같다.

　　가위숨김표 ××× (가위 가위 가위)

　　네모숨김표 □□□ (네모네모네모)

　　동그라미숨김표 ○○○ (공공공)

제17항 같음표(〃)

　같은 말이나 같은 표현이 겹쳐나올 때 두번째부터의 그 부분을 나타내기 위하여 쓸수 있다.

　　　례 : 제1작업반 반장

　　　　　 제2 〃   〃

　　　　　 제3 〃   〃

　　　　　 제6 〃   부반장

제18항 물결표(～)

　1) 《내지》라는 뜻으로 쓰되 단위를 나타내는 말은 마지막 수자에만 붙인다.

　　　례 : － 10～12시

　　　　　 － 5～8월

　　　　　 － 100～150명

　　　　　 － 5～6개

－ 10만~15만개

2) 단위가 되풀이되면서 그 일부를 줄일 때 쓴다

례 : 체육

~가

~하다

제19항 제목글에서의 부호사용법

1) 제목글에서 느낌문, 물음문의 경우는 문장의 끝에 해당한 부호를 치고 서술문의 경우에는 끝점을 치지 않을수 있다.

례 : 우리식으로 꾸려놓으니 보기도 좋다!

누가 이겼을가?

모내기를 끝냈다

2) 신문, 잡지 등의 제목글이 명명문이거나 또는 맺음토없이 끝난 문장인 경우는 부호를 치지 않는것을 원칙으로 한다.

례 : 충성의 구감

한 간호원에 대한 이야기

【붙임】그러나 특별히 감정의 색채를 뚜렷이 하기 위하여 해당한 부호를 칠수도 있다..

례 : 인간에 대한 지극한 사랑!

:   ≪힘장수≫?

제20항 대목이나 장, 절, 문단 등을 가르는 부호와 그 차례(그 이름도
　　　　다음과 같이 통일하여 부르기로 한다.)

－ Ⅰ, Ⅱ, Ⅲ ……로마수자 일, 이, 삼

1, 2, 3 ……아라비아수자 일, 이, 삼

1) 2) 3) ……반괄호 일, 이, 삼

(1) (2) (3) ……쌍괄호 일, 이, 삼

－ ㄱ ………그

ㄴ ………느

ㄷ ………드

－ ①, ②, ③ ……동그라미 일, 이, 삼

△ ……삼각

－ ……풀이표

○ ……동그라미
. ……풀이점
※ ……참고표
   ……꽃표

문화어발음법

경애하는 수령 김일성동지께서는 다음과 같이 교시하시였다.

≪…우리 나라 말은 발음이 매우 풍부합니다. 그렇기때문에 우리 말과 글로써는 동서양의 어떤 나라 말의 발음이든지 거의 마음대로 나타낼수 있습니다.≫ (≪김일성저작집≫ 18권, 19페지)

총 칙

조선말발음법은 혁명의 수도 평양을 중심지로 하고 평양말을 토대로 하여 이룩된 문화어의 발음에 기준한다.

제1장   모음의 발음

제1항   모음들이 일정한 자리에서 각각 짧고 높은 소리와 길고 낮은 소리의 차이가 있는것은 있는대로 발음한다.

제2항   ≪ㅢ≫는 겹모음으로 발음하는것을 원칙으로 한다.

　　레 : 의리, 의무, 의사, 의주, 의롭다, 의젓하다, 의존하다, 의지하다

【붙임】 1) 된소리자음과 결합될 때와 단어의 가운데나 끝에 있는 ≪ ㅢ ≫는 [ㅣ]와 비슷하게 발음함을 허용한다.

레 : ─ 띄우다[띠우다], 씌우다[씨우다]
　　　─ 결의문[겨리문], 회의실[회이실], 정의[정이], 의의[의이]

2) 속격으로 쓰인 경우 일부 [에]와 비슷하게 발음함을 허용한다.
　레 : 혁명의 북소리 [혁명에 북소리]
　　　우리의 집은 당의 품 [우리에 지븐 당에 품]

제3항　≪ㅚ≫, ≪ㅟ≫는 어떤 자리에서나 홀모음으로 발음한다.
　레 : ─ 외국, 외삼촌, 외따르다, 대외사업
　　　─ 위대하다, 위병대, 위하여, 가위

제4항　≪ㄱ, ㄹ, ㅎ≫뒤에 있는 ≪ㅖ≫는 각각 [ㅔ]로 발음한다.

　레 : 계속[계속], 계시다[게시다], 관계[관게], 례절[레절], 사례[사레], 차례[차레],
　　　혜택[혜택],
　　　은혜[은헤]

제2장　　첫 소리 자음의 발음

제5항　≪ㄹ≫은 모든 모음앞에서 ≪ㄹ≫로 발음하는것을 원칙으로 한다.
　레 : 라지오, 려관, 론문, 루각, 리론, 레루, 요광로

제6항　≪ㄴ≫은 모은 모음앞에서 ≪ㄴ≫으로 발음하는것을 원칙으로 한다.
　레 : 남녀, 냠냠, 녀사, 뇨소, 뉴톤, 니탄, 당뇨병

제3장　　받침소리와 관련한 발음

제7항 우리 말의 받침소리는 [ㄱ, ㄴ, ㄷ, ㄹ, ㅁ, ㅂ, ㅇ]의 7개이다.

제8항 ≪ㄹ≫이 받침소리로 될 때는 혀옆소리로 발음한다.

    례 : － 갈, 갈매기, 놀다

        － 달과 별, 말과 글, 쌀과 물, 얼른

        － 갈라지다, 달리다, 몰리다, 빨래, 쏠리다

제9항 받침자모와 받침소리의 호상관계는 다음과 같다.

 1) 받침 ≪ㄺ, ㄹ, ㅋ, ㄲ≫의 받침소리는 무성자음앞에서와 발음이 끝날 때는 [ㄱ] 으로 발음한다.

    례 : － 넋살[넉쌀], 붉다[북따], 부엌세간[부억세간], 낚시[낙시]

        － 몫[목], 닭[닥], 동녘[동녁], 밖[박]

        － [   ]

그러나 받침 ≪ㄺ≫은 그 뒤에 ≪ㄱ≫으로 시작되는 토나 뒤붙이가 올 때는 [ㄹ]로 발음하는것을 원칙으로 한다.

    례 : － 맑고[말꼬], 맑구나[말꾸나], 맑게[말께], 맑기[말끼]

        － 밝고[발꼬], 밝구나[발꾸나], 밝게[발께], 밝기[발끼]

        － 붉고[불꼬], 붉구나[불꾸나], 붉게[불께], 붉기[불끼]

 2) 받침 ≪ㅅ, ㅈ, ㅊ, ㅌ, ㅆ≫의 받침소리는 무성자음앞에서와 발음이 끝날 때는 [ㄷ] 으로 발음한다.

    례 : － 잇다[읻따], 잦다[잗따], 닻줄[닫쭐], 밭갈이[받까리], 있다[읻따]

        － 옷[옫], 젖[젇], 꽃[꼳], 뭍[묻]

 3) 받침 ≪ㄼ, ㄿ, ㅄ, ㅍ≫의 받침소리는 무성자음앞에서와 발음이 끝날 때는 [ㅂ]으 로 발음한다.

    례 : － 넓지[넙찌], 읊다[읍따], 없다[업따], 높다[놉따]

        － 값[갑], 앞[압]

그러나 받침 ≪ㄼ≫은 그뒤에 ≪ㄱ≫으로 시작되는 토나 뒤붙이가 올 때는 [ㄹ]로 발음하는것을 원칙으로 하며 ≪여덟≫은 [여덜]로 발음한다.

    례 : 넓고넓은[널꼬널븐], 넓구나[널꾸나], 얇게[얄께], 얇기[얄끼], 짧고[짤꼬],

        짧거나[짤꺼나]

 4) 받침 ≪ㄾ, ㄽ, ㅀ≫의 받침소리는 무성자음앞에서와 발음이 끝날 때는 [ㄹ]로 발음 한다.

　　례 : ─ 곬빠지기[골빠지기], 핥다[할따], 곯느냐[골르냐], 옳네[올레]

　　　　　─ 돐[돌], 곬[골]

5) 받침 ≪ㄹㅁ≫의 받침소리는 무성자음앞에서와 발음이 끝날 때는 [ㅁ]으로 발음한다.

　　례 : ─ 젊다[점따], 젊고[점꼬], 삶느냐[삼느냐], 삶네[삼네]

　　　　　─ 고결한 삶[~삼], 죽음과 삶[~삼]

6) 받침 ≪ㄴㅈ, ㄴㅎ≫의 받침소리는 무성자음앞에서와 발음이 끝날 때는 [ㄴ]으로 발음한다.

　　례 : ─ 앉다[안따], 앉고[안꼬]

　　　　　얹게[언께], 얹느냐[언느냐]

　　　　─ 많다[만타], 많고[만코], 많네[만네]

7) 말줄기끝의 ≪ㅎ≫은 단어의 끝소리마디에서와 ≪ㅅ≫이나 ≪ㄴ≫으로 시작한 토앞에서 [ㄷ]처럼 발음한다.

　　례 : ─ 히읗[히은],

　　　　　─ 좋소[졷쏘], 좋니[졷니→존니]

　　　　　─ 놓네[녿네→논네]

제4장　　받침의 이어내기현상과 관련한 발음

제10항　모음앞에 있는 받침은 그 모음에 이어서 발음한다.

　　례 : ─ 높이[노피], 삼발이[삼바리], 깎아치기[까까치기], 깎음[까끔]

　　　　─ 몸에[모메], 물에[무레], 조국은[조구근], 조선아[조서나], 꽃을[꼬츨], 입으로[이브로]

　　　　─ 받았다[바닫따], 밭았다[바탇따], 잊었다[이젇따], 있었다[이썯따]

　　　　─ 8.18[팔일팔→파릴팔], 6.25[륙이오→류기오], 3.14[삼일사→사밀사]

제11항　모음앞에 있는 둘받침은 왼쪽받침을 받침소리로 내고 오른쪽받침은 뒤의 모음에 이어서 발음한다.

　　례 : 넋을[넉슬], 닭이[달기], 돐을[돌슬], 맑은[말근], 밟아[발바], 젊음[절픔], 훑터[훌터], 얹으니[언즈니], 없음[업슴], 읊어[을퍼]

제5장   받침의 끊어내기현상과 관련한 발음

제12항   홑모음 ≪아, 어, 오, 우, 애, 외≫로 시작한 고유어말뿌리의 앞에 있는 받침
　　　　≪ㄳ, ㄺ, ㅋ, ㄲ≫은 [ㄱ]으로, ≪ㅅ, ㅈ, ㅊ, ㅌ≫은 [ㄷ]으로, ≪ㅄ, ㅍ≫은
　　　　≪ㅂ≫으로 각각 끊어서 발음한다.
　　　례 ：ㅡ 넋없다[넉업따→너겁따], 부엌안[부억안→부어간], 안팎일[안팍일→안파길]
　　　　　ㅡ 옷안[옫안→오단], 첫애기[첟애기→처대기], 젖어머니[젇어머니→저더머니],
　　　　　　 닻올림[닫올림→다돌림]
　　　　　ㅡ 값있는[갑인는→가빈는], 무릎우[무릅우→무르부]
　　　그러나 ≪맛있다≫, ≪멋있다≫만은 이어내기로 발음한다.
　　　례 ：맛있다[마싣따], 멋있다[머싣따]

제13항   단어들이 결합관계로 되여있는 경우에도 앞단어가 받침으로 끝나고 뒤단어의
　　　　첫소리가 모음일적에는 끊어서 발음함을 원칙으로 한다.
　　　례 ：팥 아홉키로[팓 아홉키로], 짚 열단[집 열딴], 옷 열한벌[옫 여란벌]

제6장   된소리현상과 관련한 발음

제14항   동사나 형용사의 줄기의 끝받침 ≪ㄴ, ㄵ, ㄼ, ㅁ≫에 이어내는 토나 뒤붙이의
　　　　순한소리는 된소리로 발음하는것을 원칙으로 한다.
　　　례 ：ㅡ (아기를)안다[안따], 안고[안꼬], 안기[안끼]
　　　　　ㅡ (나무를)심다[심따], 심고[심꼬], 심기[심끼]
　　　　　ㅡ 앉다[안따], 앉고[안꼬], 앉기[안끼]
　　　　　ㅡ 옮다[옴따], 옮고[옴꼬], 옮기[옴끼]
【붙임】 그러나 사역 또는 피동의 뜻을 나타내는 상토 ≪기≫일적에는 된소리로 발음하지
　　　　않는다.
　　　례 ：감기다[감기다], 남기다[남기다], 신기다[신기다], 안기다[안기다]

제15항   일부 단어에서나 고유어의 보조적 단어 또는 토에서 ≪ㄹ≫받침뒤에 오는 순한
　　　　소리를 된소리로 발음하는것을 국한하여 허용한다.
　　　　례 : － 발달[발딸], 설정하다[설쩡~]
　　　　　　　－ 갈것[갈껏], 열개[열깨], 여덟벌[여덜뻘]
　　　　　　　－ 갈가?[갈까?], 갈수록[갈쑤록]

제16항   일부 한자말안에서 울림자음이나 모음으로 끝난 소리마디뒤에 오는 순한소리를
　　　　되도록 순한소리로 내며 일부 된소리로 발음하는것을 국한하여 허용한다.
　　　　례 : － 군적으로[군쩍으로], 도적[도쩍], 당적[당쩍]
　　　　　　　－ 성과[성꽈], 창고[창꼬]
　　　　　　　－ 내과[내꽈], 외과[외꽈], 리과[리꽈]

제17항   단어나 단어들의 결합관계에서 울림자음이나 모음으로 끝난 단위의 뒤에 오는
　　　　모든 첫 소리 마디는 순한소리로 내는것을 원칙으로 하되 일부 경우에만 된소리
　　　　로 낸다.
　　　　순한소리의 례 :
　　　　　－ 된벼락, 센바람, 훈장, 안사돈, 인민반, 몸가짐, 봄가을, 봄소식, 날바다,
　　　　　　마을사람, 별세계
　　　　　－ 가로적기, 교과서, 나무배, 나무순, 로바닥
　　　　된소리의 례 :
　　　　　논두렁[논뚜렁], 손가락[손까락], 손등[손뜽], 갈대숲[갈때숩], 그믐달[그믐딸],
　　　　　강가[강까], 나루가[나루까]

제18항   말줄기의 끝받침이 ≪ㅎ≫, ≪ㄶ≫, ≪ㅀ≫일적에는 토의 순한소리 ≪ㅅ≫을
　　　　된소리로 발음할수 있다.
　　　　례 : 좋소[졷쏘], 많습니다[만씁니다], 옳소[올쏘]

제7장   ≪ㅎ≫과 어울린 거센소리되기현상과 관련한 발음

제19항   토나 뒤붙이의 첫머리에 온 순한소리는 말줄기의 끝받침 ≪ㄶ, ㅀ, ㅎ≫
　　　　뒤에서 거센소리로 거센소리로 발음한다.
　　례 :　― 좋다[조타], 좋고[조코], 좋지[조치]
　　　　　― 많다[만타], 많고[만코], 많지[만치]
　　　　　― 옳다[올타], 옳고[올코], 옳지[올치]

제20항   한 단어에서 받침 ≪ㄱ, ㄷ, ㅂ, ㅈ≫이나 ≪ㄳ, ㄺ, ㄼ≫뒤에 ≪ㅎ≫이 올 때
　　　　그 ≪ㅎ≫은 각각 [ㅋ, ㅌ, ㅍ, ㅊ]으로 발음한다.
　　례 :　― 먹히다[머키다], 특히[트키], 딱하다[따카다], 역할[여칼], 맏형[마텽],
　　　　　　잡히다[자피다],
　　　　　　맺히다[매치다], 꽂히다[꼬치다]
　　　　― 앉혔다[안쳗따], 얹히다[언치다], 밝혔다[발켣따], 밝히다[발키다],
　　　　　　넓혔다[널펻따], 밟히다[발피다]

제8장　　닭기현상이 일어날 때의 발음

제21항   받침 ≪ㄷ, ㅌ, ㄾ≫뒤에 토나 뒤붙이인 ≪이≫가 올 때 그 ≪이≫는 각각
　　　　[지, 치]로 발음한다.
　　례 : 가을걷이[가을거지], 굳이[구지], 해돋이[해도지], 같이[가치], 붙이다[부치다],
　　　　　벼훑이[벼훌치], 핥이다[할치다]

제22항   받침소리 ≪ㄱ, ㄳ, ㅋ, ㄲ≫, ≪ㄷ, ㅅ, ㅈ, ㅊ, ㅌ, ㅆ≫, ≪ㄼ, ㅂ, ㅄ, ㅍ≫
　　　　뒤에 자음 ≪ㄴ, ㅁ, ㄹ≫이 이어질 때는 다음과 같이 발음하는것을 원칙으로 한
　　　　다.

　1) 받침 ≪ㄱ, ㄳ, ㅋ, ㄲ≫은 [ㅇ]으로 발음한다.
　　례 : 익는대[잉는다], 격멸[경멸], 식료품[싱료품], 몫나눔[몽나눔], 삯말[상말],
　　　　　동녘노을[동녕노을], 부엌문[부엉문], 닭네[당네]
　2) 받침 ≪ㄷ, ㅅ, ㅈ, ㅊ, ㅌ, ㅆ≫은 [ㄴ]으로 발음한다.

    례 : 받는다[반는다], 맏며느리[만며느리], 웃느냐[운느냐], 옷매무시[온매무시],
         낫날[난날], 젖먹이[전머기], 꽃눈[꼰눈], 밭머리[반머리], 있는것[인는건]
  3) 받침 ≪래, ㅂ, ㅄ, ㅍ≫은 [ㅁ]으로 발음한다.
    례 : 밟는다[밤는다], 법령[범령], 없는것[엄는건], 앞마을[암마을]

제23항   받침 ≪ㄷ≫뒤에 ≪ㄴ≫이 왔거나 받침 ≪ㄴ≫뒤에 ≪ㄹ≫이 올적에는 그
         ≪ㄴ≫을 [ㄹ]로 발음하는것을 원칙으로 한다.
    례 : - 들놀이[들로리], 물농사[물롱사], 별나라[별라라], 살눈섶[살룬섭]
         - 근로자[글로자], 문리과[물리꽈], 본래[볼래], 천리마[철리마]
  그러나 일부 굳어진 단어인 경우에는 적은대로 발음함으로써 닮기현상을 인정하지 않
는다.
    례 : 선렬, 순렬, 순리익

제24항   받침 ≪ㄴ≫뒤에서 ≪ㄴ≫이 올적에는 적은대로 발음하는것을 원칙으로 한다.
    례 : 눈나비, 단내, 분노, 신념, 안내
  그러나 일부 굳어진 단어인 경우에는 그 ≪ㄴ≫을 [ㄹ]로 발음한다.
    례 : 곤난[골란], 한나산[할라산]

제25항   이상과 같은 닮기현상밖의 모든 ≪영향관계≫를 원칙적으로 인정하지 않는다.
    례 : (옳음)   (그름)
         - 밥그릇[밥그른]   [박끄른]
           밭관개[받관개]   [박꽌개]
           엿보다[엳보다]   [엽뽀다]
         - 안기다[안기다]   [앙기다]
           온갖[온갇]   [옹갇]
           감기[감기]   [강기]
         - 선바위[선바위]   [섬바위]
           전보[전보]   [점보]
         - 잡히다[자피다]   [재피다]
           녹이다[노기다]   [뇌기다]
           먹이다[머기다]   [메기다]

제9장   사이소리현상과 관련한 발음

제26항   합친말(또는 앞붙이와 말뿌리가 어울린 단어)의 첫 형태부가 자음으로 끝나고
둘째 형태부가 ≪이, 야, 여, 요, 유≫로 시작될 때는 그사이에서 [ㄴ]소리가 발음
되는것을 허용한다.

   례 : ― 논일[논닐], 밭일[받일→반닐], 꽃잎[꼳입→꼰닙], 어금이[어금니]

        ― 짓이기다[짇이기다→진니기다], 옛이야기[옏이야기→옌니야기]

제27항   합친말(또는 앞붙이와 말뿌리가 어울린 단어)의 첫 형태부가 모음으로 끝나고
둘째 형태부가 ≪이, 야, 여, 요, 유≫로 시작될 때는 적은대로 발음하는것을 원
칙으로 하면서 일부 경우에 ≪ㄴㄴ≫을 끼워서 발음하는것을 허용한다.

   례 : ― 나라일[나라일], 바다일[바다일], 베개잇[베개잇]

        ― 수여우[순녀우], 수양[순냥]

제28항   앞말뿌리가 모음으로 끝나고 뒤말뿌리가 순한소리나 울림자음으로 시작된 합친
말 또는 단어들의 결합에서는 적은대로 발음하는것을 원칙으로 하면서 일부 경
우에 ≪ㄷ≫을 끼워서 발음하는것을 허용한다.

   례 : ― 개바닥[개바닥], 노래소리[노래소리], 사령부자리[사령부자리]

        ― 가위밥[가윋밥→가위빱], 배전[밷전→배쩐], 쇠돌[쇧돌→쇠똘], 이몸[읻몸→인몸]

제10장   약화 또는 빠지기현상과 관련한 발음

제29항   말줄기끝의 ≪ㅎ≫은 모음으로 시작된 토나 뒤붙이 앞에서 발음하지 않는다.

   례 : 낳아[나아], 낳으니[나으니]

        닿아[다아], 닿으니[다으니]

        많아[만아→마나], 싫어[실어→시러]

제30항   소리마디의 첫소리 ≪ㅎ≫은 모음이나 울림자음 뒤에서 약하게 발음할수 있다.

례 : 마흔, 아흐레, 안해, 열흘, 부지런히, 확실히, 험하다, 말하다

제31항 둘받침 ≪ㅀ≫으로 끝나는 말줄기에 ≪ㄴ≫으로 시작되는 토가 이어질 때
　　　 ≪ㅎ≫은 받침소리로 내지 않는다.
례 : 옳네[올레], 싫네[실레], 곯느니라[골르니라]
【붙임】 ≪ㄶ≫으로 끝나는 말줄기에 ≪ㄴ≫으로 시작되는 토가 이어질 때의 ≪ㅎ≫도
　　　 받침소리로 내지 않는다.
례 : [제9장 6) 참조]

내 려 쓰 기

조선말은 왼쪽으로부터 오른쪽으로 가로쓰는것을 기본으로 한다.

특수하게 내려쓸 때에는 오른쪽으로부터 왼쪽으로 내려쓴다. 그러나 가로쓰는 글과 배합하여 내려쓰는 경우에는 왼쪽으로부터 오른쪽으로 쓰는것을 원칙으로 한다.

내려쓸 때의 맞춤법, 띄여쓰기, 부호 등은 다 가로쓸 때의 규칙을 그대로 적용한다.

참고 문헌

1. 국내 문헌

【 사전류 】

극동문제연구소, 북한전서, 극동문제연구소, 1980. 5.

북한연구소, 북한총람(2003년판), 북한연구소, 2003. 6.

북한연구소, 북한총람(1994년판), 북한연구소, 1994. 5.

북한연구소, 북한총람(1983년판), 북한연구소, 1983. 4.

북한연구소, 북한대사전, 북한연구소, 1999. 5.

서울신문사, 북한인명사전, 서울신문사, 1997. 11.

국가정보원, 북한상용특이용어집, 국가정보원, 1999.10.

조순래, 북한용어소사전, 연합뉴스, 2003. 7.

조재수, 남북한말비교사전, 도서출판 토담, 1995. 12.

신동아, 김정일북한 대백과, 동아일보사, 1995. 1.

국립국어원, 표준국어대사전, 국립국어원, 1999. 11.

국립국어연구원, 로마자 표기 용례 사전, 문화관광부, 2001. 1.

박용수, 우리말갈래사전, 서울대학교출판부, 2002. 6.

서정범, 국어어원사전, 도서출판 보고사, 2003. 12.

장태진, 국어변말사전, 한국문화사, 1998. 10.

이어령, 뉴에이스 문장사전, 금성출판사, 2005. 1.

민중서관, 국어대사전, 민중서관, 2000. 1

이성구, 띄어쓰기사전, 도서출판 국어 닷컴, 2004. 8.

매일경제신문사, 경제신어사전, 매일경제신문사, 2001. 2.

김경신, 증권용어사전, 세기문화사, 1987. 1.

강영호 · 오욱환 · 이상석 · 전정수 · 조치형 · 황교안, 법률용어사전,
            청림출판, 2005. 3.

오세경, 소법전, 법전출판사, 2005. 3.

유성렬 · 지유애, 최신외래어사전, 크로버출판사, 1998. 1.

권영달, 최신대옥편, 신한출판사, 1975. 2.

중국어교재편찬회, 중국어자전, 학문사, 2003. 4.

브리테니커, 브리테니커 세계대백과사전(1-27권), 1997. 2.

동서문화사, 파스칼 세계대백과사전(1-31권), 동서문화사, 1996. 6.

동아출판사, 동아원색세계대백과사전(1-20권), 동아출판사, 1985. 4.

교육도서, 교육세계백과대사전(1-20권), 교육도서, 1992. 5.

【 단행본 】

김창순 외 9명, 북한정치론, 극동문제연구소, 1976. 3.

장원종 외 9명, 북한경제론, 북한연구소, 1979. 12.

김달중 외 9명, 북한외교론, 북한연구소, 1978. 10.

김홍철 외 9명, 북한군사론, 북한연구소, 1978. 10.

김남식 외 9명, 북한사회론, 북한연구소, 1977. 10

임채욱 외 9명, 북한문화론, 북한연구소, 1978. 10

박동운 외 9명, 북한교육론, 북한연구소, 1977. 10.

스칼라피노 · 이정식, 한국공산주의운동사(1-3권), 도서출판 돌베개, 1986. 6.

중앙일보, 조선민주주의인민공화국(상 - 하권), 중앙일보사, 1994. 7.

김학준, 북한50년사, 동아출판사, 1995. 9.

허동찬, 김일성 평전(속), 북한연구소, 1988. 4.

김석형·이향규, 나는 조선로동당 당원이오., 도서출판 선인, 2001. 5.

북한연구소, 북한의 재판제도, 북한연구소, 1991. 9.

북한연구소, 북한 형법의 실상, 북한연구소, 1990. 8.

내외통신, 북한실상종합자료집, 내외통신사, 1995. 12.

내외통신, 북한조감, 내외통신사, 1994. 12.

내외통신, 북한용어 300선집, 내외통신사, 1993. 12.

서동익, 북에서 사는 모습, 북한연구소, 1987. 12.

서동익, 인민이 사는 모습(1-2권), 자료원, 1995. 4.

서동익, 하늘 강냉이(1-2권), 자료원, 2000. 8.

서동익, 잘못 쓴 국어, 바르게 쓰는 법, 한국문협인천광역시회, 2003. 4.

유완식 외 1명, 북한30년사, 현대경제일보사, 1975. 8.

중앙일보, 조선민주주의인민공화국(상-하권), 중앙일보사, 1992. 5.

통일원, 북한지지요람, 통일원, 1993. 11.

고태우, 북한사 100장면, 가람기획, 1996. 5.

국제문제사, 북한동포의 일생, 국제문제사, 1987. 9.

승창호, 북한보건의료연구, 도서출판 청년세대, 1989년 11.

현대조선문제강좌편집위원회, 북한의 경제, 도서출판 광주, 1988. 12.

신동아, 원자료로 본 북한, 동아일보사, 1989. 1.

고준석, 북한현대사입문, 도서출판 함성, 1990. 2.

좋은벗들, 북한사람들이 말하는 북한 이야기, 정토출판, 2000. 11.

강원대학교, 남북한 법제 비교, 강원대학교 출판부, 2003. 10.

박승주, 지방자치 의원 보감, 도서출판 문주각, 1991. 3.

서우선, 지방의회운영방법론, 법문사, 1992. 10.

김남순, 지방교육자치제연구, 배영사, 1994. 9.

이영택, 최신북한지도, 우진지도문화사, 1992. 5.

이재승, 북한을 움직이는 테크노크라트, 도서출판 일빛, 1998.8.

김성보 · 기광서 · 이신철, 사진과 그림으로 보는 북한현대사, 웅진닷컴, 2004. 10.

이기춘 · 이기영 · 이은영 · 이순형 · 김대년 · 박영숙 · 최연실, 통일에 앞서보는
        북한의 가정생활문화, 서울대학교 출판부, 2001. 12.

최기호, 사전에 없는 토박이말 2400, 도서출판 토담, 1997. 9.

남상권 · 박승희 · 박종갑 · 범금희, 북한의 언어와 문학, 영남대학교 출판부,
        2004. 3.

전영선, 북한을 움직이는 문학예술인들, 도서출판 역락, 2004. 9.

이오덕, 우리글 바로쓰기(1-2권), 도서출판 한길사, 2005. 9.

이오덕, 우리 문장 쓰기, 도서출판 한길사, 2005. 9.

【 논문 및 보고서 】

북한학회, 북한학보(제4-21집), 북한연구소, 1981.1-1996. 10

경향신문, 김일성왕조를 벗긴다, 경향신문사, 1982, 3.

통일부, 주간북한동향(659-803호), 통일부(www. unikorea. go. kr)
        2004. 1. - 2006. 8.

문교부, 한글 맞춤법, 문교부 고시 제88-1호, 1988. 1.

조선어학회, 한글맞춤법 통일안, 조선어학회, 1933. 10.

국립국어연구원, 비디오 자막 오용 사례 자료, 국립국어연구원, 2000. 10

국립국어연구원, 신문지면 문장 실태 조사 자료, 국립국어연구원, 2000. 12.

국립국어연구원, 인터넷 홈페이지, 신문, 방송, 만화, 국어 오용 실태 조사
        보고서, 국립국어연구원, 2001. 1.

국립국어연구원, 아동 도서 어문 규범 준수 실태 조사 자료,
　　　국립국어연구원, 2001. 5.

국립국어연구원, 방송 언어 오용 사례, 국립국어연구원, 2001. 6.

국립국어연구원, 법조문 문장 실태 조사 자료, 국립국어연구원, 2002. 1.

국립국어연구원, 남북언어순화자료집, 국립국어연구원, 2003. 1.

법제처, 법령입안 심사기준, 법제처, 2005. 1

국회, 국회법률안입안기준, 국회, 2005. 1.

고영근, 남북 규범 문법의 통일 방안, http://www.korean.go.kr, 2001. 1.

햇살님, 남북한 맞춤법의 비교 정리, http://blog.daum.net/hetsal5758, 2006. 6.

홍윤표, 한국의 사전 편찬 현황과 겨레말큰사전, 겨레말큰사전남북공동편찬
　　　사업회, 2007. 2.6.

라인하트 하트만(Reinhard R. K. Hartmann), 메타사전학과 새로운 사전편찬
　　　작업의 관련성 : 항목별점검, 겨레말큰사전남북공동편찬사업회,
　　　2007. 2. 6.

클라우스-디터 루드비히(Klaus-Dieter LUDWIG), 동서독 사전의 어휘기술,
　　　겨레말큰사전남북공동편찬사업회, 2007. 2.6.

태평무(Taipingwu), 중국동포들의 시각으로 보는 〈겨레말사전〉,겨레말큰사전
　　　남북공동편찬사업회, 2007. 2.6.

【 통신 · 잡지 · 뉴스레타 】

내외통신, 내외통신 종합판(제27-51호), 내외통신사, 1983. 1. - 1994. 1.

북한연구소, 월간 북한(제97-416호), 북한연구소., 1980. 1. - 2006. 8.

NK테크, 뉴스레타(16-69호), 한국과학기술정보연구원, 2005. 8. - 2006. 8.

The daily NK, (주)데일리 엔케이, 2005. 3. - 2007. 1.

2. 북한 문헌

【 사전·연감류 】

조선로동당출판사, 대중정치용어사전, 조선로동당출판사, 평양 1957. 5.

사회과학출판사, 정치사전, 사회과학출판사, 평양 1973. 12.

사회과학출판사, 철학사전, 사회과학출판사, 평양 1985. 9.

조선로동당출판사, 철학소사전, 조선로동당출판사, 평양 1956. 9.

사회과학원 주체경제학연구소, 경제사전(1-2권), 사회과학출판사,

　　　　평양 1985. 5.-1985. 12.

백과사전출판사, 백과사전(1-2권), 백과사전출판사, 평양 1974. 4.-1975. 3.

사회과학원 력사연구소, 역사사전(1-2권), 사회과학출판사,

　　　　평양 1971. 8.-1972. 12.

백과사전출판사, 조선대백과사전(1-30권), 백과사전출판사,

　　　　평양 1995. 10.-2001. 12.

과학원출판사, 조선말사전(상, 중, 하), 동광출판사, 1990.4

【 단행본 】

법률출판사, 조선민주주의인민공화국 법전(대중용), 법률출판사, 2004. 8.

김영황, 중세조선말사전, 과학백과사전종합출판사, 1993. 1.

리형태, 조선동의어사전, 사회과학출판사, 1992. 2.

과학, 백과사전출판사, 조선언어지리학시고, 탑출판사, 1990. 12.

과학, 백과사전출판사, 조선어 방언학 개요(하), 탑출판사, 1990. 3.

공업출판사, 우리말어휘 및 표현, 탑출판사, 1990. 2.

과학, 백과사전출판사, 조선속담, 탑출판사, 1990. 10.

김일성종합대학출판사, 문화어문법규범, 탑출판사, 1989. 12.

과학, 백과사전출판사, 조선어학개론, 탑출판사, 1989. 12.

김동수, 조선말례절법, 과학, 백과사전출판사, 1983. 3.

국어사정위원회, 조선말규범집(1987년판), 조선민주주의인민공화국
내각직속 국어사정위원회, 1987. 6.

국어사정위원회, 조선말규범집(1966년판), 조선민주주의인민공화국
내각직속 국어사정위원회, 1966. 6.

3. 외국 문헌

외국문서적출판사, 정치경제학 교과서, 모스크바 외국문서적출판사,
　　　평양 1956. 1.
칼 맑스, 자본론(1-1, 1-2, 2, 3-1, 3-2), 조선로동당출판사, 평양 1956. 11.
류은종, 최신 동의어 반의어 동음어사전, 중국 연변대학 출판부, 2003. 9.
연변인민출판사, 조선말사전(상-하권), 중국 신화서점연변발행소, 2002. 8.
박인환 · 박설화, 조선어문 짧은 글짓기 사전, 중국 연변인민출판사, 2002. 3.
안옥규 · 림왕성, 조선어접사사전, 중국 연변교육출판사, 2001. 12.
연변교육출판사, 조선어받침사전, 중국연변교육출판사, 2001. 12.
연변사회과학원 언어연구소, 섞갈리기 쉬운 조선말 사전, 중국 흑룡강 조선민족
　　　출판사, 1999. 4.

제2권 찾아보기 _(가나다순)

◆1개월에 1회이상/167

◆1개월에 2회이상/169

◆1개월에 3회이상/169

◆1개월전에/148

◆1년에 1회이상/168

◆1년임기의/168

◆2년이상의/73

◆2회이상/142

◆3개월에 1회이상/167

◆3개월전에/120

◆3년이상의 당년한/77

◆3대혁명붉은기쟁취운동/180,192

◆3분의 2이상이/115

◆500명이상의/167

◆6개월이상/104

◆가족주의/84,133,174

◆간부대렬/133,189,204

◆간부후비대/153

◆거절할수 있다/98

◆견결히/50

◆결정할수 있다/106

◆결정할수 있으며/104

◆계급교양/136,154,176

◆계급로선/60

◆공산주의교양/137,154,189

◆공산주의교육/177

◆공산주의사회/51

◆공산주의적도덕성/90

◆공화국북반부/50

◆교조주의/48,83,132,173

◆국제공산주의운동/46

◆군당검사위원회/149

◆군당대표회/148

◆군당위원회/102,151

◆군사동원사업/138

◆군인들속에서/187

◆군중로선/60

◆규률/88

◆그 솔하조직/168

◆근로대중의 조직/200

◆근로인테리/43

◆기관/206

◆기업소/206

◆기회주의/49

◆내릴수 있다/103

◆당군사로선/191

◆당규률/87

◆당규률문제/143

◆당규약/70

◆당규약학습/175

◆당기층조직/154

◆당기층조직구성/165

◆당년한을/74

◆당대렬/189

◆당대표자회/125

◆당대표회/109

◆당대회/108, 120

◆당대회사이/121

◆당두리/138,178,190,202

◆당력량/135

◆당비/93

◆당생활/85

◆당생활총화/175

◆당성/85, 174

◆당세포/72, 162

◆당세포사이/163

◆당세포총회/75

◆당소조/163

◆당앞에/74

◆당열성자회의/198

◆당위원회/110

◆당위원회내에는/116

◆당의 기층조직/162

◆당의 외곽조직/200

◆당의 유일사상/98

◆당의 유일사상체계/152,188

◆당의 최하기층조직/162

◆당이 부를때/182

◆당정책/135, 176

◆당정책/135, 176

◆당중앙검사위원회/125

◆당중앙위원회 검열위원회/124

◆당중앙위원회 군사위원회/123

◆당중앙위원회 비서국/123

◆당중앙위원회 정치국 상무위원회/123

◆당중앙위원회 정치국/122

◆당중앙위원회/99, 109

◆당중앙위원회전원회의/103

◆당출판물/97

◆당학습/86

◆당회의/86

◆대렬/174

◆대신할수/73

◆도(직할시)당검사위원회/130

◆도(직할시)당대표회/129

◆도(직할시)당위원회 군사위원회/140, 143

◆도(직할시)당위원회 비서/142

◆도(직할시)당위원회 전원회의/139

◆도(직할시)당위원회 집행위원회/141

◆도(직할시)당위원회/100, 129

◆도(직할시)당위원회의 검열위원회/140

◆도(직할시)당위원회의 군사위원회/140

◆동맹대렬/202

◆동맹원들속에서/202

◆동원할수 있도록/183

◆될수 있다/71

◆ 될수 있도록/189

◆ 련결/201

◆ 련계/193

◆ 련대성/64

◆ 련합전선/65

◆ 령도적역할/58

◆ 로농동맹/58

◆ 로농적위대/138, 157, 182

◆ 로동/89

◆ 로동계급/41, 57

◆ 로동계급운동/47

◆ 로동규률/182

◆ 로동단위/108

◆ 로동대중/203

◆ 로동법/89

◆ 로동생산능률/89, 182

◆ 로동자/43

◆ 로선/70, 172, 197

◆ 료해/88

◆ 리유/97

◆ 리유없이/104

◆ 리익/42

◆ 리행/156

◆ 린접관계/162

◆ 린접당세포/162

◆ 맑스-레닌주의/49

◆ 맹종주의/132, 173

◆ 물질문화생활수준/178

◆ 바칠수 있는/188

◆ 반당/159

◆ 반제민족해방운동/65

◆ 반혁명분자/178

◆ 반혁명적종파행위/159

◆ 받아들일수 있다/77

◆ 보선될수 있다/114

◆ 봉건적유교사상/82, 132, 173

◆ 부문(마을)당조직/164, 166

◆ 부문당/164

◆ 부문당조직/166

◆ 부문당조직사이/102

◆ 분산되어있고/166

◆ 분초급당위원회/103

◆ 분파/95

◆ 붉은기중대운동/192

◆ 비서/115, 140

◆ 비서처/140

◆ 비준/76

◆ 비판/86

◆ 비판할수 있으며/86

◆ 사대주의/83

◆ 사람과의 사업/60

◆ 사상, 기술, 문화혁명/56, 63

◆ 사상투쟁/87, 176

◆ 사업총화/150

◆ 사회주의, 공산주의 건설의 총로선/54

◆ 사회주의경쟁운동/181, 203

◆ 사회주의로동청년동맹/72, 190, 202

◆ 사회주의의 물질기술적토대/62

◆사회주의적애국교양/137,154,177,189

◆상급당조직/108

◆생산단위/164

◆선거할수 있다/168

◆소집할수 있다/120,129,148,168,198

◆수정주의/48, 82, 132, 173

◆시(구역), 군당위원회 비서처/158

◆시(구역), 군당위원회 전원회의/157

◆시(구역), 군당위원회/157

◆시(구역), 군당위원회의 검열위원회
/158

◆시(구역), 군당위원회의 군사위원회
/158

◆시(구역), 군당위원회의 집행위원회
/158

◆시(구역)당검사위원회/149

◆시(구역)당대표회/148

◆시(구역)당위원회/101, 150

◆안된다/108

◆애국적민주력량/58

◆어느곳/92

◆어느때/92

◆없을때는/110, 114

◆연기할수 있다/78

◆영광스러운 혁명전통/46

◆온 사회의 주체사상화/51

◆온 사회의 혁명화, 로동계급화,
인테리화/62

◆옹호관철/172

◆요구할수 있다/99

◆우리 나라/39,123

◆유일사상/92, 172

◆유일사상체계/52, 69, 130, 159

◆인민민주주의의 혁명과업/50

◆인전대/201

◆임명할수 있다/114

◆입당/76

◆입당할수 있다/76

◆자본주의사상/46, 82, 132, 173

◆전국적범위에서/50

◆전당의 사상의지적통일단결/53

◆전원회의사이에/141

◆전취물/91

◆정치사상교양/157

◆정치사상적수준/175

◆제의할수 있다/103

◆조국통일의 대사변/91

◆조선로동당/38

◆조선로동당의 혁명적무장력/186

◆조선인민군 총정치국/195

◆조선인민군/186

◆조선인민군대내의 각급 단위/187

◆조직수행한다/153

◆조직의식/85

◆조직체중에서/41

◆조직할수 있다/116, 169

◆종파/103,

◆종파주의/83, 133, 173

◆주체사상/43, 135, 176, 187
◆주체적전략전술/191
◆주체형의 혁명적 맑스―레닌주의당/39
◆중앙기관내에/196
◆지도방조한다/156
◆지도하에/197
◆지방주의/84, 133, 173
◆집단적지도/191
◆참가밑에/75
◆참가할것을/98
◆책임비서/114, 139
◆천리마운동/55
◆청산리방법/62
◆청산리정신/62, 179
◆초급당/164
◆초급당조직/156, 163, 166
◆총화/86
◆추천할수 있다/193
◆출당/76
◆타도제국주의동맹/40

◆토의결정할수 있다/108
◆프로레타리아 국제주의원칙/64
◆프로레타리아 독재/53
◆하급당조직/108
◆할수 있다/97
◆할수 있도록/156
◆항일무장투쟁/186
◆항일유격대식사업방법/61, 178
◆항일혁명투쟁시기/45
◆해당단위내에/195
◆혁명규률/92
◆혁명대렬/121
◆혁명사상/45
◆혁명적군중로선/89
◆혁명전사/188
◆혁명전통/186
◆혁명전통교양/135, 154, 176, 189
◆혁명화, 로동계급화/86, 138, 177, 190
◆후비대/135

북한 실정법 연구
- 권별 구성 목차 -

제1권(사회주의헌법 문장 연구)
【 1 】 사회주의헌법

제2권(조선로동당 규약 문장 연구)
【 0 】 조선로동당규약

제3권(각급 인민회의 대의원 선거법 외 5)
【 4 】 각급인민회의대의원선거법
【 14 】 국기법
【 15 】 국장법
【 16 】 국적법
【 69 】 조약법
【 77 】 출입국법

제4권(지방주권기관법 외 5법 문장 연구)
【 7 】 공민등록법
【 9 】 공증법
【 46 】 변호사법
【 55 】 수도 평양시관리법
【 62 】 신소청원법
【 71 】 지방주권기관법

제5권(형법 문장 연구)
【 88 】 형법

제6권(형사소송법 문장연구)
【 89 】 형사소송법

제7권(민법 외 3법 문장 연구)
【 41 】 민법
【 42 】 민사소송법
【 74 】 재판소구성법
【 33 】 대외민사관계법

제8권(가족법 외 4법 문장 연구)
【 3 】 가족법
【 52 】 상속법
【 49 】 사회주의로동법
【 54 】 손해보상법
【 65 】 장애자보호법

제9권(교육법 외 3법 문장 연구)
【 98 】 어린이보육교양법
【 11 】 교육법
【 28 】 도서관법
【 79 】 체육법

제10권(인민경제계획법 외 4법 문장 연구)
【100 】 인민경제계획법

【 31 】대외경제계약법
【 32 】대외경제중재법
【 93 】화폐유통법
【108 】외화관리법

제11권(가공무역법 외 5법 문장연구)
【 2 】가공무역법
【 38 】무역법
【 21 】기술수출입법
【 58 】수출입상품검사법
【 63 】세관법
【 77 】출입국법

제12권(개성공업지구법 외 9법 문장 연구)
【 20 】금강산관광지구법
【 22 】개성공업지구법
【 34 】라선경제무역지대법
【 85 】합작법
【 86 】합영법
【103 】외국인투자법
【104 】외국인기업법
【105 】외국인기업 및
　　　　외국인세금법
【106 】외국투자은행법
【107 】외국투자기업파산법

제13권(사회주의상업법 외 4법 문장 연구)
【 50 】사회주의상업법
【 82 】토지임대법

제14권(항만법 외 4법 문장 연구)
【 5 】갑문법
【 48 】배길표시법
【 56 】수로법
【 87 】항만법
【 90 】해사감독법

제15권(민용항공법 외 5법 문장 연구)
【 43 】민용항공법
【 76 】철도법
【 64 】자동차운수법
【 27 】도로법
【 91 】해운법
【 78 】체신법

제16권(건설법 외 8법 문장 연구)
【 6 】건설법
【 17 】국토계획법
【 29 】도시경영법
【 30 】도시계획법
【 67 】전력법
【 70 】주민연료법
【 72 】지하자원법
【102 】에네르기관리법
【112 】원자력법

제17권(쏘프트웨어산업법 외 9법 문장 연구)

【 19 】 규격법

【 23 】 계량법

【 10 】 공업도안법

【 45 】 발명법

【 53 】 상표법

【 66 】 저작권법

【 80 】 콤퓨터쏘프트웨어보호법

【 96 】 쏘프트웨어산업법

【 75 】 제품생산허가법

【 83 】 품질감독법

제18권(농업법 외 8법 문장 연구)

【 24 】 과수법

【 26 】 농업법

【 35 】 량정법

【 51 】 산림법

【 57 】 수산법

【 81 】 토지법

【 84 】 하천법

【 97 】 양어법

【111 】 원산지명법

제19권(인민보건법 외 7법 문장 연구)

【101 】 인민보건법

【 8 】 공중위생법

【 13】 국경위생검역법

【 61 】 식료품위생법

【 68 】 전염병예방법

【109 】 의료법

【110 】 의약품관리법

【 36 】 마약관리법

제20권(국토환경보호법 외 9법 문장 연구)

【 12 】 국경동식물검역법

【 18 】 국토환경보호단속법

【 37 】 명승지, 천연기념물보호법

【 39 】 문화유물보호법

【 44 】 바다오염벙지법

【 92 】 화장법

【 40 】 물자원법

【 99 】 유용동물보호법

【 59 】 수의방역법

【 60 】 수의약품관리법

※주 1. ( ) 속의 내용은 책명임.

2. 【 】 속의 숫자는 ≪조선민주주의인민공화국 법전(원전)≫에
등재된 법령 순위 번호임.